잠수네 프리스쿨
영어공부법

잠수네 프리스쿨
영어공부법

1판 1쇄 발행 2014년 4월 15일
1판 28쇄 발행 2024년 7월 16일

지은이 이신애

발행인 양원석　　　**편집장** 김건희
디자인 스튜디오243　　**영업마케팅** 조아라, 정다은, 한혜원

펴낸 곳 ㈜ 알에이치코리아
주소 서울시 금천구 가산디지털2로 53, 20층 (가산동, 한라시그마밸리)
편집문의 02-6443-8902　　**도서문의** 02-6443-8800
홈페이지 http://rhk.co.kr
등록 2004년 1월 15일 제2-3726호

ISBN 978-89-255-5265-1 (03740)

5, 6, 7세 한글, 영어 감각을 고르게 키우는

잠수네
프리스쿨
영어
공부법

이신애 〈잠수네 커가는 아이들〉 대표 지음

RHK
알에이치코리아

1999년 〈잠수네 커가는 아이들〉(이하 '잠수네') 홈페이지를 오픈한 이래 잠수네에서는 유아영어는 안 해도 된다는 입장이었습니다. 2003년 《잠수네 아이들의 소문난 영어공부법》을 출간한 이후 십여 년간 수 차례 개정판을 낼 때도 유아영어의 비중은 크게 두지 않았습니다. 초등학교 들어가서 시작해도 6년이면 얼마든지 '성공'이라 할 만한 수준의 실력을 갖출 수 있다는 자신이 있었기 때문입니다.

그러나 어릴수록 영어교육의 효과가 크다는 말에 대여섯 살만 돼도 영어를 너무 늦게 시작하는 것이 아닌가 불안해하는 부모들이 많아졌습니다. 소수의 성공 사례만 보고 한 살이라도 빨리 영어교육을 시켜야 할 것처럼 초조해하는 부모들에게 아무리 초등학생 때 시작해도 된다고 말한들 설득력을 갖기 만무한 것이 현실입니다.

《잠수네 아이들의 소문난 영어공부법》을 보고 당장 따라 하려는 유아 부모들의 다급함도 무시할 수 없었습니다. 매일 3시간씩 영어환경을 만들어주는 잠수네 영어공부법은 초등학생 이상에게 알맞은 방법입니다. 유아들에게 바로 적용하기에는 여러 가지로 무리가 따른다고 수시로 조언을 해도 주변에서 너나 할 것 없이 영어교육에 매진하는 상황에서 영어교육 시기를 초등 이후로 늦추기란 웬만한 뚝심이 없으면 쉬운 일이 아니겠지요. 초등 때부터 잠수네 영어를 진행해서 영어교육에 성공했다 자부하는 부모라도 지금 다시 아이를 키운다면 또래 아이를 둔 부모들의 조기영어교육 광풍에서 자유롭기 힘들 것입니다.

'어차피 피할 수 없다면 제대로 된 길안내를 하자!'는 것이 《잠수네 프리스쿨 영어공부법》을 펴내는 이유입니다.

〈1부〉에서는 잠수네 운영 16년간 지켜본 우리나라 영어교육의 흐름, 유아 엄마들은 그려보기 어려운 초등 이후의 모습을 알려드립니다. 과거와 미래를 짚어보면 현재 나는 어떤 길을 선택하면 좋을지 판단하는 데 도움이 될 테니까요.

〈2부〉에서는 잠수네 회원들의 경험을 분석해서 프리스쿨 영어의 방향을 어떻게 잡을지 짚어보고, 유아에게 추천하는 영어책과 DVD에 대해 안내했습니다. 〈3부〉에서는 5세, 6세, 7세 연령별로 프리스쿨 영어를 어떻게 진행하면 좋을지 구체적으로 알려드리고, '500권 영어그림책 읽어주기'를 할 수 있는 영어책 목록을 함께 소개합니다.

〈4부〉의 '프리스쿨 영어책 & DVD 목록'은 잠수네 집단지성의 결정체입니다. 16년간 잠수네 아이들이 읽은 한글책·영어책 기록이 담긴 〈잠수네 책벌레〉와 잠수네 아이들의 반응이 좋았던 책들만 골라 담은 〈잠수네 책나무〉 데이터에서 연령을 5~7세로 좁혀 다시 한 번 베스트 목록을 선별했습니다. '책벌레 → 책나무 → 5~7세 베스트 목록' 순으로 아이들이 재미있어 하는 책을 심혈을 기울여 고른 것이지요. 〈5부〉에서는 5~7세 아이들이 재미있게 볼 만한 주제별 한글책을 따로 소개합니다. 아이들이 좋아하는 주제가 있다면 해당 목록부터 보여주세요. 아이들에게 한글책 읽기의 즐거움을 선사해주리라 확신합니다.

본문의 중간중간 실린 사례글은 짧게는 3~4년 길게는 10년 이상 잠수네 회원으로 계신 분들의 솔직한 이야기입니다. 작성한 시기는 유아 때일지라도 초등학생, 중고생 학부모 입장에서 다시 읽어봐도 "그래, 맞아!" 소리가 절로 나오는 내용들로 심사숙고해서 담았습니다.

이 책은 초등, 중고등 아이를 키워본 부모의 입장에서 후배 부모들에게 드리는 솔직한 조언입니다. 또한 많은 아이들의 성장을 지켜본 선배의 입장에서 아이들의 발달상황에 따라 선택할 수 있는 길을 담으려고 노력했습니다. 유아 영어교육을 고민하는 부모들에게 이 책이 조금이라도 도움이 되었으면 합니다.

함께 가면 길이 보입니다.
2014년 4월 이신애

3부
잠수네 프리스쿨 영어 실천편

4부
잠수네 추천! 프리스쿨 영어책 & DVD

5부
영어 잘하는 아이, 한글책이 만든다

1. 용어 정리

- 프리스쿨(프리방) : 잠수네에서는 유아기를 '프리스쿨'로 지칭합니다.
- 흘려듣기(흘듣) : DVD 보기(DVD 흘려듣기), 오디오CD 듣기(오디오 흘려듣기)를 말합니다.
- 집중듣기(집듣) : 오디오CD 소리에 맞춰 글자를 짚어가며 듣는 것을 말합니다.
- 잠수네 포트폴리오(포폴) : 아이의 학습 진행과정을 매일 기록하는 곳입니다.
- 적응방, 발전방, 심화방, 고수방 : 〈잠수네 영어교실〉의 적응 · 발전 · 심화 · 고수 과정 약자
- 오디오북 : 책의 내용을 Tape/CD/MP3 등으로 녹음한 교재
- 🎧 : 오디오북이 있는 교재
- DVD : 영어방송, VOD, DVD 등 영상물 전체

2. 잠수네 회원 사례글

이 책에는 프리스쿨 때 영어를 진행한 〈잠수네 커가는 아이들〉 회원들의 글이
실려 있습니다.

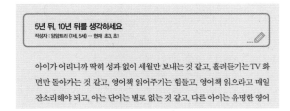

- 작성자 이름은 실제 대화명과 다를 수 있습니다.
- 자녀의 학년 표시는 글을 쓸 당시와 현재를 병기했습니다.
- 리얼리티를 살리기 위해 맞춤법에 어긋나더라도 그대로 둔 부분이 있습니다.

3. 잠수네 프리스쿨 영어교실

〈잠수네 프리스쿨 영어교실〉은 한 달에 한 번 영어진행글을 쓰는 곳입니다. 매월 진행과정을 짚어보면서 또래 자녀를 둔 회원들과 정보교류도 하고요. 초등학교에 입학하면 자동으로 초등/중등 자녀 대상인 〈잠수네 영어교실〉로 올라가, 〈영어 읽기단계 테스트〉와 〈코칭 페이퍼〉를 받고 본격적인 영어학습을 진행하게 됩니다.

4. 영어책 단계와 영어교실 과정 구분

이 책에 나오는 적응·발전·심화·고수 과정은 〈잠수네 영어교실〉에서 3개월마다 보는 영어 읽기 테스트 결과에 따라 배정된 단계를 말합니다.

잠수네 영어책 단계	비교 기준	잠수네 영어교실 과정 구분
		적응 1 : 영어를 전혀 모름
J1단계	Preschool	적응 2 : J1단계 책을 읽을 수 있음
J2단계	Kindergarten	발전 1 : J2단계 책을 읽을 수 있음
J3단계	Grade 1 (미국 초1 수준)	발전 2 : J3단계 책을 읽을 수 있음
J4단계	Grade 2 (미국 초2 수준)	심화 1 : J4단계 책을 읽을 수 있음
J5단계	Grade 3 (미국 초3 수준)	심화 2 : J5단계 책을 읽을 수 있음
J6단계	Grade 4 (미국 초4 수준)	심화 3 : J6단계 책을 읽을 수 있음
J7단계	Grade 5 (미국 초5 수준)	고수 1 : J7단계 책을 읽을 수 있음
J8단계	Grade 6 (미국 초6 수준)	고수 2 : J8단계 책을 읽을 수 있음
J9단계	Grade 7~9 (미국 중1~중3 수준)	고수 3 : J9단계 책을 읽을 수 있음

1부

프리스쿨 영어

큰 그림
그리기

"

잠수네에는 서너 살 아이가
고등학교를 졸업하기까지 자라온 과정이
16년간의 데이터로 쌓여 있습니다.
그 자료를 토대로
미래의 아이 모습을 살펴보면,
지금 무엇이 중요하고 중요하지 않은지
판단할 수 있지 않을까요?

"

유아 영어교육,
실체 파악하기

부모의 눈으로 본
우리나라 유아 영어교육의
흐름

1997~1999년

초등 영어수업 시작 & 놀이형 영어유치원 등장

아직 초등학교 문턱도 안 밟아본 자녀를 둔 집에서 영어교육이 화두가
된 것은 1997년, 초등학교에서 영어를 정식 과목으로 가르치기 시작한
때부터입니다. 초등학생 3~6학년을 대상으로 주 2시간씩 영어수업이
진행되자 학부모들은 불안에 휩싸여 영어학원으로 몰려갔습니다. 이런
모습을 지켜본 유아 부모 중 발 빠르고 경제력 있는 이들은 '놀이로 접
근하는 영어유치원'에 아이를 보냈습니다. 이때가 영어유치원의 시작
인 셈입니다. 말로는 영어유치원이라고 하지만 실상은 영어학원이지요.

영어문맹을 대물림하지 않겠다는 갈망

1997년은 IMF 사태를 맞은 해이면서 '인터넷의 태동기'이기도 합니다. IMF 사태와 더불어 외환위기, 구조조정, 실업, 취업난 등을 경험한 부모들은 현실 세계에서 영어가 아주 중요하다는 것을 깨닫습니다. 평생 직장이 사라진 무한경쟁 사회에서 영어 하나라도 뚝 부러지게 잘하면 좀 더 많은 기회가 생기지 않을까 기대하게 된 것이지요.

인터넷은 여기에 불을 붙였습니다. 영어가 세계어로 통용되는 인터넷 세상에서는 영어를 잘하느냐 못하느냐에 따라 습득하는 정보의 양과 질이 엄청 달라집니다. 클릭 한 번으로 전 세계와 소통하는 시대가 왔는데도 여전히 눈 뜬 장님처럼 영어로 된 글만 보면 울렁증을 느끼는 부모들은 이런 자괴감을 내 자식에게 대물림해서는 안 되겠다고 다짐합니다.

2000~2005년

엄마표 유아영어 확산

인터넷의 소통 기능을 일찍 깨달은 부모들은 홈페이지를 만들어 교육정보, 노하우를 나누기 시작했습니다. 그중 가장 큰 비중을 차지하는 것이 영어였습니다. 이 무렵 문을 연 〈잠수네 커가는 아이들〉은 초등학생 때부터 영어에 주력하자는 입장이었지만, 더 어린 연령층의 자녀를 둔 부모들은 끊임없이 유아 영어교육을 원했습니다. 비슷한 생각을 가진 유아 부모들은 홈페이지, 블로그, 카페 등에서 태교 영어, 품앗이 영어, 실생활에서 아이와 대화하기 위한 생활영어, 영어책 독후활동을 위한 정보와 방법을 활발하게 교류했습니다.

학습형 영어유치원 등장

'놀이형 영어유치원'이 유행한 지 몇 년 지나자 놀이로 하는 영어수업만으로는 생각만큼 영어실력이 늘지 않는 데 불만을 느끼는 부모들이 하나둘 늘어났습니다.

수요가 있으면 공급이 있는 법. 놀이형 영어유치원에 대한 불만이 팽배한 상태에서 2001년 처음 선보인 '학습형 영어유치원'은 유아 영어교육의 신세계였습니다. 영어를 꽤 하거나 해외에서 귀국한 아이만 들어갈 수 있다는 조건 때문에 자녀를 등록시킨 부모들은 어깨에 힘이 들어갔고, 실력이나 자격이 안 되는 부모들은 선망의 눈길을 보냈습니다. 이런 소수정예 방식은 영어유치원에 대한 갈망을 키우는 도화선이기도 했습니다. 일반유치원에 비해 수업료가 훨씬 비싸도 일단 보내기만 하면 영어가 해결될 것이란 막연한 환상을 갖게 되었으니까요.

그 밖에

엄마표 유아영어를 할 만큼 적극적이지도 않고, 경제적으로 넉넉지 않은 부모들은 매주 선생님이 방문하는 영어학습지를 선택하기도 했습니다. 유아 대상 스토리텔링 수업을 진행하는 영어전문서점도 나타났고, 유아 영어교육에 대한 관심도가 높아짐에 따라 영어전문 출판사에서는 그림책과 오디오CD를 합친 패키지 상품을 속속 내놓았습니다.

2006~2010년

유아들이 잠수네 영어를?

잠수네 영어의 성과가 알려지면서 초등학생들에게도 만만치 않은 '하루 3시간 영어, 집중듣기' 같은 과정을 유아 자녀에게 시키는 부모들이 나타나기 시작했습니다. 잠수네 회원들은 물론 잠수네 밖에서도 마찬가지였습니다. 하루 종일 영어 테이프를 틀어주는 분들, 아이에게 처음부터 집중듣기를 시도하는 부모들도 늘어났습니다.《잠수네 아이들의 소문난 영어공부법》이 출간될 때마다 취학 전에는 천천히 가도 된다고 여러 번 강조했지만 역부족이었습니다.

영어유치원의 변화와 확산

영어만 가르치는 학습형 영어유치원도 세월이 흐르면서 문제점이 보이기 시작했습니다. 유아기 아이들의 정서, 인지, 신체발달상 영어수업만 하기에는 무리가 있었기 때문입니다. 원어민 선생님을 무서워하고 영어를 못 알아들어 우는 아이, 진도를 못 따라가 자존감이 떨어지는 아이, 좁은 교실에 갇혀 비비 꼬이는 몸을 주체 못하는 아이 등 천태만상이었습니다. 영어에만 주력하고 한글을 등한시하다 초등학교에 입학해서 낭패를 보는 아이도 많았습니다.

　이런 문제를 해결하기 위해 정식 유치원 교사를 고용하거나 마당 등 놀이공간을 만들고 아이들의 발달과정에 맞게 교육과정을 수정/보완하는 영어유치원이 나타났습니다. 그러나 영어학습 외의 문제를 해결하려면 원비가 오르는 것은 당연지사. 영어뿐 아니라 중국어도 가르친다는 곳까지 나오다 보니 지역에 따라 한 달 원비가 200만 원 가까이 하는 고가의 영어유치원도 생겼습니다. 80만 원 안팎의 비교적 저렴한 곳도 우후죽순으로 문을 열었고요. 명칭은 모두 '영어유치원'이었지만 교육과정은 제각각이었습니다.

영어수업을 병행하는 일반유치원, 어린이집 증가

일반유치원 역시 영어 열풍을 피해가기 어려웠습니다. 주 2~3회 원어민 수업을 정규과정이나 보충과정에 넣는 유치원이 늘었습니다. 이에 따라 일반유치원에 영어교재와 커리큘럼을 제공하는 출판사도 나타났습니다.

2010년 이후

사공이 많아 산으로 가고 있는 엄마표 영어

초기만 해도 엄마표 영어는 '진짜로' 엄마가 아이들과 집에서 하는 교육이었습니다. 엄마표 영어로 성공해서 책까지 낸 스타급 부모도 꽤 있었고요. 그러나 시간이 흐를수록 방법 면에서는 새로울 것이 없어졌습니다. 노하우가 다 공개되다 보니 개인의 성공담을 담은 책은 주목받기 어려운 상황이 되었습니다. 대신 엄마표 영어를 캐치프레이즈로 내세워 고가의 전집을 구입하면 영어실력을 올릴 수 있다는 출판사 마케팅이 더 강력해졌습니다. EBS의 엄마표 영어 방송도 변했습니다. 초기

방송은 영어를 잘 못하는 부모들을 위한 소박한 성공담과 노하우가 주를 이루었습니다. 그러나 이제는 해외에서 공부하고 온 영어교육 전문가, 스타급 영어강사 등이 보통 부모들은 쉽게 따라 하기 힘든 '전문가급 엄마표 영어 노하우'를 전수하고 있는 상황입니다.

16년간 유아 영어교육의 흐름을 지켜보니

잠수네는 유아부터 고등학생까지 많은 아이들의 성장과정을 지켜볼 수 있는 곳입니다. 영어유치원에 1~3년씩 다닌 아이부터 일반유치원에서 영어수업을 받은 아이, 영미권에서 살다 온 아이, 어릴 때 품앗이 영어에 열정적으로 참여한 분, 독후활동용 자료를 만드느라 날밤 샌 경험이 있는 분, 유아용 영어학습지를 해본 분, 잠수네 영어를 따라 하는 분 등 각자의 경험치도 다양합니다. 이런 사례를 통해 우리나라 유아 영어교육이 어떻게 돌아가는지 훤히 알 수 있을 정도입니다.

많은 사람들이 유아 영어교육의 문제점이나 부작용을 거론하지만 부모들의 영어교육에 대한 관심은 더 불타오르면 올랐지 사그라질 기미가 보이지 않습니다. 유아기 영어교육은 의미 없다는 철학이 확고한 분도 계시지만, 대부분은 남들이 하니 우리 아이도 뒤처지면 안 된다는 불안한 마음에 여러 형태로 영어를 접하게 하는 것이 현실입니다.

세월이 흘렀어도 영어교육에 대한 잠수네의 기본 입장은 크게 바뀌지 않았습니다. 영어교육에 본격적으로 뛰어들 시기는 초등학교 입학 후부터라고 생각합니다. 실제 잠수네의 많은 아이들이 초등 때부터 잠수네 영어학습을 진행했어도 최상위 수준의 영어실력을 갖출 수 있었으니까요.

하지만 요즘 같은 환경에서는 초등학교 가서 해도 된다는 말을 믿고 따르기가 쉽지 않습니다. 이런 상황에서 유아영어가 필요 없다, 해야 한다는 논의는 큰 의미가 없어졌습니다. 더 중요한 것은 유아 시기를 어떻게 보내야 초등 6년, 중고등 각 3년씩, 총 12년간 신체적, 정서적, 학습적으로 꾸준히 건강하게 자랄 수 있는가입니다.

유아 부모들이
미처 알지 못하는
미래의 모습

부모라면 아이가 행복하고, 자기의 재능을 잘 키워가기를 바랄 것입니다. 충분히 놀면서 건강하게 자랐으면 하는 마음이고요. 그러나 다른 아이들이 하는 것들을 보면 어느새 마음이 급해집니다. 주변에 흔들리지 않고 이상적인 교육을 꿈꾸던 부모라도 아이가 학교에 입학하면 성적에 초연할 수 없는 것이 현실입니다.

물론 모든 아이가 공부 잘하는 것을 목표로 삼을 필요는 없습니다. 공부가 아닌 다른 방면에 재능이 있다면 그쪽을 밀어주는 것이 아이의 행복이나 미래를 위해 더 현명한 선택일 수 있습니다. 그러나 확실하게 두드러지는 것이 없다면 공부로 방향을 잡는 것이 한국 사회에서 살아가기 위한 차선책이라는 것을 부인하기 어렵습니다. 공부가 인생의 전부는 아니지만 학교라는 사회에서 인정받고 자존감을 높이는 제일 손쉬운 길이니까요.

잠수네에는 서너 살 아이가 고등학교를 졸업하기까지 자라온 과정이 16년간의 데이터로 쌓여 있습니다. 그 자료를 토대로 미래의 아이 모습을 살펴보면, 지금 무엇이 중요하고 중요하지 않은지 판단할 수 있지 않을까요?

기본이 중요하다

한글책, 영어, 수학이 중요하다는 것. 아이가 자랄수록 이 말이 진리라는 것을 뼛속 깊이 느끼게 됩니다. 그만큼 기본교육을 착실하게 해두지 못해 후회하는 분이 많다는 의미입니다. 그러면 잠수네에서 생각하는 기본이란 어떤 것일까요?

1. 한글책

중고등까지 탄탄한 한글책 읽기가 지속되어야 합니다. 그러려면 '유아 → 초등저 → 초등고 → 중등 → 고등'까지 한글책을 손에서 놓지 않고 꾸준히 읽는 습관을 들여야 하지요.

2. 영어

중3 무렵이면 수능영어를 만만하게 풀 수 있는 정도가 되어야 합니다. 고등학교 가서 영어 공부에 많은 시간을 들이지 않으려면요. 그러기 위해서는 초등학교 졸업 전까지 영어실력을 최대한 끌어올려야 하지요. 중학교 때는 각자의 진로에 따라 영어학습 시간을 적절히 배분하면서 학교에서 배우는 문법도 열심히 공부해야 하고요.

3. 수학

초등 고학년부터 서서히 심화 문제를 풀기 시작해서, 중학교 때는 능력껏 선행학습과 심화과정을 해두어야 고등학교 가서 당황하지 않습니다. 고등학교 수학은 공부해야 할 분량이 엄청나게 많기 때문입니다. 수능수학의 난이도가 아주 높고요.

그러나, 현실은 어떨까요?

1. 한글책은 도중하차

유아 → 초등저 → 초등고 → 중등 → 고등으로 가면서 한글책을 꾸준히 읽는 아이들은 급격하게 줄어듭니다. 시기별로 한글책을 멀리하게 되는 이유를 짚어봤습니다.

❶ 유아 : 아이가 재미있어 할 만한 책을 찾지 않고 나이에 비해 어려운 책을 읽히다 보니, 책에 흥미를 잃는다.

❷ 초등저 : 피아노, 태권도, 수영, 미술 등 여러 가지에 욕심내다 한글책 읽을 시간이 부족해진다.

❸ 초등고/중등 : 수학, 영어 등 학원 수업과 숙제에 치여 책 읽을 시간을

못 낼 뿐 아니라 짬만 나면 게임, 스마트폰에 빠져 한글책과 멀어진다.

❹ 고등 : 시험에 치여 책 읽을 시간을 내기 매우 어렵다.

······▶ 한글책을 별로 읽지 않아도 초등학교나 중학교 때까지는 그리 표가 나지 않습니다. 그러나 고등학교에 가면 점점 격차가 생깁니다. 책을 많이 읽은 아이들이 국어 과목을 비교적 쉽게 공부하는 데 비해, 책을 읽지 않아 어휘력이 부족한 아이들은 영어처럼 한글 단어와 고사성어를 따로 시간 내 외워야 하는 상황에 부닥칩니다. 글을 읽고 이해하는 능력이 부족하니 비문학 영역은 난공불락의 성처럼 느껴지기도 하고요.

2. 영어실력이 탄탄하지 않은 상태로 중학교, 고등학교로 올라간다

어릴 때 영어를 착실하게 해두었어도 초등 6년간 어떤 선택을 하느냐에 따라 길이 갈라집니다. 다음은 대다수의 아이들이 가는 길입니다. 3가지 유형 모두 고3까지 영어공부에 매달려야 한다는 공통점이 있습니다.

❶ 초등 저학년까지 영어를 최대한 끌어올린 후, 고학년부터는 수학에 치중하거나 시험영어로 방향전환한다.

❷ 초등 6년 내내 영어책 듣기/읽기를 진행하지만 절대량이 부족해서 실력이 늘지 못한다.

❸ 처음부터 영어책 듣기/읽기 없이 시험영어만 목표로 공부한다.

······▶ ❶번처럼 유아, 초등 저학년 때 또래에 비해 영어실력이 월등하게

뛰어난 아이라도 수학에 몰입하느라 영어하는 시간을 줄이면 영어실력이 떨어지는 것은 당연한 일입니다. 듣기와 읽기 없이 시험영어 위주로 공부하면 중고등 6년 내내 많은 시간을 투자해야 하고, 이렇게 되면 어릴 때 영어 잘한다는 소리를 들은 것이 아무 의미 없어집니다.

❷번과 같이 일찍 영어를 시작해서 초6까지 가늘게 영어 듣기와 읽기를 진행한 경우에도 문제가 생길 수 있습니다. 영어를 오래한 기간만 생각하지 절대량이 적어 실력이 늘지 못하고 있는 것을 미처 알아채지 못하기 때문입니다. 아직도 대다수의 아이들이 ❸번 길로 가고 있습니다. 단어 암기, 문법, 독해 위주로 공부한 경우 고3까지 영어학원을 가야 하는 것이 다반사입니다.

3. 수학에 많은 시간을 투자해도 고3까지 수학이 불안하다

어릴 때부터 많은 아이들이 수학 선행과 심화로 내달립니다. 그러나 그렇게 공부해도 고등학교 가면 자신감을 갖지 못하고 힘들어하는 아이들이 대부분인 것이 현실입니다. 수학을 힘들어하는 이유는 여러 가지가 있겠지만 가장 큰 부분은 심화 문제를 자기 힘으로 직접 풀어보지 않았기 때문입니다. 초등/중등 때 아무리 수학 선행을 많이 했어도요. 또한 수학은 학년이 올라갈수록 더 많이, 더 깊이 공부해야 할 과목입니다. 영어가 부족하면 고3까지 영어에 매달리느라 수학공부 시간을 늘리기 어렵습니다. 반대로 영어의 기본이 잘 되어 있으면 수학에 집중투자할 수 있지요. 영어공부에 시간을 많이 들이지 않아도 되니까요. '초등 졸업 때까지 영어실력을 최대한 올려라'라고 하는 것은 이런 이유 때문입니다.

영어교육 이전에
큰 그림이
중요하다

놀기 >>> 한글책 >> 영어 > 수학

다음은 잠수네에서 생각하는 〈학년별 한글책·영어·수학 포트폴리오〉
입니다. 각자의 상황에 따라 약간씩 가감이 있을 수 있겠지만 중요한
것은 전체 흐름입니다.

한글책의 비중은 5~7세와 초등 저학년이 제일 많고 학년이 올라가
면서 조금씩 줄어듭니다. 영어는 어떨까요? 5~7세에는 〈한글책:영어
=2 :1〉, 초등 저학년에는 〈한글책:영어=1 :1〉, 초등 고학년은 〈한글책:
영어=1 :2〉로 비중을 점점 늘려가다가 중등 이후는 수학의 비중이 압도
적으로 커져야 한다고 보고 있습니다.

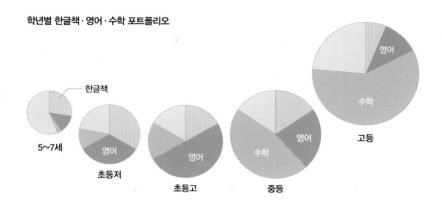

학년별 한글책·영어·수학 포트폴리오

한글책

5~7세

영어
초등저

영어
초등고

수학   영어
중등

영어
수학
고등

5~7세 그림에서 제일 큰 비중을 차지하는 하얀 부분은 '놀기'입니다. 더 어린 나이라면 흰 부분이 더 커지겠지요. 솔직하게 털어놓으면 취학 전까지는 영어에 크게 신경 쓰지 말고 〈신나게 놀기, 많은 것 경험하기, 한글책 읽기〉에 푹 빠지라고 하고 싶습니다(그래도 되거든요). 그러나 이렇게 아이를 키우려면 세상으로 열린 창을 모두 닫거나, 어떤 바람에도 흔들리지 않는 철통 같은 교육철학이 있어야 할 것입니다.

에너지 총량의 법칙

아이의 에너지 총량

한국 현실에서 우리 아이들이 전력을 다해 공부해야 할 시기는 고등학교 3년간입니다. 마지막까지 최선을 다하려면 초반에는 워밍업부터 한다는 것을 모르는 사람은 없습니다. 그러나 주위의 물결에 휩쓸리다 보면 조급한 마음에 아이를 다그치게 됩니다. 어린 시절부터 학습 스트레스가 쌓여 마음의 문을 닫는 아이들이 생겨나는 이유가 여기 있습니다. 영어도 마찬가지입니다. 어릴 때부터 지나치게 영어를 한 경우, 어느 날 갑자기 영어DVD, 영어책을 거부하거나 영어학원이 다니기 싫다고 하는 아이들이 종종 나타납니다. 영어가 이 세상에서 제일 싫다고 하는 아이까지 나옵니다.

엄마의 에너지 총량

아이들뿐 아니라 엄마의 에너지도 한계가 있습니다. 어린 자녀를 둔 엄마들 중에는 영어교육에 엄청난 열의를 보이는 분이 많습니다. 엄마표라 총칭되는 집에서 만드는 각종 자료로 영어놀이 하기, 회화 문장 외워서 아이와 대화하기, 각종 교재 활용하기 등 유행에 따라 많은 에너지를 쏟아붓습니다. 이렇게 공들이면 언젠가는 터져나올 거라고요? 안타깝게도 그러기엔 학습량이 턱없이 부족합니다. 유아영어를 위한 모임도 많이 하지만 아이들의 발달이 저마다 다르다 보니 오래 못 갑니다. 이렇게 어린 시절을 보낸 후, 아이가 초등학교 3~4학년이 된 엄마들에게 물어보면 이구동성으로 "그거 다 부질없어요"라고 합니다. 들인 공에 비해 눈에 띄는 변화가 없다 보니 어느 순간 회의가 드는 것이지요. 진이 빠지는 거예요. 만사가 귀찮고 그냥 학원으로 돌리고 싶어집니다.

아이와 엄마의 에너지는 무한하지 않습니다. 일찍 고갈되어 나중에 정말 에너지를 쏟아야 할 순간 허덕이지 않도록 최소 10년 앞을 내다보면서 지금 무엇에 집중해야 할지 판단하는 지혜가 필요합니다.

엄마의 의욕 vs 아이의 그릇

아기가 태어나서 하나씩 배우고 커나가는 과정을 보면 누구나 천재가 될 것 같습니다. 다른 아이들이 하는 것을 보면 남보다 하루라도 빨리 무언가를 가르쳐야 할 듯한 강박감에 사로잡힙니다. 한글은 물론이고 영어도 빨리빨리 익혀야 할 과업으로 여기게 됩니다. 다른 아이보다 조금 느린 것 같으면 모든 원인이 제대로 뒷바라지해주지 못한 나(엄마)에게 있는 것 같아 죄스러운 마음이 들곤 합니다. 엄마가 아무리 의욕을 갖고 열심히 해도 아이가 받아들일 수 있는 그릇은 아직 종지 크기밖에 안 됩니다. 빨리 영어책을 읽고 영어로 말하기·쓰기까지 되기를 원하지만 자기 나이를 뛰어넘을 수는 없습니다. 지금 당장 결과를 보려고 급급해하지 말고 멀리 보세요.

비용과 효율의 문제

전집이나 영어학습지 판매원에게 아기 엄마는 '봉'입니다. 아직 세상 물정 모르고 교육정보가 많지 않다 보니 100만 원이 훌쩍 넘는 제품도 쉽게 팔 수 있거든요. 인터넷 후기를 다 믿지 마세요. 일부는 업체 관계자가 던진 낚싯밥일 수도 있고, 우물 안 개구리처럼 그들만의 리그에서 나눠지는 한정된 정보일 가능성이 높습니다. 영어유치원, 영어학원, 영어과외 등 사교육도 마찬가지입니다. 남들이 보내니 당연히 보내야 한다고 생각하지 말고 효율을 따져보세요. 매 달 수십만 원에서 수백만 원까지 투자한 결과가 어떤지를요. 어릴 때 영어에 투자하면 효과가 좋은 것이 아니라, 어리기 때문에 시간과 비용이 더 많이 들 뿐입니다.

대학 등록금 연간 천만 원 시대입니다. 앞으로 10년 후면 지금보다 배가 될 수도 있습니다. 진정 아이를 위한다면 어릴 때부터 사교육에 돈을 쏟아붓지 말고 아이의 미래를 위해, 부부의 노후를 위해 저축하세요. 자신의 노후를 아이에게 의지하지 않는 것이 부모가 물려줄 수 있는 최대의 유산입니다.

5년 뒤, 10년 뒤를 생각하세요

작성자 : 얌얌트리 (7세, 5세) … 현재 초3, 초1

아이가 어리니까 딱히 성과 없이 세월만 보내는 것 같고, 흘려듣기는 TV 화면만 돌아가는 것 같고, 영어책 읽어주기는 힘들고, 영어책 읽으라고 매일 잔소리해야 되고, 아는 단어는 별로 없는 것 같고, 다른 아이는 유명한 영어 유치원 다니면서 쓰기도 하고 말하기도 하고 한다는데…….

이런 생각만 머릿속에 맴도시죠?

선배맘들은 한글책만 많이 읽히고, 읽어주고, 나머지 시간에는 놀리라고 하는데 우리 아이만 이렇게 놀다 뒤처지는 게 아닌지, 엄마가 할 일은 왜 이렇게 많은 건지 힘드시죠? 이런 악순환의 고리를 끊어야 기운이 나겠지요? 어떻게 하면 이 구조에서 벗어날 수 있을까요?

엄마가 긍정적인 마음을 가지면 됩니다. '말이 쉽지' 하고 포기하지 말구요. 노트에 한번 정리해보세요.

(1) 내 아이가 어떤 인생을 살기 바라는가? 엄마로서 내가 도와줄 수 있는 것은 무엇일까?

(2) 내 아이가 영어를 잘하기를 바라는 이유는 무엇인가?

   (좋은 대학 가라고, 영어는 필수니까, 안 할 수 없으니까 등)

(3) 내 아이가 영어를 잘하면 어떤 인생을 살 수 있을까?

   1) 초등 시절

   2) 중등 시절

   3) 고등 시절

   4) 대학 시절

   5) 직업 구할 때

(4) 나는 왜 잠수네를 선택했는가?

   (구체적으로 적어보세요. 학원비보다 적게 들어서, 그래도 책은 남으니까, 책
   으로 배우는 게 맞는 것 같아서, 잠수네로 성공한 사람들이 많다니까 등)

(5) 우리 아이한테 잠수네가 왜 좋을까?

   (학원 안 가니까, 시간이 여유로워서, 엄마와 더 돈독한 유대감을 형성할 수 있
   어서 행복하지 않을까)

잠수네에서 성공하기 위해서는 가끔 아이들이 하는 '인생목표 쓰기'를 엄
마도 해보는 것이 좋습니다. 워낙 긴 시간 무한 노력을 들여가면서 가는 길
이기에 구체적으로 목표를 적어 냉장고나 유리창에 붙여놓고 오다 가다 들
여다보면 생각이 많이 정리됩니다.

아이들이 주로 하는 '10년 뒤 내 모습은? 그러기 위한 구체적인 계획을 써
보시오'처럼 5년, 3년, 1년 계획, 매일매일 실천해야 할 사항 등을 정리해
보세요. 추상적인 생각을 구체화시켜놓으면 기운 없고 목표를 잃었을 때
도움받을 수 있어요.

잠수네를 유심히 살펴보면 프리방부터 진행해서 성공하신 분도 많습니
다. 영어방에서 훨훨 날아다니면서 지금도 활발하게 활동하시는 분도 꽤

있습니다.

그리고 다른 아이들이 무엇을 하든 세세한 소식에는 눈과 귀를 닫으세요. '내 아이가 10년 뒤, 5년 뒤 어떤 모습일까' 하는 생각으로 멀리 보며 진행하시면 좀 더 편하지 않을까 싶습니다.

가늘게 가도 좋으니 열심히만 하세요.

아이는 즐거운 잠수를, 어머니는 행복한 잠수를 하시길 바랍니다.

엄마표 유아영어,

진실과 허상

유아 영어교육에 대해 떠도는 말들, 과연 맞는 말일까?

영어는 어릴 때 시작할수록 좋다?

유아영어의 장점으로 다음 3가지를 많이 말합니다. 그러나 현실은 좀 달라요.

❶ 영어에 대한 거부감이 적다(고 생각한다. 단, 어릴 때 압박한 만큼 자랄수록 거부의 강도가 커진다).

❷ 여유 있게 시작할 수 있다(고 생각한다. 대신 영어를 해야 할 시간이 길어진다).

❸ 발음이 좋아진다(고 생각한다. 그러나 일시적일 뿐이다).

두서너 살 아이들은 영어로 말하든 한국어로 말하든 별로 개의치 않습니다. 들은 말이 금방 입으로 튀어나오기도 합니다. 그러나 영어를 쉽게, 거부감 없이 받아들이는 것은 여기까지입니다. 5살 무렵만 돼도 영어책을 읽어주면 한글책을 읽어달라고 떼 쓰는 일이 많아집니다. 잘 달래가며 영어를 진행하기가 만만치 않지요. 쉽게 얻은 것은 쉽게 잃기 마련입니다. 힘들다고 잠시 쉬면 그동안 들인 공이 무색할 정도로 새까맣게 잊어버립니다. 일찍 시작했다고 마냥 편한 것이 아니라, 영어의 재미를 계속 느낄 수 있게 부단히 노력해야 하는 것이 현실입니다.

일찍 가르칠수록 여유가 있을까요? 여유란 잘하는 경우에나 쓸 수 있는 말입니다. 일찍 시작한 만큼 영어를 해야 할 기간이 늘어날 뿐더러, 오랜 기간 했어도 생각만큼 실력이 늘지 않아 애면글면하는 집도 많습니다.

어려서 영어를 배우면 좋은 발음이 계속 유지될까요? 잠깐은 또래 외국 아이와 비슷한 수준으로 말할 수도 있겠지요. 그러나 영어 듣기, 영어책 읽기를 꾸준히 하지 않으면 예전의 영광은 찾아보기 어렵습니다. 귀가 예민하지 않거나, 자연스럽게 굴러가는 발음이 아니라 정직한 콩글리쉬 발음을 하기도 합니다. 물론 꾸준히 하다 보면 의사소통하는 데 문제없는 수준까지 되지만요.

아이가 어릴 때는 조기 영어교육의 장점만 눈에 들어옵니다. 그러나 한 살, 두 살 나이를 먹으면서 어릴 때는 미처 알지 못한 단점을 깨닫게 됩니다.

이중언어 환경을 조성하면 바이링구얼로 키울 수 있다?

바이링구얼(Bilingual)은 2개 이상 언어를 자유롭게 구사하는 사람을 말합니다. 유럽 같은 경우 모국어 외에 2~4개 외국어를 구사하는 사람이 많습니다. 외국에서 살다 온 아이나 다문화 가정 자녀 중에는 2~3개 언어를 자유롭게 사용하는 아이들도 있고요. 이를 근거로 일부 유아영어 사교육기관에서는 학습이 아닌 생활로 접근하면 우리 아이들도 얼마든지 바이링구얼로 키울 수 있다고 홍보합니다.

이중언어 환경, 바이링구얼이란 문구에 혹하지 마세요. 모국어와 외국어를 동시에 습득할 수 있는 이중언어 환경은 존재하지 않습니다. 영어-프랑스어-스페인어같이 비슷한 언어 사용자, 부모 중 한 명이 외국 사람이거나 외국에 사는 경우라면 그 나라 말을 비교적 쉽게 배울 수 있겠지요. 그러나 아무리 외국어 습득에 유리한 환경이라 해도 모국어 수준으로 제2, 제3 외국어를 구사하기란 불가능합니다. 더구나 우리나라같이 영어를 외국어로 사용하는 환경 아래, 학원에서 몇 시간 받는 영어수업 정도로 이중언어 구사자로 키운다고 하는 것은 부모들을 기만하는 말입니다.

잠수네에서는 해외에서 유아기, 초등 저학년 시기를 보낸 아이들 중 한국말이 또래에 비해 뒤처져 고민하는 경우를 종종 봅니다. 모국어가 완성되지 않은 상태에서 외국 생활을 한 결과, 귀국한 후 국어와 영어 사이에서 〈언어혼란〉을 보이면서 이해력이 떨어지고 학업적응이 어렵다고요. 심하면 말문을 닫거나 말을 더듬기도 합니다. 형이나 누나, 오빠들이 영어를 배우는 바람에 본의 아니게 영어 환경에 놓인 동생 때문에 걱정하는 경우도 있습니다. 한국에 살면서도 외국 아이처럼 우리말을 어눌하게 구사하기 때문입니다.

언어란 생각을 담는 그릇입니다. 그릇의 크기는 모국어 어휘 구사력에 따라 달라집니다. 생각을 키우고 싶다면 모국어 어휘를 많이 익혀 그릇 크기부터 늘리는 것이 먼저입니다. 영어가 문제가 아니고요. 이런 정황을 잘 알고 있는 부모들은 외국에서 살아도 모국어를 완벽하게 가르치려고 애씁니다. 한국에서 아이를 키워야 하는 상황이라면 원어민 수준으로 영어가 유창한 부모라도 영어 이전에 우리말을 잘하는 아이로 키우려고 노력합니다.

너무 일찍 시작한
유아영어의
한계

잠수네에서는 조기 영어교육을 시작한 부모들이 보편적으로 겪는 딜
레마를 종종 발견합니다. 예외인 아이도 일부 있지만 빠르면 예닐곱 살
부터 늦어도 초등학교 3학년 말 무렵이면, 미처 생각하지 못했던 부작
용이 나타나는 것이지요.

난 영어가 싫어!

아기 때부터 영어DVD, 영어책, 오디오CD를 즐겨 듣던 아이가 우리말
을 자유롭게 하면 어느 순간 영어로 된 모든 매체를 거부하는 경우가
있습니다. 우리 말과 글이 훨씬 편하고 재미있게 느껴질 수도 있고, 영

어를 접하는 과정에서 반항심이 생길 수도 있기 때문입니다.

일단 영어에 대한 반감이 싹트기 시작하면 아이의 마음이 누그러질 때까지 기다려줄 수밖에 없습니다. 이런 아이들에게는 영어가 들어갈 바늘 끝만큼의 틈도 없기 때문이지요. 심한 경우 초등학교 3~4학년 때까지 이 증상이 지속되기도 합니다.

영어유치원 보내는 것이 다가 아니네?

영어유치원을 보내는 이유는 두말할 것도 없이 아이가 영어를 잘하길 바라는 마음 때문일 것입니다. 그러나 영어실력에 따라 반을 나눈다면 어릴 때부터 경쟁에 몰리게 됩니다. 또 영어유치원만 다닌다고 영어를 잘하는 것도 아닙니다. 유치원에서 배우는 것 외에 집에서 꾸준히 듣기, 읽기를 한 아이들과 차이가 나기 마련이지요. 더 큰 문제는 영어유치원을 졸업한 다음입니다. 그때까지 닦은 실력(?)을 유지, 향상시키기 위해 영어유치원 연계학원에 가는 것이 필수 과정처럼 되어버렸습니다. 아직 어린아이인데 언제 놀고, 언제 한글책을 보나요?

왜 영어실력이 예전처럼 쑥쑥 늘지 않지?

6세 때 영어로 대화가 되고, 7세 때 미국 초등학교 1, 2학년 책을 자유롭게 읽는 아이를 둔 부모는 절로 어깨가 으쓱합니다. 주변에서 영어영재 소리도 종종 듣고 이웃 엄마들의 부러움에 찬 시선에 익숙해져 있지요. 그러나 초등학생이 되고 나면 해가 갈수록 실력이 느는 속도가 예전만 못하다는 느낌을 받습니다. 어릴 때처럼 영어에 많은 시간을 투자하기가 쉽지 않기 때문입니다. 영어학원에 보내도 따로 시간을 내 듣기와 읽기를 꾸준히 하지 않는다면 영어책 읽는 수준도 제자리걸음을 하기 쉽습니다. 유아 때 영어를 얼마나 했든 초등학교 들어가 본격적으로 잠수네 영어를 시작한 아이들의 영어실력이 앞서는 일도 비일비재합니다.

언제까지 이렇게 해야 하나?

어릴 때부터 영어교육을 진행한 경우, 아이가 초등학교 2~3학년 정도만 되어도 매너리즘에 빠지기 쉽습니다. 4세부터 했다면 5~6년을, 태교부터 영어에 신경 쓴 엄마라면 8~9년을 영어에 매달린 셈입니다. 영어 외에 해야 할 것이 태산인데, 언제까지 이렇게 살아야 하나 하며 어느 순간 지쳐버립니다. 이때부터 진짜 공부해야 할 시점인데 말이지요.

우리말 어휘, 이해 능력이 떨어지잖아!

"우리 애는 영어책만 읽으려고 해요." 초등학교 1, 2학년 때만 해도 자랑스럽게 말하는 엄마들이 있습니다. 4학년만 되어보세요. 교과서 수준이 확 올라가면 교과서의 한자어를 이해 못해 아이가 엉뚱한 답변을 하기 시작합니다. 영어책에 빠져 살다 보니 한글책을 거의 읽지 않아서 우리말 어휘를 습득하는 기회를 갖지 못한 것입니다. 영어책을 한글책보다 더 좋아하는 경우 언어적 재능이 있는 소수의 아이를 제외하고는 우리말 이해도가 떨어지는 현상을 보입니다. 우리말 어휘력이 부족하면 교과목 점수도 높게 받기 어렵습니다. 뒤늦게 이 사실을 깨닫고 한글책에 재미를 붙이게 하려면 영어에 쏟은 정성 이상의 많은 노력이 필요하지요.

> ### 영어유치원 보냈던 엄마들이 하기 쉬운 착각
> 작성자 : 아름다운비행 (초6, 초3) ··· 현재 고1, 중1

(1) 우리 아이는 영어를 좀 하니까 좀 어려운 영어책도 소화할 수 있을 거야

절대 그러시면 안 됩니다. 아이 실력을 잘 파악해서 그 단계에 읽을 수 있는 책으로 진행하세요. 쉬운 책으로 함께 기본 다지기도 해야 하구요. 또한 아이가 읽는 한글책 단계 이상으로 영어책을 들이밀지 마시길 바랍니다. 한글책을 1학년 것 읽으면 영어책 역시 그 이상은 절대 이해할 수 없거든요. 그리고 될 수 있는 한 그림책 많이 많이 보여주시구요. 아이 단계를 정확히 파악하고, 위 단계로 미리 올리지 마세요. 쉬운 책 다지기 안 하면 거품만 가득하고 단계가 좀처럼 올라가지 않게 됩니다. 제가 그러다 고생 좀 했지요.

(2) 하던 게 있으니, 영어학습서는 계속해야 하지 않을까?

1학년 때는 거의 필요 없습니다. 뭐라도 풀고 있어야 공부하는 것 같죠? 다 소용없더라구요. 문제집을 풀지 않더라도 책으로 대부분의 지식을 익힐 수 있는 것 같아요. 그것도 장기기억으로요. 특히 문법학습서 시키지 마세요. 어느 정도 자라야 제대로 이해할 수 있는 게 문법입니다. 물론 어릴 때 시켜도 조금은 알 수 있겠지만(중학교 가기 전까지는 문법 쓸 곳이 거의 없거든요), 지금 몇 년에 걸쳐 공부해놓는다 한들 재미도 없을 뿐더러 이해도 쉽지 않을 거구요. 쉽게 말해 지금 시작하면 몇 년 동안 해야 하는 공부가 머리 굵어지고 실력 채운 후에 하면 1년 안에 해낼 수도 있다는 거지요. 재미부터 찾는 게 우선이에요.

(3) 말하기는 잊어버리지 않을까? 원어민 과외라도 시켜야 하지 않을까?

읽기와 듣기가 채워지면 저절로 진짜 말하기가 시작됩니다. 잠수네가 제대로 진행되고 시간이 흘러 영어가 차고 넘치는 순간, 말하고 싶어지기도 하구요. 영어로 말할 기회가 생기면 아마 유창하게 영어로 의사소통하는 아이를 발견하게 될 테니 영어유치원에서 수동적으로 연습하면서 배웠던 영어는 과감히 버리세요. 좀 잊어버리더라도 아까워하지 마시길.^^

유아 부모들의
영어고민 10가지,
이제 접어도 됩니다

1. 엄마표 홈스쿨링 해야 하나요? (X)

영어를 재미있게 접하려면 영어책과 연계된 각종 영어놀이와 독후활동을 하는 것이 좋다는 분들이 많습니다. 그러나 이를 위해 애써야 하는 부모의 노고는 감안되지 않는다는 점이 문제입니다. 책을 내거나 인터넷에 엄마표 영어놀이 방법을 올리고, 영어책 독후활동 글을 쓰는 분들은 이 일이 직업이거나 이런 일을 즐기는 분들입니다. 엄마가 영어를 잘하고, 이런 과정을 좋아하는 사람이라면 몰라도 '꼭 해야 한다'는 압박감에 스트레스를 받을 필요가 전혀 없습니다.

아이들이 영어놀이나 영어책 독후활동을 좋아할 수는 있습니다. 그러나 부모가 들인 노력에 비하면 허무할 정도로 영어습득의 효과가 크지 않습니다. 아무리 영어로 아이와 놀아준들 일정 시기가 지나면 엄마가 가르치는 것에 한계가 오고, 스스로 읽는 단계를 거쳐야 합니다. 그때가 되면 어린 시절 영어놀이를 한 아이나 전혀 하지 않은 아이나 영어를 받아들이는 마음과 실력에 별 차이 없습니다.

유아 시절 아이와 '꾸준히 할 수 있는 놀이'를 갖는 것은 매우 중요합니다. 그러나 그것이 꼭 영어일 필요는 없습니다. 우리말하면서 노는 것과 영어를 매개로 노는 것 중 어느 쪽이 더 편한가가 관건입니다. 스트레스 받지 않고 부모와 아이 모두 즐길 수 있는 방법을 찾아보세요.

2. 영어유치원을 꼭 보내야 하나요? (X)

유아 부모들 중에는 영어유치원에 보내야 할지 고민하는 분이 많습니다. 영어유치원에 다니면 엄마가 힘들이지 않고도 아이가 영어를 쉽게 받아들일 수 있다는 이점 때문일 것입니다. 직장맘이라 주도면밀하게 아이를 이끌 자신이 없어서, 큰아이한테 신경 쓰느라 둘째는 영어교육 사각지대로 방치될 듯해서 보험 삼아, 외국에 살면서 익힌 영어 감각을 잊지 않기 위해서 등 이유는 수없이 많습니다. 물론 영어유치원을 다닌 덕분에 영어를 좋아하고 잘하게 되는 아이들도 있습니다. 그러나 영어유치원을 다니며 스트레스 받는 아이 또한 굉장히 많습니다.

영어유치원을 다녀 영어 수준이 꽤 올라갔어도 초등학교 가서 수학, 과학 등 여러 과목 공부하느라 예전만큼 영어에 집중하지 못하면 영어실력이 떨어지는 것은 시간문제입니다. 일껏 올려놓은 영어실력을 유지시키려고 영어학원에도 보내보지만, 초등학교를 다니며 병행하기에는 아이의 체력이 뒷받침되지 않습니다. 게다가 학원의 영어학습 과정도 무리가 많다 보니 '이건 아니잖아?' 하며 고민하는 집이 늘어납니다.

영어유치원을 보낼지 말지 고민하기 전에 효율을 따져보세요. 영어유치원은 여러 형태의 유아교육 기관 중 하나일 뿐입니다. 영어를 좀 더 많이 접하는 곳을 원한다면 영어유치원에 보내는 것이고, 영어보다 모국어 발달과 인성, 정서를 중시한다면 일반유치원을 선택하면 됩니다.

3. 아웃풋이 터져야 하나요? (X)

이 정도 영어환경을 만들어주었으니 남들처럼 눈에 보이는 결과가 나오기를 원하는 분이 많습니다. 영어로 유창하게 말하고, 영어책도 읽고, 영어로 글까지 쓴다는 또래 아이들의 이야기를 들으면 우리 아이는 언제 아웃풋이 터지나 한숨이 푹푹 나옵니다. 읽기와 쓰기는 고사하고 입도 뻥긋 안 하는 아이를 보면 가슴이 답답합니다. 어쩌다 한두 마디 영어로 말하면 환호성을 지르고, 제대로 아는지 불안한 마음에 "이게 영어로 뭐야?" 묻기 일쑤입니다.

아무리 아웃풋이 좋은 아이라도 영어를 접하는 시간이 줄면 신기루처럼 말하는 능력이 사라집니다. 어릴 적 외국에서 몇 년씩 살다 온 아이도 귀국 후 제대로 학습을 이어가지 못하면 빛의 속도로 영어를 잊어버리는데, 영어 몇 마디 하는 정도는 말할 나위가 없겠지요.

유아 시절 영어 한마디 못했어도 나중에 얼마든지 수준 높은 영어 대화를 구사할 수 있습니다. 예닐곱 살 아이를 두고 아웃풋이 되니 안 되니 초조해하지 마세요. 눈앞의 결과에 연연하다 보면 아이를 독촉하게 됩니다. 아이 역시 부모 눈치를 보느라 점점 영어가 재미없어질 수밖에 없습니다. 지금 굳이 애쓰지 않아도 앞으로 초등 6년, 중고등 6년의 긴 시간 동안 아이의 영어실력은 얼마든지 성장할 수 있습니다.

4. 생활영어가 안 되는데 회화문형을 외워야 하나요? (X)

아이는 영어로 말하고 싶어하는데 부모가 영어를 잘 못해 안타까워하는 분들 중에는 서점에서 생활회화 표현을 담은 책이나 영어로 대화할 수 있는 문형을 담은 책을 구입해서 아이와 영어로 대화하려 노력하는 분들이 꽤 보입니다.

그러나 이렇게 회화 문장을 외워 대화하는 정도로는 영어 말하기를 제대로 한다고 할 수 없습니다. 더 중요한 사실은 그렇게 안 해도 나중에 영어로 말하는 데 전혀 지장이 없다는 것입니다. 잠수네에는 부모가 생활에서 영어로 말 한마디 건네본 적 없어도, 아이들이 영어를 말하는 데 문제가 없다는 경험을 전하는 분들이 숱하게 많습니다. 말할 기회만 된다면 영미권 학교 수업을 듣는 것은 물론, 외국 아이들과 금방 어울릴 수 있을 정도로요.

계속 노력하면 안 하는 것보다 낫지 않겠냐고요? 우리말로 아이와 이야기하는 상황을 생각해보세요. 얼마나 차원 높은 대화를 하나요? "밥

먹어라, 씻어라, 일어나라, 배고프니? 와! 참 잘했네" 정도입니다. 영어 대화도 이 수준일 뿐입니다.

우리가 지향하는 토론까지 가능한 영어는 회화문형 외우기가 아니라 영어책을 많이 읽고 배경지식, 사고력이 갖춰져야 가능합니다. 어린 나이에 생활영어에 올인하는 것은 엄마나 아이 모두에게 에너지 낭비입니다. 영어로 조리 있게 말하는 아이로 키우고 싶다면, 아이와 영어로 대화하려 애쓰지 말고 우리말로 더 많이 이야기 나누고 한글책을 더 많이 읽어주세요. 우리말로 자기 생각을 정확하게 표현하는 아이가 나중에 영어로도 잘 말할 수 있습니다.

5. 영어책을 읽으려면 파닉스를 해야 하나요? (X)

대부분의 유아 영어교육 기관에서 파닉스부터 가르치다 보니, 파닉스를 떼면 영어를 쉽게 읽을 수 있다고 생각하는 유아 부모가 많습니다. 영어권 나라에서도 읽기를 배우는 아이들에게 파닉스 규칙을 가르치니까 우리도 같은 수순을 밟으면 된다고 여기는 것이지요. 그러나 영어를 잘 알아듣고 아는 말도 많은 상태에서 파닉스를 배우는 영어권 아이들과 달리, 이제 갓 영어를 시작하는 우리 아이들에게 파닉스부터 가르치는 것은 문제가 많습니다.

가장 큰 문제는 나이가 어릴수록 파닉스 규칙을 배우는 데 시간과 노력이 많이 든다는 점입니다. DVD 보기와 영어책 듣기를 충분히 한 초등학교 저학년 아이들이 1개월 정도면 깨칠 파닉스 규칙을 6~7살 아이들은 훨씬 오래 배우는 것이 현실이니까요. 더 안타까운 것은 영어유치원, 영어학습지, 영어학원에서 파닉스를 그렇게 오랫동안 배웠어도 초등 고학년, 중학생이 되고 나면 100여 쪽짜리 영어책 한 권 제대로 읽지 못하는 아이들이 대부분이라는 점입니다.

읽기를 가르치기 위한 목적으로 만들어진 쉬운 영어책(리더스북)에는 파닉스 규칙에 맞는 단어들이 많이 나옵니다. 이 때문에 대부분의 부모들은 아이가 쉬운 리더스북을 떠듬떠듬 읽으면 영어책을 읽는다고 착각합니다. 파닉스를 배우고 나니 영어책을 술술 읽게 되었다고요. 그러나 영어책 수준이 조금만 올라가도 파닉스 규칙과 무관한 단어들이 쏟아집니다. 그때는 영어책 앞에서 눈만 꿈벅거리는 상황이 오고 말지요. 읽기 능력은 파닉스를 알고 모르고보다 영어 소리를 얼마나 많이 들었는가, 영어책을 얼마나 많이 읽었는가에 따라 좌우되기 때문입니다.

6. 영어 글쓰기는 언제부터 시작하나요? (X)

어린아이를 두고 영어 글쓰기가 안 된다고 고민하는 분들을 보면 참 답답합니다. 아이가 한글로 어떤 글을 쓰는지 살펴보면 바로 답이 나옵니다. 취학 직전 7살 아이라도 한글로 글을 잘 쓰기란 쉽지 않습니다. 한글도 제대로 쓸 수 없는 어린아이에게 영어로 글쓰기를 가르친다는 것은 어불성설입니다. 알파벳도 못 쓴다고요? 초등학교 가서 천천히 익혀도 늦지 않습니다.

7. 영어 못해서 아이들 영어를 시킬 자신이 없어요 (X)

영어서점에서 아이와 영어로 대화를 나누는 엄마, 아빠를 보면 부러움과 질투가 섞인 묘한 심정에 휩싸이는 분이 많습니다. 영어 못하는 부모를 만난 우리 아이에게 미안한 생각이 들어서요.

반대로 부모가 영어를 잘하면 문제가 없을까요? 영어실력이 원어민 수준이거나 동시통역사로 일하는 부모라도 아이들 영어교육은 막막해하는 분이 많습니다. 단순히 영어로 대화하는 정도로는 일정 수준 이상 실력을 올리지 못한다는 것을 잘 알고 있기 때문입니다. 되려 부모가 영어를 잘하는 것이 독이 되기도 합니다. 아이가 틀리거나 버벅거리는 것을 그냥 두고 보지 못하니까요. 귀에 거슬리는 발음이나 문법을 지적하기 시작하면 아이는 점점 위축되고 영어를 기피하게 됩니다.

영어 그림책을 읽어주기가 힘들다면 오디오CD로 같이 들으면 됩니다. 영어를 못해도 얼마든지 아이를 훌륭하게 이끌 수 있습니다.

8. 매일 3시간 영어에 투자해야 하나요? (X)

매일 3시간 영어를 하라는 것은 초등학생 이상을 두고 하는 말입니다. 그것도 3년 정도 몰입할 시기를 따로 잡고 있고요. 유아기 때부터 영어교육에 매일 3시간씩 쏟으면 정작 이 시기에 꼭 필요한 것들을 놓칠 수 있습니다. 무엇이 꼭 필요하냐고요? 다음 2가지입니다.

- 많이 놀고 경험하기
- 한글책 많이 읽어주기

이것들만 확실하게 해준다면 유아 때 영어를 전혀 안 한다 해도 문제없습니다. 초등학교 때부터 시작해도 얼마든지 잘할 수 있으니까요.

사회에 나가 영어로 자기 생각을 표현해야 할 때가 되면 가장 부족한 부분이 스스로 느끼고 경험해본 것, 책에서 얻은 배경지식과 사고력, 놀이를 통해 키운 집중력과 창의력, 우리말 구사력입니다. 앞으로는 영어를 아무리 잘해도 자신만의 콘텐츠가 없으면 경쟁력이 떨어집니다. 영어만 잘해도 먹고살 수 있던 시대는 20세기로 끝난 것, 다 아는 사실 아닌가요?

9. 집중듣기는 꼭 해야 하나요? (X)

'그래, 우리도 이제 잠수네 영어학습을 하니까 집중듣기도 해야지!' 하고 어린 자녀들과 집중듣기를 하는 집 많으시죠? 가만히 아이의 반응을 보세요. 아이가 재미있어하던가요? 엄마가 하라니까 하는 것일뿐 억지춘향으로 따라 하는 아이가 대부분일 것입니다.

유아 때 섣불리 집중듣기를 하지 말라고 하는 것은 다음 2가지 이유 때문입니다.

첫째, 영어가 싫어질 수 있습니다. 팔 걷어붙이고 초등학생들처럼 잠수네 영어를 하겠다고 나선 부모들은 십중팔구 '우리 아이가 집중듣기를 싫어해요'라고 고민을 호소합니다. 유아기 아이들은 초등학생보다 집중할 수 있는 시간이 아주 짧습니다. 초등학생처럼 달래서 끌고 갈 수 있다고 생각하지 마세요. 당장은 엄마의 설득에 따라오는 듯 보여도 어느 순간 영어가 싫다고 할 가능성이 매우 높습니다.

둘째, 엄마가 지쳐서 포기하게 됩니다. 초등학생이라면 힘들어도 '딱 3년만 해보는 거야!' 하고 스스로 마음을 굳게 잡을 수 있겠지요. 또는 아이와 대화해 설득도 가능합니다. 허나 유아기라면 앞으로 몇 년을 영어에 투자해야 할지 알 수 없습니다. 하기 싫어하는 아이를 억지로 끌고 가다 보면 내가 무슨 영화를 누리겠다고 이러나 싶은 회의가 들고, 자연히 그만두고 싶어집니다.

10. 컴퓨터, 스마트폰으로 영어를 접하면 어떨까요? (X)

잠수네 초기 아이들은 우리나라 영어교육 역사상 컴퓨터를 활용한 1세대입니다. 2000년대 초반까지만 해도 발 빠른 부모들은 교육용 시디롬 (CD-ROM)에 담긴 영어동화, 각종 영어학습 게임을 많이 활용했습니다. 미국에서 만들어진 교육용 시디롬은 거의 다 해볼 정도였습니다.

컴퓨터를 좋아하는 아이들은 제 세상을 만난 듯 모니터에 코를 박고 종일이라도 교육용 시디롬으로 놀기 원했습니다. 많이 접한 만큼 초반에는 영어교육 효과도 컸습니다. 그러나 시간이 흘러 그 아이들이 초등 고학년, 중학생이 되고 보니 당시에는 예상하지 못했던 문제들이 나타나기 시작했습니다.

- 자극적인 환경에 물들어 잔잔하고 감동적인 책에 관심을 안 가진다.
- 빠른 컴퓨터 환경에 길들여지다 보니 깊이 생각하는 것을 귀찮아한다.
- 컴퓨터로 노는 것에 익숙해져 게임에 쉽게 빠져든다.

뒤늦게 이런 문제를 깨달은 이후 잠수네에서는 인터넷, 스마트폰, 태블릿 등으로 하는 영어학습은 말도 꺼내지 않고 있습니다.

요즘 나오는 앱(App)은 2000년대 초반 컴퓨터로 했던 교육용 시디롬과 크게 다르지 않습니다. 아이들이 재미있게 보는 대신 부작용도 만만치 않을 것입니다.

특히 유아들에게 스마트폰이나 태블릿을 주고 영어동화를 보거나 게임을 하게 하는 것은 불량식품을 먹이는 것이나 다름없습니다. 눈이 나빠지는 것은 둘째치고, 전반적인 학습 습관에 문제가 생길 가능성이 매우 높습니다.

> **그림책이 교재입니까?**
> 작성자 : 마음그대로 (6세, 4세) … 현재 초5, 초3
>

학습을 먼저 염두에 둔 분은 조금 마음을 편히 하시길, 한 가지 책이나 DVD만 사서 그걸로 본전을 찾으려 하는 분 역시 조급함을 버리시길 바랍니다. 사실 경제적 부담이 마음에 걸리지만 그저 아이가 즐거워하고 행복해하는 데 초점을 맞추세요.

어린아이 수준에 안 맞는 어려운 책을 보여주고 이해시키려니 별별 활동이 다 동원되더군요. 차라리 그 시간에 아이 수준에 맞는 재미있는 한글그림책 읽어주는 게 더 좋다고 봅니다. 아이가 어릴수록 유익한 영어책도 좋지만, 재미있는 한글책을 더 많이 읽어주어야 합니다.

인터넷을 보면 액티비티의 천국입니다. 책 한 권으로 하는 게 얼마나 많은지 모릅니다. 하지만 그림책이 교재입니까? 저도 처음에는 화려한 활동에

멋모르고 감탄해서 시도해봤습니다. 물론 그 당시에는 반짝 효과가 나타나지만 찬찬히 보면 가시적인 활동에 그친 경우가 더 많은 것 같습니다. 무조건 할 필요도 없고 솔직히 그럴 시간도 없었습니다. 영어책에 나오는 주요 표현부터 시작해서, 솔직히 어른도 감당하기 어려운 내용들이 자꾸자꾸 덧붙여지는 거 같아요. 엄마표가 아니라 엄마가 아예 학원 선생님보다 더한 경우가 많은 거지요.

엄마가 선생님입니까? 엄마는 엄마입니다. 좋은 엄마입니다. 그런 활동할 시간에 아이를 품에 안고 책만 읽어주어도 효과는 비슷하거나 더 좋습니다. 저는 엄마의 따스한 음성, 손짓, 발짓과 일상에서 아이와 하는 놀이가 더 강렬한 교육 효과가 있다고 봅니다.

그리고 책을 다 읽어주고 복습하려는 분에게 말씀드립니다. 책에 나온 문장, 단어, 누가 뭘 했느냐고 묻지 말고 "재미있었니, 슬펐지, 엄마는 어떤 부분에서 참 슬펐다, 이거 정말 예쁘지?"와 같은 반응이 아이들에게 더 유익합니다.

결과적으로 보니 그렇게 함께했던 책은 혼자서 또 보고 또 보고 엄마랑 얘기하며 좋아라 했습니다. 언어는 그렇게 천천히 스며드는 거 아닙니까?

> ### 책 많이 읽은 애들, 일단 말문이 터지면 무섭습니다
> 작성자 : 세수비누 (초1, 7세) ··· 현재 중2, 중1
>

영어유치원 가면 외국인도 만나고 적절한 자극도 받아 좋기야 하겠지만, 비용 대비 효과 면에서는 글쎄요…….

그곳에 가면 금방 말문이 터질 것 같지만, 그렇지도 않답니다. 가끔 영어유치원에 발을 들여놓자마자 영어로 떠드는 애들도 있긴 하지만, 그건 말하

기 좋아하는 아이들의 특성이구요(아이의 성격에 따라 많이 좌우됩니다). 잘 들어보면 단어 수준도 낮고, 하는 말만 계속한답니다. 잠수네에서 여러 번 언급했다시피, 쌓인 게 있어야 아웃풋도 있어요. 아직 내공이 덜 쌓여서 말이 없는 거니까 너무 걱정 마세요.

저희 아이도 과묵한(?) 편이었는데, 쉬운 책 읽기를 한참 하고 나니 말하기 시작하더군요.

책 많이 읽은 애들, 일단 말문이 터지면 무섭습니다. 생활영어 몇 마디뿐 문제가 아니라 중문, 복문 막 쏟아져 나옵니다. 정말 독서의 위력이 대단합니다.

영어유치원 졸업할 무렵 제일 잘한다는 소리를 들었지만
작성자 : aroma (초6, 초3) … 현재 고1, 중1

영어유치원은 영어에 노출된 시간이 많아 영어 환경이 조성되기는 하지만 어찌 보면 참 삭막한 곳이지요. 몸으로 느끼고 배우는 것보다 수업 듣고 숙제까지 하는 데 오랜 시간을 들이면 스트레스를 받을 것입니다. 하지만 잃은 게 있으면 얻는 것도 있기에 주저하면서도 보내게 되는 것 같습니다. 지나고 나니(잠수를 하면 할수록) 꼭 그러지 않아도 되었을 텐데 싶기도 하지만요.

둘째 아이는 잠수네로 만 3년 넘게 진행하였고 현재 심화방에 있습니다. 영어유치원 졸업할 무렵 제일 잘한다는 소리 듣고 뮤지컬 주인공까지 맡았는데 비싼 수업료 내고 수업은 안 하고 공연 연습만 한다는 이야기에 과감하게 그만두었습니다. 마침 큰애가 잠수맛을 알기 시작할 때라서요.

오빠가 책만 보면서 영어하는 모습을 보더니 자기도 그렇게 하겠다 하더

군요. 사실 숙제 없는 오빠가 부러워서였겠지만 지금은 얼마나 자부심이
큰지 모릅니다. 작은애 학교에서 영어레벨을 테스트하고 AR도 하는데 저
희 아이 레벨 보면 친구들이 놀란답니다. 학원도 안 다니면서 그렇게 높은
단계 책을 보냐고요. 지금도 아이의 제일 큰 자랑은 "나는 학원 안 다니는
데"입니다. 집에서 뒹굴거리며 책 보는 걸로 공부하니 영어가 싫을 리 없
습니다.

성실히 잠수네로 진행하신 후, 만약 영어유치원 다니던 친구와 다른 학원
에서 테스트를 치르게 된다면 대부분 잠수네 아이들의 결과가 놀라울 정
도로 높게 나옵니다. 저 또한 경험한 부분이구요.

영어에 특별한 소질이 있거나 매우 성실한 아이가 있어 성적이 비슷하다
하더라도 앞으로 누가 더 영어를 재미있고 행복하게 배울 수 있을까 생각
해보시면 아마 잠수네 아이들일 겁니다.

너무 어릴 때부터 숙제와 수업에 치어 의무감으로 영어를 해야 했던 아이
들과 비교한다면, 아이가 더 재미있는 방법으로 진행하고도 영어를 좋아
하고 실력도 우수하고, 나아가 영어책으로 휴식을 갖는 상상만으로도 행
복하실 겁니다.

2부

잠수네
프리스쿨 영어
입문편

"

잠수네에서 취학 전 유아들은
〈프리스쿨 영어교실〉에 영어진행 상황을 기록합니다.
초등학교에 입학하면
읽기 테스트 결과에 따라 〈잠수네 영어교실〉에 배정되고,
분기별로 테스트하면서 중3까지 매월 영어진행 상황을 기록하지요.
16년간 쌓인 이 기록들을 분석하면
프리스쿨 때부터 영어를 시작한 아이들이 어떻게 변하는지
흥미로운 사실을 발견할 수 있습니다.

"

잠수네 선배들의
과정 분석

잠수네에서 본
조기교육 vs 적기교육

영어교육은 빠를수록 좋아!
vs 초등학교 들어가서 해도 돼!

우리나라 영어교육은 두 견해가 엎치락뒤치락 논란을 빚고 있습니다. 취학 전 영어교육을 '조기교육'으로, 초등 이후 영어교육을 '적기교육'으로 정의한다면 잠수네는 후자, 즉 적기교육에 좀 더 무게중심을 두었습니다. 유아 영어교육의 열기에 휩쓸리거나 영어유치원에 보내지 않아도 충분히 영어를 잘할 수 있다는 확신이 있었기 때문입니다. 2000년대 초반부터 유아 자녀를 둔 분들을 위한 〈프리스쿨 영어교실〉을 열긴했으나 유아기 영어교육은 각자의 판단에 맡기고 적극적인 지원을 하지 않은 것도 이 때문이지요.

그러나 어릴 때부터 영어를 접하지 않으면 모두가 불안한 시대에 조기교육이냐 적기교육이냐 논하는 것은 이제 큰 의미가 없어졌습니다. 이번에 《잠수네 프리스쿨 영어공부법》을 내는 것도 이런 맥락에서입니다. 유아기부터 잠수네 영어를 했던 아이들의 경험이 쌓였다는 점도 무시할 수 없습니다. 잠수네 영어학습을 하고자 하는 어린 자녀를 둔 회원이 많아지면서 제대로 된 방향을 제시해야 할 필요성도 커졌고요.

잠수네에서 본 조기교육, 적기교육의 유형

잠수네 회원들이 영어를 시작한 연령과 유형은 다음 4가지로 정리할 수 있습니다.

유형1) 유아 때 시작 → 초등 때도 계속 뛰어나게 잘하는 아이

유형2) 유아 때 시작 → 초등 때는 그다지 진전이 없는 아이

유형3) 초등학생 때 시작 → 뛰어난 발전 또는 꾸준한 진전을 보이는 아이

유형4) 초등학생 때 시작 → 제자리걸음을 하는 아이

〈유형1〉 가슴이 철렁, 저학년 심화과정 아이들

〈유형1〉은 조기교육의 성과가 있다고 자랑할 만한 케이스입니다. 잠수네 영어교실 저학년 심화과정 아이들의 상당수가 여기 해당합니다(〈잠수네 영어교실〉에서는 영어 읽기단계 테스트 결과에 따라 반을 나눕니다. 심

화과정에 있는 아이들은 J4~J6단계 영어책을 편안하게 읽는 수준입니다). 영미권 학교에 가더라도 정규수업을 듣는 데 문제가 없을 뿐더러 Gifted Class(영재반)까지 들어갈 정도입니다. 저학년 때 이 정도 실력을 지닌 아이는 엄마의 숨은 내공을 바탕으로 스스로 영어를 즐기며 성장한 경우인데요, 영어유치원을 다니면서 듣고 읽기를 병행한 경우도 있지만 오로지 집에서 듣고 읽는 것만으로 가능했던 경우도 많습니다.

이 아이들은 다시 두 가지 유형으로 나눠집니다. 한글책을 소홀히 해 한글 어휘와 이해력이 떨어지는 아이와, 한글책도 즐겨 읽고 우리말 기초도 탄탄한 아이로요. 전자라면 지금이라도 영어는 잠시 놓고 한글책 읽기에 몰입해야 하고, 후자라면 지금까지처럼 차분하게 진행하면서 영어 외의 아이의 강점을 찾아서 키워가야겠지요.

〈유형2〉 다시 시작하면 됩니다, 잠수네 꿈나무들
〈유형2〉는 어느 순간 슬며시 잠수네에서 사라집니다. 엄마가 지쳐서, 아이가 영어를 거부해서 등 여러 가지 이유가 있겠지요. 그동안 마음고생이 심했겠지만 엄마가 마음먹기 따라서 얼마든지 〈유형3〉으로 갈 수 있습니다.

〈유형3〉 떴다! 잠수네 무서운 아이들
잠수네가 유명해진 것은 〈유형3〉 아이들 때문이에요. 뒤늦게 시작했음에도 불구하고 영어 꽤나 하는 아이들을 확 앞질러 가는 것이 눈에 보이거든요. 잠수네 영어학습방법이 처음에는 느려 보여도 실상은 지름

길이라는 것을 이 아이들이 증명해주고 있습니다. 현재 〈잠수네 영어교실〉에 있는 초등/중등 아이들 중 대부분이 〈유형3〉입니다. 이 유형 자녀를 둔 부모들은 대부분 적기교육에 찬성표를 던질 것입니다.

특히 잠수네 영어학습을 하기 전부터 한글책 읽기의 기반이 튼튼했던 아이들은 처음 발동 걸기가 어렵지 영어책 읽기에 재미가 붙으면 무섭게 치고 나갑니다. 말하기나 쓰기도 조금만 연습하면 금방 따라잡을 수 있어요. 반면 영어에만 집중하고 한글책 읽기가 허술했다면 나중에 영어 글쓰기나 국어/언어 영역 공부에 어려움을 느낄 수 있습니다. 어떤가요? 〈유형1〉과 유사한 문제지요?

〈유형4〉 포기하지 마세요, Late Bloomer!!
전반적인 학습능력이 느린 아이라면 영어도 마찬가지로 더디게 발전합니다. 다행인 것은 속도만 느릴 뿐 꾸준히 노력하면 점진적으로 성장한다는 점입니다. 그러나 부모의 문제는 좀 심각합니다. 아이들 영어학습 전반에 대한 고민이나 연구하는 자세, 실천력이 부족하면 어떤 좋은 방법을 제시해도 소용없습니다. 반대로 느린 아이라도 부모가 포기하지 않고 성실하게 이끌어주면 누구나 성공할 수 있습니다.

어떠세요, 초등학생 때 시작해도 잘하는 아이와 부진한 아이가 있고, 유아기 때 시작해도 마찬가지라는 것을 알 수 있지 않나요? 따라서 영어를 언제 시작하면 좋을까에 대한 답은 지금이 최적기라는 것입니다. 어리면 어린 대로 크면 큰 대로 말이죠.

최근에는 〈유형3〉 〈유형4〉라도 잠수네 초창기처럼 백지상태로 영어를 시작하는 아이는 거의 없습니다. 학원이나 영어유치원, 학습지, 엄마표 등 어떤 형태든 영어를 접해본 아이들이 대부분이지요. 그렇다면 프리스쿨 때부터 영어를 진행한 〈유형1〉 〈유형2〉를 좀 더 자세히 살펴볼까요?

프리스쿨 때부터
영어교육을 진행한 선배들의
유형 분석

잠수네에서는 매월 아이들의 영어진행 상황을 기록하는 〈프리스쿨 영어교실〉과 〈잠수네 영어교실〉을 2001년부터 운영하고 있습니다. 취학전 유아들은 〈프리스쿨 영어교실〉에 영어진행 상황을 기록합니다. 초등학교에 입학하면 읽기 테스트 결과에 따라 〈잠수네 영어교실〉에 배정되고, 분기별로 테스트하면서 중3까지 매월 영어진행 상황을 기록하지요. 16년간 쌓인 이 기록들을 분석하면 프리스쿨 때부터 영어를 시작한 아이들이 어떻게 변하는지 흥미로운 사실을 발견할 수 있습니다.

유아 영어교육을 진행했던 초등학생의 5가지 유형

〈유형A〉 높게 시작 → 지속 상승 (초3~초4에 고수과정)

초등 1학년 때 J4단계 영어책을 별 어려움 없이 보고, 3~4학년이 되면 J7단계인 《Harry Potter(해리포터)》 이상의 책을 술술 읽는 아이들입니다. 프리스쿨 시기에도 영어를 열심히 한 데다 초등 입학 후에도 속도를 늦추지 않고 달린 결과지요. 영어실력이 이미 고수과정에 도달한 상황이라 초등 5학년 무렵부터는 수학으로 무게중심이 넘어가는 경우가 많습니다.

많은 유아 부모들이 이 유형으로 가기를 바라겠지만 이런 경우는 극히 드뭅니다. 기본적으로 아이의 언어 감각과 학습능력이 뛰어나야 하지만, 부모 역시 주변의 이런저런 소리에 휘둘리지 않는 뚝심이 있어야 하기 때문입니다. 아이가 좋아할 만한 교재와 방법을 끊임없이 연구해 적시에 제공하는 것은 물론, 프리스쿨 시기부터 상당히 많은 시간을 영어에 투자해도 거부감이 없을 만큼 아이와의 관계도 좋아야 하고요.

모든 부모의 로망일 수 있는 이 케이스는 영어유치원 출신, 미국에서 살다 온 아이도 간혹 있지만 사교육 없이 집에서 부모와 진행한 경우도 적지 않습니다. 공통점이라면 프리스쿨 시기에 어떤 길을 거쳤든 어릴 때부터 한글책을 좋아했고, 초등 2~3학년 즈음 영어에 밀리는 한글책 읽기의 비중을 높이려고 부단히 노력했다는 점입니다.

프리스쿨 때 열심히 해서 초1 때 높은 영어실력을 갖추면 남들 보기에는 참 부럽겠지만 부모가 받는 스트레스는 해가 갈수록 커집니다. 더 잘해야 한다는 압박감을 떨치기 쉽지 않은 데다 어릴 때처럼 급속도로 영어실력이 올라가지 않기 때문입니다. 나이에 맞는 영어책을 찾는 데 애를 먹기도 하고요.

〈유형B〉 낮게 시작 → 지속 상승 (초5~초6에 심화3/고수과정)
이 유형에는 두 부류가 있습니다.

첫 번째, 프리스쿨 시기에 영어를 꾸준히 접했어도 한글책이 우선이라는 원칙이 확고한 집입니다. 아이의 취향을 최대한 존중하면서 무리하지 않고 진행하다 보니 초등 1학년 3월에 보는 잠수네 테스트 결과가 낮게 나오는 경향이 있습니다. 대신 아이는 영어를 즐기고 있으며 부모와의 관계도 돈독하지요. 이 부분은 앞으로 영어를 진행하는 데 큰 힘이 됩니다. 거부감 없이 서서히 진행 속도를 올리면 되니 아주 행복하게 영어를 접할 수 있거든요.

두 번째는 영어유치원, 영어과외, 영어학원, 품앗이 영어 등으로 열심히 진행하다 잠수네 영어로 방향을 확 튼 경우입니다. 그동안 들인 돈과 노력에 비해 잠수네 영어 테스트 결과가 낮은 것에 놀라, 이렇게 해서는 죽도 밥도 안 되겠다고 판단한 것이지요. 일률적인 커리큘럼이 아니라 아이의 취향과 속도에 맞춰 진행하면 아이의 얼굴부터 환하게 바뀝니다. 영어가 재미있으니 진행에 가속도가 붙습니다. 당연히 실력도 올라가지요.

첫 번째는 의도적으로 프리스쿨 시기에 영어에 비중을 많이 두지 않은 경우이고, 두 번째는 뒤늦게 자각한 케이스입니다. 둘 다 프리스쿨 때 영어를 했든, 안 했든 초등 이후 부모가 마음을 다잡고 시작하면 영어실력 향상에 문제없다는 것이 공통점입니다

〈유형C〉 높게 시작 → 초2~초3까지 성장하다 정체
초1 때는 자타가 인정하는 영어영재였다가 초등 2~3학년부터 정체하는 아이들이 있습니다. 학습 중심으로 영어를 과하게 하다 보니 영어실력은 올라갔지만 어느 순간, 이른 사춘기 증상을 보이며 공부에서 손을 놔 버리기 때문입니다.

한글책보다 영어책을 더 사랑하는 아이도 초등 3학년 이후부터 영어실력이 정체되기 쉽습니다. 아무리 부모와 관계가 좋고, 부모가 꾸준히 영어에 신경을 쓰고 노력해도 마찬가지입니다. 한글책은 안 읽고 영어책만 보다 보면 한글 어휘가 부족해집니다. 학교 성적을 올리는 것은 고사하고 점점 떨어지는 성적을 만회하려면 영어책 읽는 시간을 줄여야 하고, 그러면 자연히 영어실력도 정체됩니다.

영어유치원을 2~3년 다녀서 올린 영어실력을 유지하기 위해 연계학원을 다니는 집도 초등 3학년 무렵이면 한계를 느끼는 경우가 많습니다. 수학 등 다른 공부의 비중이 늘면 영어학원에 가는 횟수를 줄일 수밖에 없거든요. 영어를 접하는 시간이 줄어드니 자연스레 영어실력도 제자리걸음이거나 더 떨어지게 되는 것이죠.

〈유형D〉 높게 시작 → 초1 수준을 못 벗어나고 횡보
〈유형C〉보다 더 심각한 경우입니다. 프리스쿨 때 올려놓은 영어실력이

초등 이후로는 더 이상 성장하지 못하는 것이죠. 엄마의 에너지와 실천력 부족으로 할 때는 엄청 하다가 안 할 때는 완전히 쉬어버리는 식으로 널뛰기를 하는 집, 즐겁게 한다는 모토에만 충실한 나머지 초등 이후에도 하루 30~60분 정도로 가늘게 가늘게 진행하는 집이 여기에 해당됩니다. 뭔가 하기는 하지만, 남들이 좋다는 데는 다 따라다니며 갈피를 못 잡는 집도 영어실력을 올리기 힘듭니다. 수학, 과학, 한자, 논술, 예체능, 체험학습 등 할 것이 너무 많아 영어에 시간을 할애하지 못하는 집도 발전이 없습니다.

〈유형E〉 낮게 시작 → 발전 없이 초등 6년 내내 옆으로 지지부진

프리스쿨 때 영어를 시작했지만 초등 1학년에 치른 〈잠수네 영어교실〉 테스트 결과도 낮고, 초등 내내 제자리걸음을 하는 집이 있습니다. 큰 아이에게 매달리느라 방치한 둘째나 셋째, 엄마가 바빠 시간을 못 내는 아이들도 있지만 열심히 진행하는데도 프리스쿨 시기부터 초등 내내 옆으로 횡보하는 것은 한마디로 '재미'를 못 찾았기 때문입니다. 따분한 리더스북 몇 권만 반복하거나, 아이 수준은 생각하지 않고 과도하게 어려운 교재로 진행하는 것이죠. 영어가 재미없고 싫다는 생각이 자리 잡으면, 아이의 닫힌 마음이 열릴 때까지 하염없이 기다릴 수밖에 없습니다.

한편 어릴 때부터 영어유치원, 학원, 과외 등 사교육을 아무리 많이 시켰어도 영어책을 듣고 읽지 않으면 영어실력이 올라가지 않습니다. DVD 보기 같은 흘려듣기는 노는 것 같아 소홀히 하는 경우에도 발전

이 없습니다. 프리스쿨 때 노는 데 치중한 결과 초등 이후에도 노는 것이 습관이 된 경우라면 영어진행은 물론 학교공부까지 애를 먹습니다.

당장의 영어실력보다 장기적인 성장이 더 중요하다

앞에서 정리한 5가지 유형을 살펴보면 프리스쿨 영어에 대한 대략적인 그림이 나옵니다.

- 프리스쿨 때 잘하는 것보다 초등 이후 어떻게 갈지가 더 중요하다.
- 프리스쿨 때 영어유치원, 학원, 과외로 실력을 올리는 것은 한계가 있다.
- 프리스쿨 시기에 빠르게 성장하면 초등 이후 정체기가 꼭 찾아온다.
- 프리스쿨 시기에 느렸더라도 초등 이후에는 얼마든지 올라갈 수 있다.
- 프리스쿨 때 영어가 싫다는 생각이 굳어지면 초등 이후 진행이 늦다.
- 프리스쿨 때 영어를 아무리 잘했어도 한글책, 부모와의 관계에 문제가 있으면 초등 이후 발전이 없다.

따라서 프리스쿨 시기에 힘주어야 할 것은 다음 3가지로 요약됩니다.

- 영어 이전에 한글책을 좋아하는 아이로 키우는 것이 먼저다.
- 부모와 관계가 틀어지면 모든 것이 끝, 아이의 의사를 존중해준다.
- 프리스쿨 영어의 성공 키워드는 첫째도, 둘째도, 셋째도 '재미'다.

작성자 : 나빌레라 (초3, 7세) … 현재 중3, 초6

큰아이를 폴○스쿨에 6세부터 초등 3학년 초까지 보내고 얻은 결론은 영어는 주가 아니라 부가 되어야 한다는 사실입니다. 4세부터 엄마표로 영어를 하기 시작해 6세 때는 영어유치원 가서 재미있게 공부했고, 초1 때 원서로 《찰리의 초콜릿 공장》을 읽어서 아이가 영어를 굉장히 잘한다고 착각하고 있었습니다. 하지만 초등 3학년인 지금도 그 수준을 벗어나지 못하고 있습니다. 오히려 영어유치원 안 나오고 그냥 꾸준히 책 읽은 아이들이 저희 큰애 수준만큼 따라왔습니다.

오늘 둘째가 다니는 영어유치원에 그만둔다고 말하고 왔습니다. 둘째는 아들인데 한글도 제대로 못 쓰는 것을 보고 과감한 결정을 내릴 수 있었습니다.

학년이 올라갈수록 영어유치원에 다녀서 영어실력이 유창한 아이들이 잠잠해지고 떠오르는 다른 그룹이 있더군요. 바로 수업 태도 좋고, 올바른 독서습관이 갖춰지고, 수학의 기초가 잘 다져진 아이들입니다.

영어유치원 다니면서 한글책보다 영어책을 더 많이 본 저희 아이는 갈수록 한국어 실력이 뒤처집니다. 시대의 흐름에 따라 영어만 강조했던 제 모습을 반성하고 있습니다. 둘째는 한글책 많이 읽히고 초등학교 입학 준비 확실히 하려고 합니다. 이젠 확신이 서네요.

머릿속에 대략적인 로드맵을 그려두면 시행착오가 덜하겠지요

작성자 : 고운맘 (중1, 초3) … 현재 고3, 중2

어려서부터 시작한 아이들의 경우 처음에는 비슷하게 잘하는 듯하다가 초등 3, 4학년에 미묘하게 한 번, 초등 5, 6학년에 뚜렷하게 한 번, 발전 양상이 갈리는 듯해요. 이때 어떻게 하느냐에 따라 꾸준히 발전하는 아이, 제자리걸음하는 아이, 퇴보하는 아이까지 다양한 결과가 나타납니다.

아이들마다 차이는 있겠지만, 시기적으로 어떤 부분에 중점을 둘지 엄마가 머릿속에 대략적인 로드맵을 가지고 진행한다면 시행착오가 덜합니다.

프리스쿨~초등 2학년 : 충분한 터잡기

초등 3~4학년 : 많은 양의 듣기와 읽기를 통해 유창성을 갖추며 발전하기

초등 5~6학년 : 어휘, 아카데믹 리딩을 병행하며 정확성 갖추고 제대로 된 읽기 틀잡기

초등 6~중등 : 읽기는 기본으로 가져가면서 쓰기, 문법 본격적으로 시작하기

이 정도면 훌륭한 것 같아요. 그냥 영어책 읽고 영어에 두려움 없는 정도를 목표로 삼는다면 사교육 도움 없이도 가능하구요. 그래도 영어를 아주 잘한다는 소리를 듣고 싶고, 영어를 경쟁력 있는 무기로 삼고 싶다면 학원 도움이 필요할 때가 옵니다. 특히 부족한 부분을 메우고 섬세하게 다듬는 fine tuning에 있어서요.

무조건 많이 시킨다고 아이가 발전하는 건 아닌 것 같구요, 적절한 시기에 필요한 부분을 집중적으로 가르쳐야 한다고 봅니다.

영어는 초등 때 최대한 해놓으라고 말씀드리고 싶어요. 어린아이들의 진을 빼지 않는 효율적이고 즐거운 방법을 택하시길 바랍니다.

프리스쿨
영어교육의
성공 비결

프리스쿨 영어의 성공 기준

'왜 프리스쿨 영어교육을 하는가?'에 대한 답은 잠수네의 많은 선배 부모의 경험에서 찾을 수 있습니다. 유아 때 영어를 일찍 시작해서 좋은 점은 영어를 부담 없이 받아들이는 것입니다. 큰 아이들과 달리 자기 나이에 맞는 영어책, DVD를 볼 수 있거든요. 바로 이 점이 프리스쿨 영어를 시작하는 이유이고 목적입니다. 따라서 프리스쿨 영어에서 '나는 영어가 좋아'라는 느낌만 확실하게 챙기면 성공인 셈입니다. 영어로 말을 잘하거나 영어책을 줄줄 읽는 것이 아니라요.

프리스쿨 영어교육의 성공 비결

영어는 장기전입니다. 언어의 특성상 생활에서 늘 접하지 않으면 감각이 떨어지는 것은 순식간입니다. 두서너 살 무렵부터 영어를 시작해서 또래에 비해 뛰어나다는 소리를 들었어도 초등 입학해서 손을 놓으면 손가락 사이로 모래가 빠져나가듯 흔적도 없이 사라집니다. 초등 저학년 때 아무리 출중했어도 초등 고학년을 지나며 사춘기를 심하게 겪다 보면 영어를 멀리하게 되고, 그 전의 반짝이던 실력을 되살리기 무척 어렵습니다. 중학생이 되면 수학을 비롯한 다른 교과목을 공부하느라 영어를 접할 시간이 줄어듭니다. 이런 환경에서 영어에 대한 즐거움과 애착이 없다면 초등 때의 영어실력을 유지하기 힘들 수밖에 없습니다.

초등학교, 중고등학교에 가서도 '영어가 좋다, 재미있다'는 마음을 가지려면 프리스쿨 때 어떻게 하면 좋을까요? 다음 4가지(SHEF)만 잊지 않으면 됩니다.

- S - Slow
- H - Happy
- E - Easy
- F - Fun

1. 천천히 (Slow) – 조급증을 버려야 성공합니다

영어는 일찍 시작할수록 좋다는 말을 많이 합니다. 그러나 어릴 때 영어를 시작했다고 해서 다 성공하는 것은 아니에요. 꼬박꼬박 나이를 먹는 만큼 꾸준히 영어실력이 올라가는 아이도 간혹 있지만, 외려 영어가 짐이 되고 싫은 아이들이 생각보다 많습니다. 전자가 되느냐와 후자가 되느냐는 초등, 중등까지 '부모가 얼마나 꾸준하게 이끌어주었는가'에 달려 있습니다.

배 속에 있을 때부터 태교영어를 했든, 두서너 살부터 영어를 시작했든, 이제 막 영어를 시작하려고 하든 가장 중요한 것은 부모의 에너지입니다. 부모도 사람이기에 무한한 에너지를 갖고 있지 않습니다. 안 그래도 천방지축 뛰어다니는 아이들 돌보기 힘든데 영어에 지나치게 많은 에너지를 쏟지 마세요. 100미터 달리기 스타인 우사인 볼트처럼 전속력으로 달리면 당장은 근사해 보일지 몰라도 금방 지칩니다.

다른 아이들이 영어로 줄줄 말하고 영어책도 술술 읽고, 쓰기도 웬만큼 한다고 상처받지 마세요. 남들보다 늦었다는 마음으로 서두를 필요도 없습니다. 유아기에 아무리 앞선 듯해도 저 멀리서 보면 도토리 키재기일 뿐입니다. 천재가 아닌 이상 제 나이의 한계를 넘어설 수 없습니다. 영어를 습득하는 데 있어 본 게임은 초등 때부터입니다. 전체 학습능력 면에서 유아기와 비교가 안 될 만큼 차이가 나거든요. 유아 때 영어영재 소리를 들었어도 초등 6년간 꾸준히 노력하지 않으면 순식간에 뒤처지는 것은 이 때문입니다. 유아 부모들 생각에는 초등 때 시작하면 너무 늦지 않을까 싶겠지만, 초등 때부터 해도 얼마든지 영어를 잘하는 아이로 자라는 이유도 여기 있고요.

유아기는 워밍업하는 때입니다. 준비운동하는 시기에 부모의 에너지가 방전되어 초장에 무너지지 않도록 지금부터 페이스 조절을 해주세요. 조급한 마음을 버려야 초등, 중등, 고등 이후까지 멀리 보는 안목이 생깁니다.

2. 행복하게 (Happy) – 아이와 관계가 좋아야 꾸준히 할 수 있어요

아이를 낳고 키우는 것은 축복입니다. 아무나 경험할 수 없는 소중한 시간이지요. 그러나 영어가 짐이 되면, 이 귀한 날들을 언제 이 굴레를 벗어던지나 한숨만 쉬면서 보내게 됩니다. 영어를 잘하는 또래 아이를 보며, 열정적으로 아이의 영어교육에 투자하는 다른 엄마를 보며 위축되지 마세요. 한참 앞선 듯 보이는 집이라도 영어교육이라는 긴 여정의 출발선에 올망졸망 서 있을 뿐입니다.

영어보다 더 중요한 것이 아이와의 관계입니다. 욕심이 앞서거나 의욕이 넘쳐 아이 마음을 헤아리지 않고 무작정 하다가는 이것도 저것도 다 싫다고 거부하게 될 수 있습니다. 아이와 사이가 좋아야 영어도 잘 진행할 수 있습니다. 아이의 감정에 공감해주고 아이의 이야기를 끝까지 들어주세요. 많이 껴안아주면서 "사랑한다"는 표현도 자주 해주고요. 아이들은 부모의 사랑을 충분히 느끼고 만족해야 부모가 이끄는 대로 믿고 따라옵니다.

3. 쉽게 (Easy) – 쉽고 단순하게 진행해야 오래오래 할 수 있어요

하나, 둘, 셋! 3개가 사람이 본능적으로 기억할 수 있는 가짓수입니다. 그 이상이면 헷갈립니다. 아이들은 하루에 해야 할 일이 3가지 이상되면 "다음에 뭐해요?" 소리가 바로 튀어나옵니다. 어른도 마찬가지입니다. 아무리 짱짱한 계획을 세워도 복잡하면 며칠 가지 못합니다. '단순한 것이 아름답다'는 말처럼 아이들 영어도 쉽고 단순해야 순탄하게 진행할 수 있습니다.

4. 재미있게 (Fun) – 영어가 재미있어야 평생 친구가 됩니다

영어는 왜 해야 할까요? 부모들은 여기에 대한 뚜렷한 이유가 있습니다. 그러니 아이가 어릴 때부터 영어환경을 제공하려고 애쓰는 것이지요. 그러나 아이들은 부모만큼 절실하지 않습니다. 초등학생, 중학생이라도 영어를 왜 해야 하는지 확고한 동기를 가진 아이들이 많지 않습니다. 유아들이라면 더 말할 나위가 없겠지요. 오직 '재미있느냐? 없느냐?'만 따질 뿐입니다.

'체계적이고 계획적으로 영어교육을 진행하면 효과적이지 않을까?' 많은 부모들이 궁금해하는 점입니다. 과연 모든 아이들에게 일률적으로 적용할 수 있는 영어 커리큘럼이 존재할까요? 아이들이 우리말을 배울 때만 봐도 빠른 아이는 8~9개월 만에 종알거리며 말하기 시작하지만 느린 아이는 만 3세가 넘어가도록 입을 꾹 다물고 "엄마, 아빠" 소리만 간신히 합니다. 영어도 언어인 이상 우리말과 별반 다르지 않습니다. 아이마다 개인차가 심할 수밖에 없습니다.

유아기는 영어를 왜 해야 하는지 동기도 거의 없고, 언어를 받아들이는 속도도 제각각인 시기입니다. 이 때문에 프리스쿨 영어의 성공 기준인 '영어가 좋아요'란 마음을 갖게 해주려면 아이가 재미있어하는 것,

아이만의 속도에 최대한 맞추는 것이 중요합니다. '우리 아이만의 맞춤식 교육'이 가장 체계적인 방법이고요.

> **나만의 잠수네 영어 비법**
> 작성자 : 한미르 (초2) … 현재 초6
>

(1) 아이와 엄마와의 좋은 관계

제일 먼저 떠오르는 건 역시 이것입니다. 엄마에 대한 신뢰가 있어야 가능한 게 잠수네 영어가 아닐까 합니다. 엄마가 무엇을 하든 나를 위한 것일 거라는 믿음이요. 저랑 아들녀석과는 관계가 꽤 돈독한데요, 그건 한결같이 아이를 대했기 때문인 것 같아요. 어떤 경우에도 아이와의 약속은 꼭 지키려고 노력했습니다. 정말 지키기 어려운 상황이면 아이한테 솔직히 말하고 사과하며 다른 방법을 강구했습니다.

그리고 아이의 시간을 존중해줬습니다. 아이가 놀 시간과 생각할 시간 같은 것들을요. 한 번에 한 가지씩만 집중할 수 있게 배려했고, 그 이외의 시간에는 자유롭게 놀도록 했으며, 약속한 시간은 꼭 지켰습니다. 그러다 보니 아이는 자기가 할 일이 무엇인지, 어떻게 해야 하는지를 명확히 알게 되었고 그것을 효과적으로 마친 후 자유로이 시간을 사용하는 법도 터득했는데, 이런 시간들을 보장해준 게 잠수네 영어를 하는 데 많은 도움을 주지 않았나 생각합니다.

엄마랑 무엇을 할 때 아이는 어려운 점이 있더라도 엄마가 반복해서 이야기하고 용기를 북돋워주면 힘들어도 해보려고 합니다. 이 점이 참 고맙습니다.

(2) 잠수네 영어에 대한 엄마의 믿음과 꾸준함

이것 역시 매우 중요하죠. 아니 사실 이게 다라고 해도 과언이 아니지 싶습니다. 잠수네 영어는 시작하고 3년 이상은 엄마의 의지와 원동력으로 이끌어가는 게 아닌가 싶어요. 만 4년이 넘으니 이젠 아이가 조금씩 스스로의 의지와 동기도 만들어가는 모습이 보이지만 아직 저학년인 만큼 한동안 스스로의 힘만으로는 무리일 것 같아요. 하지만 좀 더 고학년이라면 경우가 다릅니다. 영어를 해야 하는 동기도 저력도 충분한 만큼 한 3년 봐주면 그 후부터는 스스로도 할 수 있지 않을까 싶어요.

그러니 잠수네 영어는 엄마가 지치면 끝입니다. 그래서 잠수네 영어를 아는 사람은 많아도 직접 해내는 사람은 별로 없는 것입니다. 때때로 지치고 해도 안 될 것 같은 절망적인 시기가 오는데요. 이 시기를 무사히 넘기는 게 무엇보다도 중요합니다. 잠수네 영어가 사느냐 죽느냐의 절체절명의 위기라고 보시면 됩니다.^^ 그럴 때는 최대한 노하우를 동원해보세요. 잠친(잠수네 친구)들에게 위로도 받고, 의논도 하고, 조언도 듣고, 그래도 안 되면 맛있는 것도 먹고, 여행도 떠나보면서요.

(3) 잠수네 영어에 대한 끊임없는 공부 – 재미를 찾아서

잠수네 영어의 장점이 한두 개가 아니지만 정말 좋은 점 하나가 '잠수네는 끊임없이 진화한다'는 부분일 겁니다. 초기 잠수네랑 지금을 비교해보면 정말 많이 달라졌고요, 제가 처음 시작하던 2006년 말과도 엄청 차이가 납니다. 물론 기본 뼈대가 달라진 건 아니고요. 콘텐츠뿐만 아니라 기본적으로 영어공부를 적용하는 관점도 조금씩 변하고 있을 뿐더러 방법과 책들은 날마다 새로워진다고 해도 과언이 아닙니다. 그러니 이번에도 역시 엄마가 끊임없이 공부해서 적용하고 알아내야만 합니다. 내 아이에게 딱 맞는 방법이 무엇인가를요. 내 아이가 재미있게 영어를 공부할 수 있는 방법, 책이 무엇인지를요.

아이가 스스로의 엔진으로 갈 수 있게 만드는 유일한 게 바로 '재미'라고 생각합니다. 그 재미가 아이의 자발성에 불을 붙입니다. 저희 아이가 그래도 수월하게 잠수를 할 수 있었던 바탕은 무엇이든지 재미로 접근하도록 끊임없이 책과 DVD를 연구하고 공급해주었기 때문입니다.

잠수의 가장 중요한 포인트 아시죠?

작성자 : 즐건영어 (초4, 6세, 2세) ··· 현재 중2, 초3, 6세

바로 '즐겁게'입니다. 재미를 놓치고는 절대 영어에 성공할 수 없다는 걸 큰아이 초등 2학년 때 깨달았습니다. 영어는 평생 친구처럼 가까이 해야 하는데 미취학 때부터 어렵다, 공부다, 라고 느낀다면 앞으로의 길이 순탄치 않을 것이 뻔하지요.

어느 학원보다도 잠수가 성공할 수 있는 이유는 아이 수준에 맞게, 재미를 느끼도록 진행해서 아이의 능력을 십분 발휘하도록 돕기 때문이라고 생각해요. 아이들은 논다고 생각해야 더 잘하죠?

그리고 미취학 내지 초등 저학년까지는 DVD를 적극 활용하세요. 책과 연계된 것들이 많거든요. 스콜라스틱이나 제이와이북스에서 나온 것들, 캐릭터 등 매우 다양합니다.

보고 읽으면서 일단 관심을 가지고 즐거움을 느끼게 해주세요. 그것으로도 충분합니다. 너무 쉬운 것 같으세요? 잠수네에서 그 책들의 수준을 찾아보면 J3~J4단계인 만만찮은 책들입니다.

저희 큰딸도 7세 때 한 번 영어를 거부해 고민하다 ○○영어를 1년여 정도

했어요. 선생님을 잘 만나서 즐겁게 공부했는데 고학년 과정으로 가니 내용도 재미가 떨어지고 학습 위주로 가서인지 바로 거부하더군요. 그러던 중 고민 끝에 잠수를 만나게 되었지요.

지금은 잠수로 1년 반 정도 하고 있는데, 1학년 때 글자를 겨우 읽기 시작하던 아이가 심화과정에 소설책까지 읽고 있습니다. 영어실력이 급성장해서 저를 놀래키기도 하구요. 아직 갈 길이 멀고 구멍도 무수히 많지만 스스로 발전할 줄 아는 아이를 두고 절대 고민하지 않기로 결심했습니다. 그동안 시행착오를 거친 끝에 얻은 결론이지요.

무엇보다 영어는 초등학교 때부터 본격적으로 시작해도 절대 늦지 않으니 우선 재미있게만 가라고 말씀드리고 싶어요. 그것이 가장 빠른 길이기도 하구요. 그리고 재미와 함께 또 한 가지 중요한 것은 한글책의 수준입니다. 영어를 고민할 때 한글책 수준까지 고려하세요. 언어라는 것이 서로 통하는지 한글책과 영어책이 서로 붙어가는 것 같아요. 한글 수준이 높으면 그만큼 영어 진행이 빨라요. 영어만 떼어서 생각하지 마시고 같은 언어니까 한글책의 수준을 높이세요. 영어공부 시간을 단축시켜줄 겁니다. 영어는 장기전이니 지치거나 싫어하지만 않게 해 주시면 좋겠어요.

저희 큰아이는 초등 2학년 때 로알드 달의 작품과《앗 시리즈》에 빠져서 살았는데 지금 그 책의 원서들을 사주니 눈을 반짝이며 보고 있습니다. 한동안 영어라면 강하게 거부해서 엄마를 힘들게 하더니 요즘은 영어책의 재미를 조금씩 느끼는 것 같아서 기분 좋습니다.

프리스쿨용 영어책

알아보기

잠수네
영어책 분류와
잠수네 영어책 단계

잠수네의 영어책 분류

1. 그림책

Piggies   Go Away, Big   Pants   Willy the Dreamer
         Green Monster!

〈그림책〉은 그림 위주로 이야기가 전개되는 책인 동시에 작가가 심혈을 기울여 쓴 문학작품입니다. 유아는 물론 초등 고학년, 중학생도 재미와 감동을 느낄 만한 수준 높은 그림책이 많습니다.

2. 리더스북

Learn to Read 시리즈   Little Critter First Readers 시리즈   Oxford Reading Tree 시리즈   Ready to Read 시리즈

〈리더스북〉은 읽기를 배우기 위한 책입니다. 연령별, 학년별로 레벨 표시가 되어 있어 자기 수준에 맞는 책을 선택하기 편한 반면, 반복해서 읽을 만큼 재미있는 책은 많지 않습니다.

3. 그림책 같은 리더스북

Fly Guy 시리즈   Froggy 시리즈   Little Princess 시리즈   Little Critter 시리즈

〈그림책 같은 리더스북〉은 잠수네만의 독특한 분류입니다. 그림책처럼 재미있으면서 리더스북처럼 쉽게 읽히는 장점을 함께 가진 책입니다.

4. 챕터북

Rockets
시리즈

Junie B. Jones
시리즈

Nate the Great
시리즈

Magic Tree House
시리즈

〈챕터북〉은 그림책에서 소설로 바로 넘어가기 어려울 때 징검다리 역할을 해주는 책입니다. 감동이나 작품성보다는 흥미 위주로 나온 책이 대부분입니다. 일부 챕터북은 한글책이라면 아이들에게 읽히고 싶지 않은 질이 떨어지는 것도 있습니다.

5. 소설

Matilda

Charlotte's Web

The Bears on
Hemlock Mountain

Stone Fox

〈소설〉은 감동과 재미, 생각할 거리를 주는 문학작품입니다. 글씨가 작은 데다 글밥이 많고 두꺼운 책이 대부분이라 가벼운 흥미 위주의 챕터북만 접한 경우 소설을 읽기 힘들어하는 경향이 있습니다.

6. 지식책

First Discovery
시리즈

Let's Read and Find
Out 시리즈

MathStart
시리즈

Magic School Bus
TV 시리즈

〈지식책〉은 영어로 된 수학, 과학, 역사책 등을 말합니다. 문장이 어렵지는 않지만 각 영역별로 전문어휘가 많아 배경지식, 어휘실력이 없으면 이해하기 쉽지 않습니다.

잠수네 영어책 단계와 영어책 분포

잠수네 영어책 단계는 J단계로 표시합니다. J1단계는 단어 위주로 된 책, J2단계는 쉬운 단어와 문장으로 이루어진 책입니다. J3단계부터는 미국 초등학교 수준을 기준으로 했습니다. J3~J8단계는 미국 초등 1~6학년 수준이고, J9단계는 미국 중등(Grade7~9), J10단계는 고등(Grade10~12) 수준입니다.

다음은 〈잠수네 책나무〉에 있는 영어책의 분포입니다. 이 중 프리스쿨 아이들에게 권할 만한 영어책은 J1~J4단계의 그림책, 리더스북, 그림책 같은 리더스북입니다(주황색 박스로 표시했습니다).

구분	J1	J2	J3	J4	J5	J6	J7	J8	J9	J10
	-	-	G1	G2	G3	G4	G5	G6	G7~9	G10~
그림책										
리더스북										
그림책 같은 리더스북										
챕터북										
소설										
지식책										

영어로 된 지식책은 프리스쿨 시기에 꼭 보지 않아도 됩니다. 영어 지식책은 '지식'과 '논픽션 어휘'를 동시에 습득할 수 있다는 강점이 있지만 지식 습득이 목적이라면 한글책을 보는 것이 훨씬 낫습니다. 논픽션 어휘도 한글 어휘와 배경지식이 받쳐줘야 쉽게 이해할 수 있습니다. 영어지식책 전집을 봐야 골고루, 균형 있게 영어를 접할 수 있다는 홍보문구에 넘어가지 마세요. 영어실력은 재미있게 반복해서 볼 때 올라갑니다. 안타깝게도 어린아이들이 재미있게 볼 만한 지식책은 많지 않습니다. '골고루'는 머리에서 지우고, '재미'있는 책을 먼저 보여주세요. 지식은 한글책으로 접근해도 충분합니다.

챕터북은 초등 이후에 보여주세요. 글자가 작은 데다 그림이 별로 없어 유아들이 흥미를 갖기 어렵습니다. 영어를 잘하는 아이들이라도 프리스쿨 시기에는 챕터북보다 좋은 그림책을 보는 것이 장기적으로 훨씬 이득입니다. 소설은 유아 때 볼 책이 아닙니다. 초등학교에 가서 정서에 맞고 공감할 만한 책으로 선별해서 권해주세요.

어드바이스

잠수네에서 따로 영어책 레벨 기준을 만든 것은 다음과 같은 이유 때문입니다.

첫째, 미국의 대표적인 인터넷 서점 '아마존'의 연령대 표기로는 영어책 수준을 알기 어렵습니다. 아마존에서는 아이들용 영어책을 2세 이상, 5세 이상, 5~8세, 7~11세와 같이 연령대로 표시합니다. 이것만으로는 이 정도 나이대 아이들이 보는구나 짐작만 할 뿐 책의 수준을 알기에 한계가 있습니다.

둘째, 미국에서 만든 렉사일(Lexile)지수와 AR(Accelated Reader) Level을 기준으로 하는 것도 문제가 많습니다. 미국에서 만든 기준이라 영국, 캐나다, 호주, 뉴질랜드 등 다른 나라의 영어책은 레벨이 없는 경우가 많을 뿐더러 미국 책인데도 레벨이 없는 것이 수두룩합니다. 신간 업데이트 또한 빠르지 않고요. 더 큰 문제는 두 기준이 서로 엇갈릴 때가 종종 있다는 점입니다. 32쪽짜리 그림책《Silly Sally》의 렉사일지수가 680인데 비해, 375쪽인 소설《Percy Jackson 시리즈》1편의 렉사일지수는 470입니다. 렉사일지수만 보면 쉬운 그림책이 두꺼운 소설책보다 어렵다는 모순이 발생합니다. 렉사일지수는 높은데 AR Level은 낮은 책도 있고, 반대인 경우도 많다 보니 독자적인 기준을 세워야겠다는 생각이 들 수밖에 없었습니다.

프리스쿨 영어,
그림책으로 시작합니다

체계적 교재 vs 맞춤형 그림책

유아 영어교육용이란 이름이 붙어 판매되는 영어책 전집들의 상당수가 엄마표 영어를 도와준다는 명목하에 영역별, 단계별로 영어학습 스케줄과 워크시트, 활용방법 등을 제공하고 있습니다. 체험단이란 이름으로 교재를 제공받고 쓴 인터넷 후기를 읽다 보면 저 정도는 해야 엄마표 영어를 한다고 하는 게 아닌가 착각할 정도입니다.

아무리 좋은 책이라도 '공부해야 할 교재'로 접근하면 그저 학습을 위한 책일 뿐입니다. 좋은 글을 모아놓은 교과서가 재미없는 이유가 공부로 접근하기 때문인 것처럼요. 외국에서 직수입했다는 교재들을 보면 픽션/논픽션 등 다양한 영역을 골고루 담았다고 홍보합니다. 이런 구성의 전집은 영어가 모국어인 아이들에게는 좋은 교재일지 모릅니다. 그러나 영어가 낯선 우리 아이들이라면 교육적으로 훌륭한 구성보다는 아이의 마음에 쏙 드는, 푹 빠질 만큼 재미있는 책을 보는 것이 영어실력을 향상시키는 데 훨씬 더 도움이 됩니다.

아이들에게 맨 처음 보여줄 영어책은 단계별로 나온 리더스북도 아니고, 미국 유치원 아이들이 배운다는 영어교재도 아닙니다. 디즈니 만화영화나 TV만화 시리즈의 주인공이 나오는 영어책도 아니에요. 처음 보여주는 한글책이 그림책인 것처럼, 영어책도 작가가 자기 이름을 걸고 펴낸 그림책부터 시작하세요.

영어그림책이 좋은 이유는?

잠수네에는 영어유치원을 다니지 않았어도, 엄마가 영어를 잘 못해도 초등 저학년에 뛰어난 영어실력을 갖춘 아이들이 매년 나타납니다. 초등 고학년 중에도 내공의 깊이가 남다른 아이들이 있지요. 비결은 하나같이 '그림책을 꾸준히, 많이 접했다'입니다. 한글그림책은 물론 영어그림책도 엄청 읽은 아이들이죠. 어릴 때부터 그림책을 많이 본 아이들은 '확실히 다르다' 하는 느낌이 오는 이유는 무엇일까요?

1. 재미 → 반복 → 자연스러운 습득

좋은 그림책은 줄거리가 재미있습니다. 그림만 봐도 재미있으니 자꾸 반복해서 보게 됩니다. 수십 번 읽어주고 오디오CD를 들려주어도 지루해하지 않습니다. 이렇게 반복해서 보고 듣다 보면 영어를 몰라도 내용을 대강 이해할 수 있게 됩니다. 이미 알고 있는 내용과 영어단어, 문장의 의미를 하나씩 연결하다 보면 마치 우리말을 알아갈 때처럼 영어 어휘와 문장을 익히는 선순환이 일어납니다.

2. 어휘력이 향상된다

그림책은 문학작품입니다. 작가가 자유롭게 쓴 글이다 보니 제한된 단어로 쓰여진 리더스북에 비해 어휘와 문장 수준이 높습니다. 영어를 꽤 하는 어른들이 봐도 어려운 단어가 제법 나옵니다. 그러나 아이들은 쉬운 단어와 어려운 단어의 구분이 없습니다. 그냥 영어말일 뿐이지요. 자기 몸보다 100배 이상 뛸 수 있는 벼룩을 병에 가두면 병 높이밖에 못 뛴다는 이야기가 있죠? 마찬가지로 하루빨리 영어책을 읽게 하려는 욕심에 그림책은 건너뛰고 리더스북만 읽게 하면 쉬운 책은 조금 빨리 읽을지 몰라도 어려운 단어, 복잡한 문장을 만나면 겁먹기 쉽습니다. 반대로 그림책에 나오는 낯선 어휘의 의미를 유추하는 것에 익숙해지면, 어휘력이 자연스럽게 올라갑니다. 나중에 어려운 소설도 수월하게 읽어낼 수 있지요.

3. 문법, 말하기, 쓰기까지 모두 키울 수 있다

그림책에는 문법부터 배운 부모세대라면 앞뒤로 왔다 갔다 하며 해석해야 이해할 수 있는 복잡한 문장들이 곳곳에서 출몰합니다. 그러나 그림책을 재미있게 반복해서 보는 아이들은 꼬인 문장이 나와도 그림을 보며 내용을 쉽게 이해합니다. 내용을 알면 문장의 의미도 어느 순간 깨치게 됩니다. 따로 문법을 배우지 않고도요.

그림책의 대화는 생생한 회화체입니다. 좋아하는 그림책을 읽어주고 오디오CD를 들려주다 보면 어느새 아이 입에서 책 속의 대화가 튀어나오지요. 그림책을 많이 보면 글쓰기도 달라집니다. 리더스북이 읽기 연습용의 단순하고 건조한 문체라면, 그림책에는 작가의 개성이 돋보이는 생생한 표현이 많이 들어 있습니다. 애벌레에게 배추를 먹이면 하얀 똥, 당근을 먹이면 주황색 똥을 누는 것을 본 적 있으시죠? 마찬가지로 리더스북 위주로 영어책을 본 아이들은 나중에 글을 쓸 때도 리더스북의 문체처럼 단순하게 씁니다. 그림책을 많이 본 아이들은 톡톡 튀는 살아 있는 글을 쓰고요.

4. 생활과 문화를 익힐 수 있다

외국어를 익힐 때 그 나라의 문화를 이해하지 못하면 반쪽만 아는 것에 불과합니다. 영어그림책은 영어권 나라와 문화를 이해하는 통로가 됩니다. 글로 쓰인 것보다 그림으로 보면 좀 더 정확하고 세밀하게 이해할 수 있기 때문이지요.

5. 그림을 보며 감성, 창의력, 사고력을 키울 수 있다

영어그림책이 꼭 영어실력만을 키워주는 것은 아니에요. 멋진 그림이 담긴 그림책은 예술작품을 볼 때처럼 아이들의 감성을 자극합니다. 여러 가지 기법과 다양한 시각, 기발한 상상력이 가득한 그림책은 창의력을 키우는 데도 그만입니다. 좋은 그림책을 자주 접하면 사고력도 자랍니다. 그림에 담긴 이야기, 함축된 내용을 생각하다 보면 생각주머니가 커질 수밖에 없으니까요.

유아기는 영어그림책을 접할 황금시기

초등학생 자녀와 함께 잠수네 영어학습을 시작하려는 분 중에는 그림책의 중요성을 깨닫고 뒤늦게라도 읽게 하려는 분이 많습니다. 하지만 나이가 들수록 그림책에 재미를 느끼기가 쉽지 않습니다. 어린 아이들이 보는 유치한 책이라고 안 보려 하는 아이들이 많거든요. 게다가 그림보다 글에 먼저 눈이 가다 보니 어려운 단어나 문장을 만나면 지레 포기하기 쉽기도 하고요.

　나중에 후회하지 말고 한 살이라도 어릴 때 그림책을 많이 접하게 해주세요. 유아기는 영어그림책을 재미있게 볼 수 있는 가장 좋은 때입니다.

> **그림책은 생활회화의 보물창고**
> 작성자 : 마음그대로 (7세, 5세) … 현재 초5, 초3
>

그림책 안에 생활에서 쓰이는 회화들이 그렇게 많이 반복되는지 정말 몰랐어요. 아이들이 할 만한 회화 용어들이 아름다운 그림이나 재미있는 상황과 함께 반복되며 아이들에게 자연스레 스며들더라고요.
저는 사실, 많은 엄마들이 하는 것처럼 집에서 영어로 말하기 할 여유도 없고요, 여러 가지 활동을 할 시간이 없어요. 그리고 그렇게까지 안 해도 될 거 같아서요.

그냥 흘려들으라고 오디오CD 틀어놓고, 그림책 읽어주고, 듣기할 때 같이 듣는 척하고, DVD 볼 때 옆에서 재미있게 봐주고, 그게 다인 거 같아요. 사실 좋은 책 찾아 보여주는 데 걸리는 시간이 저에겐 가장 어렵고 많은 시간을 차지하는 부분이죠.

또 하나, 그림책이 정말 좋은 이유는 이야기와 그림을 통해 그 상황을 더 정확하게 이해하고 오랫동안 기억한다는 거예요. 저는 사실 웬만한 리더스북, 챕터북까지 마련해두고 보았어요. 그 결과 어릴수록 그림책을 더 많이 보여주는 것이 좋다는 생각을 하게 되었어요. 그리고 그런 그림책들을 이해하고 재미를 느끼기 위해선 한글책을 통해 다진 기본기가 반드시 있어야 한다는 사실도 깨달았어요. DVD와 같은 영상물도 적절하게 병행하면 아주 큰 도움이 되고요.

그림책 읽기의 즐거움을 알다
작성자 : 럽포스 (초1) … 현재 초4

(1) 그림책 읽기의 즐거움을 알다

그림책이 그토록 감동적이고, 아름다우며, 종류가 많은 줄 몰랐습니다. 아이에게 조금씩 책 읽어주는 재미에 빠지면서 함께 공감하는 책도 늘고, 때론 아이보다 제가 더 감동하기도 하면서 저도, 아이도 책 읽는 시간이 재미있고 즐거워졌습니다. 그것이 한글책이든, 영어책이든 모두 유익했습니다 (이 부분은 제가 참 많이 노력했습니다. 영어책 읽기가 정말 만만치 않았거든요). 이제는 매일 밤 책을 읽지 않으면 잠을 못 이룰 정도예요(이는 엄마가 공부하여 책 읽기의 소중함을 알았기 때문입니다).

(2) 그림책의 재미에 빠져 말하기, 읽기가 되다

순전히 그림 보며 오디오 듣기를 진행했는데, 강요 없이 편안히 듣도록 했어요. 돌아보면 정말 소중한 시간이었어요. 그림책도 무한히 몰입하며 봤고, 정말 재미있어했고, 감동도 받았어요. 책을 보는 시간을 매우 재미있게 만들어주었죠.

이때 이루어진 '그림 보며 흘려듣기'는 책 읽기뿐 아니라 집중듣기의 탄탄한 터를 잡은 계기가 되었고, 책을 좋아하게 만든 최고의 밑거름이었어요. 재미있으니 스스로 반복해 읽었고, 조잘조잘 앵무새처럼 따라 하던 모든 것이 그림책 듣던 시간 덕분이라고 생각하고 있습니다. 자발적 동기가 생성된 시기였죠.

그때에 비하면 지금의 시간은 참 밍밍합니다. 이 시기를 그나마 재미나게 견디게 하는 힘도 그때의 즐거웠던 기억이 아닌가 해요.

놀라운 것은 그렇게 책에 나오는 아름답고, 재미있는 그림을 보며 오디오 흘려듣기를 했음에도 글을 읽게 되더라는 거죠. 손으로 짚는 집중듣기도 아닌데 말이에요.

다시 돌아간다 해도 여전히 그림책 흘려듣는 시간을 소중히 여기고 다시 할 거예요. 글자에 눈 맞추지 않고 그림에 빠져들 수 있도록.

제 경우는 J1 ~J4 혹은 J5까지도 재미있으면 들었어요. 특히 오디오 재미있는 것들은 거의 성공이었구요. 그런 오디오를 찾는 건 모두 엄마 몫이긴 하죠. 〈잠수네 책나무〉의 그림책 베스트 중에는 안 들은 게 거의 없을 정도입니다. 못 들으면 엄마가 읽어서라도 볼 수 있도록 노력했어요.

영미권 전래동요
(Mother Goose & Nursery Rhyme)

영미권의 전래동요를 너서리 라임(Nursery Rhyme), 또는 마더구스 (Mother Goose)라고 합니다. 마더구스라고 부르게 된 계기는 최초의 라임 모음집 제목이 마더구스였기 때문입니다. 즉 '영미권 전래동요 = 너서리 라임 = 마더구스'인 셈이지요.

맨 처음 접하는 영어책으로 마더구스를 추천하는 이유는 오랜 시간 많은 사람에게 사랑받았던 노래이기 때문입니다. 흥얼흥얼 따라 부르 다 보면 저절로 외워지거든요. 자꾸 따라 부르다 보면 발음과 리듬에 익숙해지기도 하고요. 영화를 볼 때도 마더구스를 알면 더 재미있습니 다. 애니메이션 〈장화신은 고양이〉에는 마더구스의 주인공인 Humpty

Dumpty, Mother Goose가 주요 등장인물로 나옵니다. 〈슈렉〉을 보면 Gingergread Man, Three Blind Mice 같은 마더구스의 캐릭터들이 까메오로 수시로 등장합니다. 모르면 스쳐지나가고 말겠지만 알면 깨알 같은 재미를 느낄 수 있지요. 영어책에도 마더구스의 내용을 살짝 비틀거나 패러디한 내용이 종종 나옵니다. 앤서니 브라운의 《My Dad(우리 아빠가 최고야)》나 《I Like Books(나는 책이 좋아요)》, 데이비드 위즈너의 《The Three Pigs(아기돼지 세 마리)》에는 마더구스의 캐릭터가 곳곳에 숨어 있습니다. 아이들이 좋아하는 영어책인 앨런 앨버그의 《Each Peach Pear Plum》도 마더구스를 알면 훨씬 더 재미있게 볼 수 있는 내용이지요. 《Alice throung the Looking-glass(거울나라의 앨리스)》에서는 마더구스의 주인공인 Humpty Dumpty가 중요한 역할을 하기도 합니다. 또한 마더구스의 노랫말에는 역사적인 사실이나 문화 등 숨겨진 뒷이야기가 많아 영미권 문화를 이해하는 데도 도움이 됩니다.

그러나 마더구스 중에는 쉽고 우리 귀에 익숙한 노래도 있지만 따라 부르기 어려울 정도로 빠르고 어려운 어휘와 문장이 나오는 것도 많습니다. 어린아이들이 이해하기 힘든 내용이나 어휘, 험악한 이야기도 꽤 되고요. 문법에 맞지 않거나 고어체, 옛말이 섞인 가사도 있습니다. 따라서 어려운 마더구스까지 다 알 필요는 없습니다. 좋아하는 노래 위주로 편하게, 즐겁게 들으면서 따라 부르다 외워지면 좋고, 아무리 들어도 입에 붙지 않으면 그만입니다.

여러 편의 마더구스를 담은 그림책

오디오CD가 있는 마더구스 모음집 중 그림도 예쁘고 노래도 좋은 책을 모았습니다. 웬만한 마더구스 수십 권을 사는 것보다 나은 책들이지만 국내에서 늘 구할 수 있는 것은 아닙니다. 오디오CD를 같이 구하지 않으면 '앙꼬 없는 찐빵'으로 전락하기도 하고요. 일단 인터넷에서 검색해보세요. 없으면 해외구입을 해도 후회 없을 책들입니다.

오디오CD의 노래가 좋은 마더구스 모음집		그림이 예쁜 마더구스 모음집	
[J5] Sylvia Long's Mother Goose 🎧	[J5] Mother Goose Jazz Chants 🎧	[J5] Playtime Rhymes 🎧	[J5] Mary Engelbreit's Mother Goose 🎧

유튜브에서 마더구스 노래를 찾아보세요

유튜브에서 마더구스로 검색하면 굉장히 많은 노래를 무료로 들을 수 있습니다. 굳이 오디오CD와 세트로 판매하는 마더구스 책을 구입하지 않아도 돼요. 유튜브에서 마더구스 노래를 먼저 들어보고 재미있겠다 싶으면, 그때 가서 그림이 좋은 마더구스 책을 골라보세요.

가사는 같은데 그림만 다른 마더구스 영어책을 모아봤습니다. 어떤 책이든 그림이 마음에 드는 책을 고르면 됩니다. 선택이 어려울 때는 아마존을 검색해보세요. 평점과 리뷰 수만 봐도 선호도를 바로 알 수 있습니다(잠수네 회원이라면 〈잠수네 책나무〉의 리뷰, 스크랩 수를 참조하세요).

유튜브에서 찾을 수 있는 마더구스와 마더구스 영어책

[J2] Five Little Ducks

[J3] Down by the Station

[J3] The Wheels on the Bus

[J3] A – Hunting We will Go!

[J4] Twinkle, Twinkle, Little Star

[J4] Mary Had a Little Lamb

[J4] Over in the Meadow

[J4] If You're Happy and You Know It!

[J2] There were Ten in the Bed

[J2] The Farmer in the Dell

[J3] Here We Go Round the
Mulberry Bush

[J3] There was an Old Lady Who
Swallowed a Fly

[J3] Old Macdonald Had a Farm

[J3] Hickory Dickory Dock

[J3] Three Little Kittens　　　[J3] It's Raining, It's Pouring　　　[J3] Hush Little Baby

[J4] Incy Wincy Spider　　[J2] Five Little Monkeys Jumping on the Bed　　[J2] Teddy Bear Teddy Bear　　[J2] Ten Fat Sausages　　[J2] Five Little Men in a Flying Saucer

[J3] Mary Wore Her Red Dress and Henry Wore His Green Sneakers　　[J3] The Ants Go Marching!　　[J3] Ten Little Monkeys Jumping on the Bed　　[J3] Baa Baa Black Sheep　　[J3] I'm a Little Teapot　　[J3] Little Miss Muffet

[J3] One Elephant Went Out to Play　　[J3] Clap Your Hands　　[J3] Cock–a–Doodle Doo　　[J3] The Comic Adventures of Old Mother Hubbard and Her Dog　　[J3] This Old Man　　[J3] Knick Knack Paddy Whack

[J3] I am the Music Man　　[J4] Dry Bones　　[J4] The Itsy Bitsy Spider　　[J4] Frosty the Snowman　　[J4] Skip to My Lou　　[J4] Down in the Jungle

[J4] Cows in the Kitchen　　[J4] Little Rabbit Foo Foo　　[J4] Port Side Pirates!　　[J4] Yankee Doodle　　[J4] The Journey Home from Grandpa's　　[J4] Miss Mary Mack

● 프리스쿨용 영어책 알아보기　　103

추천 3
리더스북은
읽기용 교재

리더스북의 장점과 단점

리더스북의 장점은 다음과 같습니다.

- 한정된 개수의 쉬운 단어로 되어 있어 읽기에 자신감을 갖게 해준다.
- 간단한 문장들이라 오디오CD로 듣다 보면 읽기로 수월하게 넘어간다.
- 단계가 나눠져 있어 책의 난이도를 비교적 쉽게 구별할 수 있다.
- 전집으로 된 리더스북 시리즈가 많아 구입이 간편하다.

그러면 단점은 무엇일까요? 장점을 뒤집으면 단점이 보입니다.

- 한정된 쉬운 단어로 되어 있어 어휘력이 늘기 어렵다.
- 단순한 내용이라 반복해서 읽을 만큼 재미있는 책이 많지 않다.
- 단계별로 읽는 데 익숙해지면 어려운 단계를 읽기 두려워한다.
- 전집으로 샀다는 데 안심하고 더 재미있는 영어책 찾기를 중단한다.

유아기부터 열심히 영어를 한 아이들 중 최악의 시나리오는 '영어유치원에서 파닉스 먼저 떼고 → 리더스북으로 읽기 연습을 한 후 → 챕터북 조금 읽(는 것처럼 보이)다가 → 벅차서 영어책 읽기에 흥미를 잃는 것'입니다. 이 경우 초등 1, 2학년까지는 영어를 좀 하는 것처럼 보이지만 초등 고학년부터는 어릴 때 잘했던 것이 무색할 정도로 어디 가서 영어 좀 한다고 말하기 어려워집니다.

최상의 시나리오는 'DVD/영어그림책을 많이 보고 읽어주다가 → 리더스북을 살짝 추가하고(파닉스는 가볍게 훑어보거나 건너뛰고) → 리더스북과 그림책을 병행하면서 읽은 후 → 챕터북으로 읽기 양을 늘리고 → 양질의 소설 읽기로 가는 것'입니다. 영어학원은 필요에 따라 갈 수도 있고 안 가도 그만이고요.

학습적인 측면만 생각해볼 때 영어그림책을 많이 읽어서 얻을 수 있는 최대 이점은 '유추능력과 사고력'입니다. 아이들은 어른이 보기에 상당히 어려운 단어가 나와도 어려운 줄 잘 모릅니다. 부모가 읽어주면 책에 있는 그림을 보면서 의미를 골똘히 생각하기도 하고, (한글책 읽을 때처럼) 단어의 뜻이 궁금하면 물어보기도 하고요. 시간이 흘러 영어그림책을 조금씩 읽을 수 있게 되면 앞뒤 문장을 보면서 단어의 뜻을 짐작합니다. 기승전결의 이야기 구조가 탄탄한 그림책은 생각할 거리가 많습니다. '생각=사고력'입니다. 사고력이 커지면 생각할 거리를 많이 던져주는 양질의 소설 읽기를 자연스럽게 시작합니다. 영어그림책을 안 보여주고 리더스북 읽기만으로 진행하면 이런 이점을 모두 놓치고 가는 셈입니다.

리더스북이 들어갈 시점은?

리더스북이 '읽기용 교재'라는 것만 잊지 않으면, 언제 리더스북을 보여주어야 할지 고민할 필요가 없습니다.

한글책을 '줄줄' 읽을 수 있을 때

모국어인 한글책도 못 읽는데 영어책 읽기를 시킨다면 걷지도 못하는 아기에게 뛰라는 것이나 마찬가지입니다. 그렇다고 영어책을 읽히기 위해 한글을 빨리 떼려는 계획을 세우지는 마세요. 영어책을 빨리 읽는다고 영어를 다 잘하는 것은 아니거든요. 프리스쿨 영어의 목표는 영어책을 빨리 읽게 하는 것이 아니라, 영어에 '재미'를 느끼게 하는 것이라는 점을 잊지 마세요.

스스로 영어책을 읽고 싶어할 때

아이는 영어책을 읽고 싶은 마음이 털끝만큼도 없는데 엄마 혼자 서두르는 것처럼 어리석은 일이 없습니다. 아이가 읽고 싶다는 사인을 보낼 때 리더스북을 읽어도 늦지 않습니다. 책 제목을 떠듬떠듬 읽어보려고 하고 주변에서 눈에 띄는 영어단어를 스스로 읽으려고 할 때가 적기입니다.

유아용 리더스북, 어떤 것이 좋을까?

리더스북을 선택할 때 기준이 될 만한 몇 가지를 꼽아보겠습니다.

1. 작가가 있는 리더스북

리더스북은 그림책에 비해 누구나 쉽게 만들 수 있는 책입니다. 문학적인 향기가 나지 않아도 되는 읽기 교재니까요. 그래서인지 리더스북 중에는 작가가 표시되어 있지 않은 시리즈가 많습니다. 잠수네를 운영하는 긴 세월 동안 수없이 많은 리더스북을 보고 잠수네 아이들의 반응을 살펴본 결과, 작가 이름 없이 나온 책치고 제대로 된 책은 많지 않더군요.

2. 해외에서도 알려진 리더스북

작가가 있다고 다 좋은 리더스북은 아닙니다. 리더스북의 작가 이름을 구글에 쳐보세요. 최소한 해외 영어서점에서 검색되는 책이라야 신뢰할 만합니다. 그중에서도 평점이 높거나 리뷰 수가 많은 리더스북은 현지 아이들에게도 반응이 좋다는 의미입니다.

3. 이왕이면 재미있는 리더스북

화려한 홍보문구, 인터넷 후기에 솔깃해 수십 만 원짜리 리더스북 전집을 들여놓았는데 아이가 재미없어하면 참 난감합니다. 처음 한두 번은 엄마가 화려한 동작을 취하며 책을 읽어주고 액티비티까지 해줄 수 있을지 몰라도 책 자체가 재미없으면 몇 번 보지 않고 책장 구석에 얌전하게 모셔지게 됩니다. 아무리 쉬운 책이라도 그림이 재미있든 줄거리가 흥미진진하든, 캐릭터를 좋아하든 정 붙일 만한 구석이 조금이라도 있어야 반복해서 보게 됩니다. 학습을 강조하는 리더스북보다 재미있는 리더스북이 100배는 낫다는 점을 꼭 명심해주세요.

리더스의 함정을 깨닫다
작성자 : 얌얌트리 (6세, 4세) ··· 현재 초3, 초1

2월 말쯤 새로 J3단계 리더스북이 왔습니다. 덜컥 책을 잡은 아이는 그 자리에서 2권 모두 읽더군요. 요즘 J1~J2단계 음독 중인데 기뻤을까요? 아니요. 뭔가 이상했습니다. 그 정도 길이의 문장을 읽어낼 실력은 아니었거든요. 3월이 오기 전 집에 있는 적응 단계의 책은 다 한 번씩이라도 읽는 것이 목표였습니다. 실제로 해보니 집중듣기한 교재는 거의 다 읽고, 읽어줬던 책들은 단어에서 조금 막히는 정도였습니다. 그래도 파닉스를 했던 효과인지 눈에 ABC가 익어선지 대충 비슷하게 읽던 중이었습니다.

그때 리더스의 함정을 깨달았습니다. 리더스는 어느 시리즈라도 비슷한 단계에 쓰이는 단어 수가 같지 않습니까. 그래서 그다음 단계라고 하더라도 몇 단어밖에 차이가 나지 않으며 문장 길이만 길어졌다는 사실을 깨달

있습니다. 리더스 단계가 올라가는 것만으로도 아이의 실력이 올라간 듯한 착각에 사로잡혀 있었던 겁니다. 리더스는 동화보다 쉽고, 단계가 올라가도 반복문이라는 사실을 깜박하고 말이지요. 그림책으로 진행하다가 요즘 시리즈물로 바꾸면서 굉장히 편했는데, 그 함정에 제가 빠졌던 겁니다. 계속 리더스를 진행하면 아이의 영어실력이 답보될 듯합니다. 리더스를 레벨업 시켜주면 되지 않을까 생각도 해봤는데 그러기에는 아이의 엉덩이 힘이 약합니다.

그림책은 레벨을 높이고, 리더스는 다지기를 도와주는, 다른 집들은 몰라도 우리 집은 그런 상태인 듯합니다. 안 그래도 요즘 그림책 읽기가 흐지부지되어 살짝 걱정만 하고 있었는데 아주 대놓고 함정에 빠졌습니다. 확실히 정리해야겠어요.

추천 4
그림책 같은 리더스북,
달달한 사탕 같은 영어책

영어책을 보다 보면 묘한 영역의 책들이 있습니다. 그림책이라고 하기에는 5% 부족하고, 리더스북으로 분류하자니 글자 크기가 작고 글밥이 많아 읽기용 교재로 사용하기는 어려운 책들입니다. 잠수네에서는 이런 책들을 〈그림책 같은 리더스북〉으로 분류했습니다.

〈그림책 같은 리더스북〉으로 분류한 책

1. 아이들이 좋아하는 TV 캐릭터를 주인공으로 한 시리즈
유아용 TV시리즈의 각 에피소드를 영어책으로 만든 것입니다. 영어실력이 조금 부족하더라도 친숙하게 접근할 수 있다는 것이 장점입니다.

| [J3] Clifford 시리즈 | [J3] Caillou 시리즈 | [J3] Maisy TV시리즈 | [J3] Peppa Pig TV시리즈 | [J4] Little Princess TV시리즈 |

2. 리더스북치고는 그림이 훌륭한 시리즈

주로 《I Can Read Book》 시리즈에 이런 책이 많이 포진되어 있습니다. 원래 그림책으로 나온 책을 리더스북 판형으로 낸 경우도 있고, 유명 그림책 작가가 쓴 리더스북도 있습니다. 리더스북에 들어 있지만 이야기의 재미와 감동이 그림책 못지 않은 경우도 많아 리더스북이라고 하기도, 그림책이라고 하기도 애매모호한 책들입니다.

| [J3] I Can Read Book 시리즈: Berenstain Bears | [J4] I Can Read Book 시리즈: Frog and Toad | [J4] I Can Read Book 시리즈: Amelia Bedelia | [J4] I Can Read Book 시리즈: Little Bear |

3. 오리지널 그림책의 인기를 등에 업고 나온 시리즈물

그림책의 주인공이 아이들에게 특별히 사랑을 받으면, 연결된 시리즈 그림책들이 나옵니다. 더 인기가 많으면 리더스북으로도 나오지요. 그림책을 바탕으로 한 TV시리즈가 인기를 끌면 리더스북도 그림책도 아닌 애매한 책들이 또 나와요. 이런 시리즈를 〈그림책 같은 리더스북〉으로 분류한 거예요. 오리지널 그림책의 인기를 등에 업고 그림 수준이 많이 떨어진 상태로 나오는 책이죠. 장삿속이 보이지만 아이들은 참 재미있어하는 책들입니다.

《Olivia 시리즈》《Curious George 시리즈》의 경우 〈그림책 → 그림책 시리즈 → 리더스북 → 그림책 같은 리더스북〉의 수순을 정확히 밟고 있어요.

오리지널 그림책
Olivia(칼데콧상)

그림책 시리즈
(Olivia
그림책 시리즈…8권)

리더스북
(Ready to Read
시리즈: Olivia…12권)

그림책 같은 리더스북
(Olivia TV시리즈
…30권)

오리지널 그림책
Curious George

그림책 시리즈
(Curious George
그림책 시리즈…9권)

리더스북
(Curious George
Readers 시리즈…13권)

그림책 같은 리더스북
(Curious George
TV시리즈…11권)

《Olivia》같은 수순을 밟지는 않았어도 오리지널 그림책의 인기를 타고 나오는 시리즈도 많습니다.

오리지널 그림책

[J4] Pinkalicious 그림책 시리즈

[J4] Fancy Nancy 그림책 시리즈

[J5] Rainbow Fish 그림책 시리즈

[J3] Max and Ruby 그림책 시리즈

그림책 같은 리더스북

[J4] Pinkalicious 시리즈

[J3] Fancy Nancy 시리즈

[J4] Rainbow Fish & Friends 시리즈

[J3] Max and Ruby TV시리즈

〈그림책 같은 리더스북〉의 장점과 단점

〈그림책 같은 리더스북〉의 장점은 한마디로 '재미있다'입니다. 아이들은 좋아하는 캐릭터가 나오는 책은 글자 하나 못 읽어도 그림 보는 재미에 즐겁게 반복해서 봅니다. TV 캐릭터든, 그림책 주인공이든지요. 요즘은 오디오CD도 함께 제작되어 나오기 때문에 들려주기도 참 편합니다. 초등학생이라면 본격적인 읽기로 들어갈 때 〈그림책 같은 리더스북〉이 효자 역할을 톡톡하게 해줍니다. 수십 권의 시리즈가 있어 책 고

르는 수고를 덜어주는 데다 TV와 연계해서 보면 내용도 빠르게 이해되니까요. 학교생활, 친구와의 관계 등 초등 아이들이 공감할 만한 내용을 담고 있기도 하고요.

그러나 영어를 갓 시작하는 유아라면 〈그림책 같은 리더스북〉은 장점보다 단점이 훨씬 더 많습니다. 그림책은 대부분 그림만 봐도 내용을 이해할 수 있습니다. 자꾸 보다 보면 글의 의미를 유추하기도 하지요. 그러나 〈그림책 같은 리더스북〉은 반복해서 볼 만큼 그림의 질이 좋은 책이 드뭅니다. 그림만 봐도 무슨 내용인지 알 수 있는 책도 별로 없고요. 깨알 같은 글씨로 된 책이 많아 읽기용으로도 큰 도움이 안 됩니다. 게다가 오디오CD로 집중듣기를 하기에는 내용도 어렵습니다. 따라서 한글을 모르거나 영어글을 전혀 못 읽는 아이라면 일부러 보여줄 필요까지는 없는 책이라는 결론이 나옵니다.

〈그림책 같은 리더스북〉을 보여줄 시점은?

다음은 〈잠수네 책나무〉에 있는 그림책, 리더스북, 그림책 같은 리더스북 전체를 단계별로 분석한 표입니다. 리더스북은 J1~J2단계 책이 33.5%를 차지하는 데 비해, 그림책 같은 리더스북은 J1, J2단계책은 거의 없고 J3, J4단계가 대부분입니다. 즉 영어글을 읽고 싶어 한다면 쉬운 〈리더스북〉을 충분히 읽고 난 후 〈그림책 같은 리더스북〉을 보는 것이 훨씬 효율적이라는 의미입니다.

J단계	그림책		리더스북		그림책 같은 리더스북	
J1	193	2.1%	455	6.9%	36	1.9%
J2	647	7.1%	1745	26.6%	116	6.0%
J3	1744	19.0%	2172	33.1%	678	34.9%
J4	3723	40.6%	1571	24.0%	951	49.0%
J5	2067	22.5%	459	7.0%	159	8.2%
J6~J8	796	8.7%	157	2.4%	0	0.0%
계	9170	100.0%	6559	100.0%	1940	100.0%

* 빨간색 표시 : 책 권수가 가장 많은 곳   (단위: 권)

〈그림책 같은 리더스북〉은 일부 시리즈를 제외하고는 대부분 달달한 사탕, 과자 같은 책입니다. 재미있는 영어책을 보여주랬다고 아이가 좋아하는 TV 캐릭터가 나오는 책을 처음부터 덥석 쥐여주지 마세요. 과자를 먼저 먹고 나면 밥을 잘 안 먹는 것처럼 밍밍한 리더스북은 재미없다고 밀어내기 쉽습니다. 오리지널 그림책의 캐릭터를 좋아한다고, 인기에 편승한 〈그림책 같은 리더스〉 시리즈물 위주로 보여주지 마세요. 오리지널 그림책의 예쁘고 좋은 그림을 더 많이 보여주는 것이 정서나 감성 발달에 훨씬 도움이 됩니다.

영어책에서 습득할 수 있는 어휘군

그림책, 리더스북, 챕터북, 소설, 지식책을 볼 때 접하는 어휘의 단계별 분포도
를 그림으로 표시했습니다.

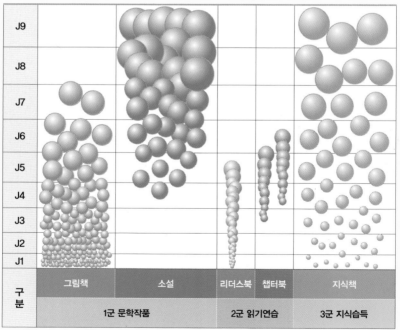

구분	J9 J8 J7 J6 J5 J4 J3 J2 J1				
	그림책	소설	리더스북	챕터북	지식책
	1군 문학작품		2군 읽기연습		3군 지식습득

* 동그라미 크기는 어휘량을 나타냅니다.

비슷한 영역끼리 묶어볼까요?

1군 문학작품 - 그림책과 소설
2군 읽기연습 - 리더스북과 챕터북
3군 지식습득 - 지식책

　　1군 문학작품에 속한 그림책과 소설은 어휘군이 다양하다는 점이 특징입니다. 그림책은 J1~J5단계, 소설은 J6단계 이상의 어휘가 많은 것이 차이지요. 2군 읽기 연습용인 리더스북과 챕터북은 단어군이 비슷하게 나열되어 있습니다. 단계의 차이만 있을 뿐입니다. 3군 지식책은 다른 영역에 비해 겹치는 어휘 없이 J1~J9단계까지 흩어져 있는 형태입니다.

1군 : 그림책과 소설

그림책과 소설은 문학작품입니다. 어휘를 제한하지 않고 작가 마음 가는 대로 썼기 때문에 꾸준하게 읽으면 자연히 어휘실력이 올라갑니다. 그림책이 얇다고 얕보지 마세요. J5단계 이상이 넘어가면 웬만큼 영어를 하는 성인이라도 모르는 어휘가 수두룩합니다. 그림책의 최대 강점은 그림이 어휘를 설명해주고 있다는 점입니다. 그래서 어릴 때부터 그림책을 보며 그림에서 어휘의 의미를 유추해내는 습관이 몸에 익은 아이들은 어휘수준이 높아질 수밖에 없습니다. 그림책을 많이 본 경우 리더스북이나 챕터북을 거치지 않고도 바로 소설책을 읽는 것은 이 때문입니다. 옆의 표에 나오는 단어군을 살펴보세요. J4~J6단계 그림책을 보면 J4~J6단계 소설도 쉽게 읽을 수 있다는 것을 눈으로 확인할 수 있습니다.

　　자연의 세계에서는 갓 태어난 새끼들이 처음 보는 동물을 어미로 생각하는 경우가 많습니다. 프리스쿨 시기에 처음 보여주는 영어책으로 그림책을 권하는 것은 먼 미래에 좋은 소설 읽기로 연결하고자 하는 장기적인 포석입니다.

2군 : 리더스북과 챕터북

리더스북은 비슷한 수준의 한정된 어휘로 쓰였습니다. 갓 영어책을 읽기 시작하는 아이들도 쉽게 읽을 수 있게 도와주는 참 고마운 책입니다. 그러나 바로 이 점이 리더스북의 단점이기도 합니다. 리더스북을 백날 읽어봐야 어휘수준이 올라가기 어렵거든요. 쉬운 단어로만 책을 만들다 보니 재미가 떨어진다는 것 또한 단점이지요.

리더스북을 읽던 아이가 소설을 바로 읽기 어려우니 중간에 읽을 수 있도록 말랑말랑한 재미 위주로 만든 책이 챕터북입니다. 한정된 어휘로 된 리더스북의 장점은 극대화하고, 재미없는 리더스북의 단점을 보완한 것이죠. 리더스북의 확장판이라고나 할까요? 이 중에는 영미권 학교 수업시간에 교재로 쓰이는 좋은 책도 있습니다. 그러나 책에 흥미를 느끼지 못하는 아이를 끌어들이려고 말도 안 되는 엽기, 코믹, 공주, 공포물 등 말초적인 흥미 위주의 이야기가 훨씬 더 많습니다. TV 일일드라마처럼 그 나물에 그 밥인 내용으로 권수만 늘인 책들이지요. 또한 리더스북처럼 '한정된 어휘'란 치명적인 단점도 여전히 남아 있고요. 그래서 '리더스북 → 챕터북' 라인으로 가는 경우 처음에는 영어실력이 빨리 느는 것 같아 보여도, 어휘실력이 받쳐주지 않아 나중에 진짜 영어실력을 올려주는 소설책의 벽을 넘기 어렵습니다.

3군 : 지식책

앞의 표에서 보듯 사회, 과학, 수학 등의 지식책에 나오는 지식 어휘는 낙동강 오리알처럼 어휘군이 거의 겹치지 않습니다. 대부분 평소 접하는 단어가 아니므로 온갖 액티비티로 지식 어휘 몇 개를 머리에 넣어준들 바로 잊어버리기 쉽습니다. 나중에 필요할 때(토플, 텝스 등 공인인증시험은 논픽션 영역이 절반을 차지) 지식 어휘를 외우는 과정은 꼭 필요합니다. 그러나 그 시기가 유아기는 아니라는 점은 누구나 수긍할 것입니다.

한글지식책을 좋아하고 배경지식이 많다면 상황은 달라집니다. 영어로 된 그림책, 리더스북을 많이 읽어 읽기수준이 높은 상태에서 영어지식책을 읽으면 알고 있는 배경지식과 한글 어휘를 토대로 어휘의 의미를 유추해낼 수 있습니다. 지식 어휘는 한글 어휘와 1:1로 대응되기 때문입니다. 따라서 영어지식책은 '아이가 좋아하는 영역으로, 한글책 배경지식이 충분한 상태에서 영어실력이 올라갔을 때 보여준다'가 잠수네에서 생각하는 방향입니다.

영어책 구입 노하우를 알려드려요

영어그림책을 어디서 사면 되는지 궁금해하는 분이 많습니다. 영어서점별 특성만 파악하면 영어책 구입은 그리 어렵지 않습니다. 품절이라고 떠도 잘 찾아보면 착한(?) 가격에 구입할 수도 있고, 좋은 영어그림책을 알아보는 눈이 있으면 중고로 아주 저렴하게 구입하는 행운을 맛볼 수도 있습니다. 꼭 소장하고 싶은 영어책이라면 국내에 없더라도 해외에서 얼마든지 구할 수 있습니다.

영어서점별 특징을 알아야 영어책을 잘 살 수 있어요

1. 대형서점, 인터넷 쇼핑몰
예스24, 알라딘, 인터파크, 교보문고 등 많이 알려진 서점에 가면 잠수네 베스트 영어책을 대부분 구입할 수 있습니다. 아이들 영어책 전문서점이 아니기 때문에 어른들 책과 뒤섞여 있는 터라 원하는 것을 찾으려면 열심히 검색하는 수고를 들여야 하지만요. 가격이 매력적이지도 않고요.

 G마켓, 11번가 등 인터넷 쇼핑몰에서도 영어책을 판매합니다. 할인쿠폰을 많이 발행하기 때문에 유명한 책을 싼 가격에 구입하는 행운까지 누릴 수 있지요. 간혹 홈쇼핑에서도 영어책 세트상품을 판매합니다. 그러나 싸다는데 혹

해서 지금 꼭 필요한지, 아이가 좋아할지도 따져보지 않고 덥석 구매하지는 마세요. 특히 세트상품은 구글에서 책 제목을 꼭 검색해보기 바랍니다. 해외에서 오래전 절판된 책들을 요란한 홍보문구로 포장해서 판매하는 경우가 종종 있으니까요.

여기까지는 초급자 과정. 이제 중고급 코스로 가볼까요?

2. 영어전문서점

어린이 영어책만 전문적으로 판매하는 영어서점들의 특성을 알면 원하는 책을 쏙쏙 찾아낼 수 있습니다. 공동구매나 특가상품을 잘 이용하면 저렴하게 구입할 수도 있지요. 중고책도 싸게 살 수 있고요. 단점이라면 영어서점에서 라이센스해서 판매하는 영어책 외에는 원하는 영어책이 늘 있지는 않다는 점입니다. 그러나 잠수네 베스트 영어책인데 품절로 뜨면 조만간 다시 들어오는 경우가 많습니다. 꼭 필요한 영어책이라면 영어서점 측에 구비해달라고 요청해 보세요. 판매하는 영어책들이 주기적으로 바뀌므로, 취미 삼아 정기적으로 돌아보는 것이 현명하게 구입하는 최선의 방법입니다.

영어전문서점을 이용하고 있는 잠수네 회원들의 후기를 모아봤습니다.

❶ 새 책만 판매하는 영어전문서점

웬디북 www.wendybook.co.kr

[둥이세상] 잠수네에서 인기 있는 웬만한 책들은 다 있는 거 같아요. 가격도 적당하구요. 품절된 책은 알림 신청 해놓으면 문자가 오기 때문에 요긴하게 이용합니다. 입고 알림 메시지 받고도 좀 늦게 들어가면 바로 품절이 뜹니다. 대개 잠수네 회원분들이 사는 게 아닐까 싶어요. 그럼 다시 입고 알림 요청을 해놓으면 또 연락이 오죠. 매일 한 번쯤 들러 오늘의 책에 뜬 것들을 훑어보고 구

입할 건 구입하구요.

[팔불출엄마] 그림책의 중요성을 인지하면서 가장 많이 드나드는 곳이 아닌 가 싶습니다. 다른 곳에서 구하기 힘든 그림책이나 낱권 책이 많아 자주 이용합니다.

쑥쑥몰 eshopmall.suksuk.co.kr

[릴리72] 예스24 만큼은 아니지만 책이 많습니다. 단 가격이 착하지는 않으니 공구를 노리세요. 일단 가입해놓으면 공구 문자가 옵니다. 이를 잘 이용하면 엄청 싸게 구입하실 수 있어요.

키즈북세종 www.kidsbooksejong.com

[크리스탄티움] 온라인 서점의 원조라고 할 수 있는 곳이지요. 이제는 너무 유명해져서 있는 책보다 품절 상품이 더 많지 않을까 싶은 곳입니다. 개인적으로 키즈북에서 진행하는 공동구매를 신뢰하고요. 공동구매에서 산 책 중 실패해 본 경험이 별로 없는 것 같습니다. 가격도 적당한 편입니다.

❷ 중고책도 판매하는 영어전문서점

하프프라이스북 www.halfpricebook.co.kr

[오룡차] 정말 아끼는 서점이에요. 책이 올라오는 시간이 정해져 있어요. 이곳의 벼룩시장은 완전 새 제품 같은데 정말 싼 가격으로 올라오구요. 그때그때 책이 다르다 보니 시간 맞춰서 들렀다가 즉시 보관함에 쏙 넣어주시고 15일 이내로 결제하면 된답니다. CD 포함인 책도 저렴하게 많이 올라오구요, 사전류도 정말 싸고, 읽기만 자유로우면 사고 싶은 책이 수시로 업데이트되어 매일매일이 기다려지는 그런 서점입니다.

[둥이세상] 정기적으로 벼룩시장 책이 등록되는데 여기서 정말 많이 건졌습니다. 새 책을 싼 가격에 살 수 있는 곳이죠. 그날그날 뜨는 책들에 따라 하루의 기분이 달라질 정도입니다. 즉시 보관 제도를 잘 이용해서 모아 놓았다가 한 번에 주문합니다. 특히 여기서 그림책 참 많이 구입했네요. 시리즈물도 점 찍어 놓고 올라오는 즉시 낚아챕니다. 인기 있는 건 바로 찜해놓아야 해요.

이케이북 www.ekbook.com

[꼬마애벌레] 그림책들을 깜짝 놀랄 만큼 저렴한 가격에 구하실 수 있어요. 단 신간 업데이트는 활발하지 않으니 가끔 둘러보아도 충분할 것 같네요. 오프 매장에는 미처 온라인에 등록하지 못한 책이 많다는데 엉덩이가 무거워 아직 한 번도 못 가봤네요.

[얌얌트리] 특판이 있기도 하고 CD와 묶어 파는 책들이 책만 따로 팔기도 하는 곳이에요. 하프프라이스북처럼 벼룩은 없지만 단행본들이 많아서 책만 구하기 좋아요. 안양 매장으로 가면 더 할인해준다고 하더군요. 다만 책을 고를 줄 알아야 해요. 양이 워낙 많아 모르고 가면 고르기 힘들다고 합니다.

에버북스 www.everbooks.co.kr

[크리스탄티움] 가장 많은 그림책을 구비하고 있는 곳 중 하나입니다. 또한 챕터북을 책만 사고자 할 때도, 낱권이나 전집이나 모두 구매하기 유용한 곳이고요. 저도 잠수네에 와서 이곳을 알게 되었습니다. 오디오북도 다양합니다. 10만 원, 20만 원 넘어갈 때마다 할인 폭이 꽤 커서 항상 유혹에 시달립니다. 이곳은 입고일을 알아두어서 입고되는 대로 바로 구매하는 것이 좋습니다. 웬만하면 빨리 품절되더라고요.

ABCENGLISH www.abcenglish.co.kr

[꼬마애벌레] 신상품이나 A, B급 중고까지 저렴하게 만날 수 있는 곳이지요. 전반적인 만족도는 웬디북이나 하프프라이스북에 비해 살짝 떨어지나 원하던 시리즈의 단행본이나 아이들 열광하는 그래픽노블, 만화류들을 다른 곳보다 많이 저렴하게 구입할 수 있는 매력이 있어요.

기타

도나북 www.donnabook.com

wowabc www.wowabc.com

동방북스 www.tongbangbooks.com

3. 해외에서 직접 영어책을 구입할 수 있는 곳

❶ 배송료가 없거나 비싸지 않은 영어서점

해외의 영어책을 국내에서 쉽게 살 수 있는 곳들입니다. 〈올북〉은 한글로 메뉴가 되어 있어 좀 더 접근하기 쉽습니다. 〈왓더북〉은 이태원에 오프라인 서점이 있습니다. 다만 홈페이지가 영어로 되어 있어 조금 어려움이 있지요. 두곳 모두 국내 서점처럼 일정금액 이상이면 배송료 없이 구입할 수 있습니다. 〈북디포지토리〉는 영국 사이트입니다. 가격이 그리 싸지도 않고 시간도 오래 걸리지만(1~2주) 1권만 구입해도 배송료가 없다는 것이 최대의 장점입니다.

올북 www.allbook.biz (한글 홈페이지)

[팔불출엄마] 에버북스와 같은 사이트이지만 종류가 훨씬 다양합니다. 가격도 저렴하고 국내에서 구하기 힘든 책들도 이곳에서는 종종 구할 수 있습니다.

왓더북 ko.whatthebook.com (영어 홈페이지)

[니키타] 아마존까지 가기 전에 마지막으로 들르는 곳입니다. 개인적인 생각입니다만, 여기 없으면 없습니다. 얼마 전 그 어려운 《핀두스》를 찾아내고는 더욱 신뢰도가 커졌구요. 통화도 몇 번 해봤는데 아주 친절하더군요.

북디포지토리 www.bookdepository.co.uk (영어 홈페이지)

[레드로즈] 여기가 특별히 좋은 건지는 잘 모르겠지만, 일단 무료배송입니다. 가격도 정가의 10% 정도 할인해서 파니 나쁘지 않은 것 같구요. 구입이나 결제 또한 매우 간단합니다. 영어가 짧은 저도 힘들지 않게 구입할 수 있었네요. 배송기간도 제 경우에는 8일 걸렸습니다.

❷ 배송료가 많이 붙는 해외 영어서점
직구(직접구입)하면 1권당 배송료가 고액이라 감히 구입할 엄두가 안 나는 곳입니다. 국내에서 구입하기 어려운 책들이 거의 다 있고, 중고서적은 엄청난 헐값(0.1달러)에 판매되기도 하므로 꼭 구입하고 싶을 때는 배송대행 사이트를 이용해보세요. 영국 아마존은 미국 아마존에 없는 영국작가의 책을 사고 싶을 때 이용하면 좋습니다.

미국 아마존 www.amazon.com
영국 아마존 www.amazon.co.uk

※ 영어책 출판, 유통을 겸하는 영어전문서점
다음의 영어서점들은 영어책을 직접 수입하거나 라이센스해서 유통하는 곳들입니다. 온라인 영어서점이 있기는 하나, 자사 제품 위주로 판매한다는 것이 특징입니다.

문진미디어 www.kimandjohnson.com 문진영어동화(MLL) 시리즈 등 출시

JYBooks www.jybooks.com 노부영, 베오영 등 출시

인북스 www.inbooks.co.kr Oxford Reading Tree(ORT) 시리즈 등 출시

에듀카 코리아 www.educakorea.co.kr 다수의 챕터북 시리즈 출시

영어책, 이렇게 구입하세요

1. 한꺼번에 몇 십 권, 몇 백 권씩 구입하지 마세요 ……▶ 한 달 예산 내에서 구입

왕창 들인 영어책을 다 재미있어할 아이들은 많지 않습니다. 구입할 책 목록을 만들어두고 정기적으로 꾸준히 구입하세요.

2. 미리 쟁여두지 마세요 ……▶ 당장 볼 만한 책으로 구입

초등학생이라 영어책을 왕성하게 읽는 시기라면 미리 영어책을 준비해둘 필요가 있습니다. 그러나 아직 엄마가 읽어주거나 오디오CD를 듣는 유아기라면 현재 필요한 영어책만 준비해도 괜찮습니다. 공동구매 가격이 싸다고 해도 아이의 반응이 어떨지 예상하기 힘들거나 구입 예정 목록에 없다면 좀 더 미뤄도 괜찮습니다.

3. 무작정 따라 사지 마세요 ……▶ 우리 아이가 좋아할 만한 영어책 연구

영어책에 대해 잘 모르면 남들이 좋다니 덥석 들여놓고 괜히 샀다 후회하는 일을 반복할 수밖에 없습니다. 유아기의 최대 이점은 시간이 '널널하다'는 것입니다. 우선 아이가 좋아했던 책 목록을 작성해보고, 그 책의 작가가 쓴 다른 책이나 그 책의 다른 시리즈를 찾아보세요.

영어책 잘 사는 노하우

1. 처음 영어책을 구입하려는 분이라면

❶ 포털 사이트의 검색창에 영어책 제목을 입력해보세요

국내 서점에서 살 수 있는 영어책이 뜹니다. 단, 대중적이지 않은 영어책은 품절로 뜨는 경우가 많고, 해외 서점에서 구매대행해주는 책은 아주 비싸다는 것을 감안하세요.

❷ 노란북(www.noranbook.net)같은 가격비교사이트에서 검색해보세요

대형서점에서 판매하는 영어책의 가격이 모두 비교돼서 나오기 때문에 어디서 사면 좋을지 쉽게 판단할 수 있습니다. 단, 검색 대상이 일반적인 대형서점의 영어책들이므로 결과에 한계가 있습니다.

2. 재미있는 영어책을 저렴한 가격에 사고 싶다면

❶ 장바구니, 위시리스트(찜기능)에 담아두고 조금 뜸을 들이세요

영어책은 서점별로 가격이 천차만별입니다. 국내에서 라이센스한 영어책인지 직수입한 영어책인지, 하드커버인가 페이퍼백인가, 오프라인 서점인가 인터넷 서점인가, 새 책인지 중고책인지에 따라 가격이 달라져요. 공동구매나 특별할인 품목도 가격이 제각각이니 검색하고 비교해서 구입하는 것이 경제적입니다.

　공동구매 상품이라고 다 좋은 가격이 아닙니다. 금방 품절되는 것도 아니에요. 인기 있는 책은 언젠가 또 살 기회가 있습니다. 눈에 익은 책이나 다른 곳에서 좋다고 하는 책은 일단 담아둔 후 다른 서점을 들러보세요. 아이가 좋아할

만한 책인지 속지도 살펴보고요. 관심 있게 찾다 보면 인터넷 서점마다 특색이 눈에 띕니다. 자연히 어디를 가야 착한 가격으로 살 수 있는지도 알게 됩니다.

제일 중요한 것은 영어책에 대해 많이 알수록 좋은 책을 저렴하게 살 수 있다는 사실입니다. 각 영어서점에서 눈에 띌 때마다 보관하다 보면 어떤 책을 사야 할지 서서히 감이 잡힙니다.

※ 속지를 많이 볼 수 있는 인터넷 영어서점

아마존 www.amazon.com

웬디북 www.wendybook.co.kr

하프프라이스북 www.halfpricebook.co.kr

쑥쑥몰 eshopmall.suksuk.co.kr

❷ 중고서점을 잘 활용하세요

먼저 잠수네 베스트 영어책 표지를 외울 정도로 눈에 익히세요. 영어책을 잘 알면 1만 원 넘는 그림책을 2000~3000원에 살 수도 있고, 구하기 어려운 그림책이 보이면 콕 집어서 살 수도 있습니다. '아는 만큼 보인다, 정보가 돈이다'란 말을 절감하게 될 겁니다.

🎵 잠수네 회원이라면 --

〈잠수네 책나무〉 스크랩 기능 활용

잠수네 회원은 〈잠수네 책나무〉를 검색해보세요. 인터넷 서점과는 비교가 안 될 만큼 많은 영어책의 속지와 잠수네 회원들의 리뷰를 연령별, 성별로 확인할 수 있습니다. 아이가 좋아할 만한 책이 보이면 바로 스크랩해두세요.

❶ 빌릴 때

자주 가는 도서관 홈페이지에서 〈잠수네 책나무〉에 스크랩한 영어책을 검색 → 도서대출번호를 메모(또는 인쇄)한 후 → 도서관에 가서 대출합니다.

❷ 구입할 때

인터넷 서점에서 〈잠수네 책나무〉에 스크랩한 영어책을 검색 → 보관함이나 위시리스트에 담아둔 후 → 예산에 맞춰 구입합니다.

〈잠수네 책나무〉 바코드 기능 활용

잠수네 책나무에 등재된 영어책이라면 신뢰할 만합니다. 스마트폰에 〈잠수네 책나무 앱〉을 다운받은 후, 도서관이나 서점에서 관심 있는 책 뒤의 바코드를 찍어보세요. 〈잠수네 책나무〉 단계와 회원들의 리뷰를 보면 재미있는 영어책과 아이들의 반응이 신통치 않은 영어책, 또래 아이들이 많이 본 영어책을 바로 확인할 수 있습니다.

〈잠수네 책나무 앱〉 바코드 검색방법

하드커버, 페이퍼백, 보드북의 차이

1. 하드커버(Hardcover)

하드커버는 한글그림책처럼 표지가 딱딱한 양장본을 말합니다. 처음 책이 출간될 때는 비싼 가격의 하드커버로 판매되다가 1년 정도 지나면 표지가 얇은 저렴한 버전의 페이퍼백으로도 나옵니다. 아이가 어려 책 표지를 찢을 가능성이 있거나 도서관에서 빌려봤는데 마르고 닳도록 볼 가능성이 높은 책, 표지가 특별한 책은 가격이 조금 비싸더라도 하드커버로 구입하는 것이 좋겠지요.

2. 페이퍼백(Paperback)

표지가 얇은 책을 말합니다. 책꽂이에 수십 권을 꽂아도 한 손에 잡을 수 있을 정도의 분량입니다. 하드커버에 비해 가격이 저렴하고 책장을 덜 차지하므로 책을 찢을 염려가 없다면 페이퍼백을 사는 것이 여러 모로 이득입니다.

3. 보드북(Board Book)

두껍고 딱딱한 종이로 된 책을 말합니다. 아기들이 물고 뜯으며 갖고 놀아도 찢어지지 않도록 만들어졌습니다. 주로 만 3세 이하 아이들을 위해 만든 책이지만 6~7세 아이들이 재미있게 볼 만한 책도 많습니다. 보드북은 여러 형태로 나옵니다. 처음부터 영유아를 대상으로 보드북으로만 내는 책도 있지만 하드커버의 내용을 줄여 보드북으로 만든 경우도 종종 있습니다. 아이가 혼자 보기에 크고 무거운 보드북도 있고, 손에 쏙 잡히는 작은 사이즈도 있습니다.

하드커버의 내용을 줄여서 낸 보드북은 그리 권하고 싶지 않습니다. 전체 내용을 정확하게 파악하는 것이 훨씬 나으니까요. 큰 보드북은 엄마가 읽어주는 용도라면 몰라도 아이 혼자 보기에는 버겁습니다. 18개월 이전의 아이한테 (잠수네에서 굳이 권장하지는 않지만) 보여줄 영어책이라면 비싼 하드커버나 얇은 페이퍼백보다 작은 크기의 견고한 영유아용 보드북을 추천합니다. 인터넷으로 주문한다면 보드북의 크기를 꼭 확인하세요.

  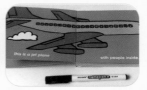

[J2] Byron Barton: **탈것 보드북 시리즈**

하드커버 vs 페이퍼백

하드커버와 페이퍼백의 차이를 알면 영어책을 고를 때 많은 도움이 됩니다. 그림책은 대개 하드커버부터 나오고 페이퍼백이 나오지만 시장의 반응이 좋지 않으면 페이퍼백 없이 하드커버에서 절판되는 경우가 종종 있습니다. 칼데콧 수상작같이 주목받는 신간은 시간이 지나면 페이퍼백으로 나옵니다. 하드커버의 가격이 부담되면 페이퍼백이 나올 때까지 기다려보세요.

※ 아이들에게 놀잇감 같은 재미를 주는 그림책

1. 플랩북(Lift-the-Flap Book)

날개(Flap)를 잡아 당기거나 들춰보면 숨은 그림, 글이 나오는 그림책입니다. 《메이지(Maisy) 시리즈》나《스팟(Spot) 시리즈》, 캐런 카츠(Karen Katz)나 로버트 크라우서(Robert Crowther)의 플랩북 등이 유아들에게 좋은 반응을 얻는 대표적인 플랩북 시리즈입니다.

[J3] Maisy's Wonderful Weather Book (by Lucy Cousins)　　　[J1] Colours (by Robert Crowther)

2. 팝업북(Pop-up Book)

페이지를 열 때마다 입체적인 구조가 펼쳐지는 책입니다. 팝업북은 꼭 유아용이라고만 할 수 없습니다. 초등 고학년까지도 재미있게 볼 수 있는 책이 많으니까요.

[J3] Cookie Count (by Robert Sabuda)

[J3] Bugs in Space
(by David A. Carter)

[J3] Winter in White
(by Robert Sabuda)

[J3] Lots of Bots!
(by David A. Carter)

3. 토이북(Toy Book)

0~3세 아이들을 위한 책입니다. 물고 빨고 주무르며 책과 친해질 수 있도록 도와주죠. 목욕할 때 봐도 되는 비닐로 처리된 목욕책(Bath Books), 누르면 소리가 나오는 사운드북(Sound Books), 헝겊이나 사물의 한 조각을 넣어 촉감을 느낄 수 있게 한 촉감책(Touch and Feel Books), 부드러운 천으로 만들어 장난감처럼 갖고 놀 수 있는 헝겊책(Cloth Books), 인형이나 손가락 장갑이 달린 책(Puppet Books) 등 다양한 형태가 있습니다.

프리스쿨용 영어DVD

알아보기

잠수네
DVD 분류와
잠수네 DVD 단계

영어DVD를 많이 보면 영어를 잘하게 될까?

• 영어에 많이 노출되면 영어를 잘할 수 있다.

• 재미있게 영어를 접하는 방법이 DVD 보기다.

• 아이가 재미있어하는 DVD를 많이 보여주면 영어를 잘하게 된다.

'맞아, 맞아' 하며 고개를 끄덕이셨나요? 또는 '과연 그럴까? 뭔가 다른 문제는 없을까?' 하는 마음이 드시나요?

초등학생 이상이라면 위의 말이 맞을지도 모릅니다. 그러나 유아기에는 아주 많이 달라요.

영어에 많이 노출되면 그만큼 모국어 습득 능력이 느려진다 ……▶ **만 3살 전에는 영어DVD 시청 NO!**

언어 면에서 빠른 아이들(주로 여자아이)이나 부모가 관심을 많이 쏟는 첫째 아이는 어릴 때부터 영어DVD를 보더라도 크게 영향을 받지 않습니다. 그러나 말이 느린 남자아이, 큰아이 때문에 얼떨결에 DVD를 따라 보게 되는 둘째, 셋째들은 모국어를 습득할 때 조금씩 문제가 생긴다는 것을 많은 잠수네 부모들이 경험하고 있습니다.

과도한 DVD시청은 수동적 태도를 고착시킨다 ……▶ **하루 30분 시청이 최대치**

'그러면 언어적으로 빠른 여자아이나 첫째는 아주 어릴 때부터 영어 DVD를 많이 보여줘도 되는 거 아냐?' 하는 생각이 바로 들죠? 물론 어릴 때부터 영어DVD를 많이 보면 영어가 친숙해지고 듣기와 말하기가 편해질 수도 있습니다. 그러나 도가 지나치면 본격적으로 공부해야 할 초등 고학년, 중학생 시기가 되어서도 편하게만 공부하려는 경향을 보입니다. 세 살 버릇이 여든 간다고 인생의 좋은 습관을 잡아가는 유아기에 과도한 DVD 시청은 금물입니다.

산만하고 비교육적인 DVD가 많다 ……▶ **'재미와 인성' 두 마리 토끼 잡기**

통신사의 IPTV를 시청하는 집에서는 공짜로 영어애니메이션을 볼 수 있다고 생각할지 모르지만 인성교육 면에서 유아들에게 바람직하지 않은 내용이 아주 많습니다. 다른 사람 골탕 먹이기, 치고받고 싸우는 장면을 여과 없이 보게 되거든요. 빈대 잡으려다 초가삼간 태운다는 속담처럼 영어 잘하는 아이로 키우겠다는 마음만 앞서 정서적, 감성적인 성장을 간과하는 우를 범하지 않았으면 합니다.

자극적인 DVD는 영어습득 면에서 효과가 적다 ……▶ **잔잔한 DVD부터 보여주기**
아이들에게 현란하고 자극적인 색감, 빠른 화면전환, 총알같이 쏴대는 듯한 대사가 나오는 애니메이션 시리즈물을 보여주면 TV모니터 화면으로 빨려들어갈 것처럼 재미있게 봅니다. 부모 생각에는 알아듣는 것이 있으니 저렇게 몰입하겠지 싶지만 십중팔구는 빠르게 바뀌는 그림에만 열중하고 있습니다. 초등 아이들 중 유아기부터 영어DVD를 많이 보여주었는데도 영어실력이 제자리걸음하는 집을 보면 카툰네트워크의 자극적인 애니메이션 시리즈나 디즈니, 드림웍스, 픽사에서 제작한 애니메이션들만 잔뜩 보여준 경우가 대부분입니다. 어려서 영어를 시작하는 것의 최대 특권은 큰 아이들이 유치하고 시시하다는 DVD를 재미있게 볼 수 있다는 점입니다. 유아기의 특권을 놓치지 마세요.

잠수네 DVD단계 이해하기

십수 년 전 잠수네 초창기에는 아이들용 영어DVD 구하기가 하늘에서 별 따기처럼 어려웠습니다. 간신히 구한 DVD는 좋으냐 나쁘냐 따질 경황 없이 감지덕지하며 보여주었지요. 세월이 흘러 영어교육의 열풍이 거세지면서 아이들이 볼 만한 DVD도 다양해졌습니다. 예전처럼 거르지 않고 다 보여주는 것이 아니라 정서와 영어수준에 맞게 골라 볼 수 있는 시대가 된 것이죠. 잠수네 DVD단계는 이런 상황에서 만들어진 것입니다. 〈잠수네 DVD단계〉는 아이들의 나이와 정서, DVD의 내용과 말하는 속도 등을 감안해서 정했습니다.

JD1단계	그림책을 간단한 동영상으로 만든 것	
JD2단계	천천히 말하는 유아용 TV시리즈	
JD3단계	약간 빠르게 말하는 유아용 TV시리즈	
JD4단계	말이 비교적 빠른 유아~초등용 TV시리즈, 잔잔한 내용의 애니메이션	
JD5단계	말도 빠르고 화면전환도 빠른 초등용 TV시리즈, 대부분의 디즈니/픽사 애니메이션	
JD6단계	초등 고학년 이상이 보았으면 하는 TV시리즈 & 애니메이션	
JD7~JD9단계	중학생 이상이 보았으면 하는 TV시리즈 & 애니메이션	

잠수네의 DVD 분류와 JD단계 분포

다음은 〈잠수네 책나무〉에 있는 DVD단계 분포입니다.

구분	JD1	JD2	JD3	JD4	JD5	JD6	JD7	JD8	JD9
그림책DVD									
TV애니메이션									
애니메이션									
TV드라마									
영화									

표에서 〈TV애니메이션〉은 TV에서 시리즈로 방영하는 10~30분 분량의 애니메이션이고, 〈애니메이션〉은 60~90분짜리 극장상영작(극장상영없이 DVD로만 출시된 것도 포함)을 의미합니다.

이 중 유아들에게 권할 만한 DVD는 JD1~JD3단계의 그림책DVD와 TV애니메이션 2종류입니다(주황색 박스로 표시했습니다).

JD4단계는 유아가 봐도 좋은 DVD도 일부 있으나, 대부분은 초등 정서에서 맞는 시리즈입니다. JD5~JD6단계는 말의 속도가 빠른 데다 선정적이고 폭력적인 내용이 많습니다. EBS, 니켈로디언 등 어린이 대상 TV채널에서 방영하는 애니메이션이라고 안심하지 마세요. 상당수가 아이들 정서에 그리 바람직하지 않은 시리즈물입니다.

극장용 애니메이션은 1시간이 훌쩍 넘는 분량이라 유아들이 한 번에 보기에는 깁니다. 게다가 현란한 화면, 빠른 대사가 대부분이라 어린아이들의 영어습득용으로도 큰 효과가 없습니다. 폭력적인 내용이 많아 아이들의 정서에도 좋지 않고요. 극장용 애니메이션은 엄마, 아빠 손잡고 어쩌다 한 번 극장에 가서 놀이 삼아 볼 정도이지 영어를 목적으로 볼 DVD는 아닙니다. 나중에 초등학생이 되면 보여주세요.

설마 유아들에게 TV드라마나 실사영화를 보여줄 분은 안 계시겠죠?

DVD의 관람 등급에 관심을 가져주세요

우리나라 영화 관람 등급은 〈전체, 12세 이상, 15세 이상, 18세 이상〉이렇게 4종류입니다. 아이들용으로 나온 TV애니메이션, 개봉작 애니메이션은 대부분 〈전체〉 등급이 매겨져 있지요. 그러나 미국에서는 아이들이 보는 애니메이션/영화의 등급을 더 세분화하고 있습니다.

미국의 영화 관람 등급

G (General Audiences) : 모든 연령이 볼 수 있는 영화

PG (Parental Guidance Suggested) : 10세 미만은 부모의 지도하에 관람 권유

PG-13 : 만 13세 미만은 부모를 동반해야 볼 수 있는 영화

R (Restricted) : 만 17세 미만은 부모나 성인 보호자 동반 시 관람 가능

미국의 TV 시리즈물 관람 등급

TV-Y (All Children) : 만 2세~6세 유아 대상

TV-7 (Directed to Older Children) : 만 7세 이상 어린이 대상

TV-G (General Audience) : 욕설, 폭력이 없어 전 연령대 시청 가능

TV-PG (Parental Guidance Suggested) : 만 10세 미만은 부모와 함께 시청 권장

TV-14 (Parents Strongly Cautioned) : 만 14세 미만 시청 부적절

위의 관람 등급 중 가장 관심을 가져야 할 것은 PG등급입니다(우리나라 등급으로는 〈전체〉). 대부분의 디즈니, 픽사 애니메이션이 이 등급으로 분류됩니다. 카툰네트워크, 투니버스에서 방영하는 시끌벅적한 TV애니메이션도 대부분 PG등급 이상입니다. '부모와 함께 시청'하라는 것은 아이 혼자 보라고 하기에는 무언가 불안하다는 의미입니다. 가치관에 혼란이 올 수도 있고, 폭력적인 내용을 그대로 따라 할 가능성이 있기 때문입니다.

JD1~JD3단계에 있는 DVD들은 전부 G등급이나 TV-Y등급입니다. 아이들에게 안심하고 보여주어도 되는 DVD들입니다.

※ 이런 애니메이션은 절대 보여주지 마세요.

• 일본 TV애니메이션을 영어로 더빙한 것 : 〈포켓몬〉, 〈디지몬〉, 〈스티치〉 등
• 살인, 폭력이 난무하는 애니메이션 : 〈명탐정 코난〉 등
• 카툰네트워크, 투니버스에서 방영하는 대부분의 애니메이션

추천1
그림책DVD

그림책DVD는 잘 알려진 유명 그림책을 영상화한 것입니다. 잠수네 DVD단계상 JD1단계로 되어 있지만, DVD에 들어 있는 영어그림책을 기준으로 하면 만만한 내용이 아니에요. J1~J2단계의 쉬운 영어책보다는 J3~J5단계의 글밥 있는 영어책이 다수 들어 있는 데다 정서상 유아들이 이해하기 어려운 내용도 간혹 있거든요. 또한 원작 그대로의 느낌을 살렸기 때문에 애니메이션이라기보다는 그림책을 보는 듯한 느낌도 듭니다. 긍정적으로 보면 서정적이고, 부정적으로 보면 심심하다고 느낄 수도 있어요.

이 때문에 4~5세 때에 보여줘야 재미있게 보지, 6~7세만 돼도 따분해하는 것이 그림책DVD의 한계입니다. 4~5세라도 한글그림책의 재미를 느끼지 못한 아이나 평소 TV를 많이 보던 아이라면 지루해할 가능성이 높습니다. DVD에서 재미없는 내용은 건너뛰고 자기가 좋아하는 것만 보는 아이도 있고, 평소에 재미있게 보던 아이라도 TV시리즈물을 접하기 시작하면 외면하는 경우도 많습니다. 간이 밍밍한 유아식만 섭취하다 어른들이 먹는 밥반찬을 먹기 시작하면 이전에 잘 먹던 음식을 기피하는 것처럼요.

DVD의 지역코드가 북미지역으로 되어 있어 우리나라에서 보려면 코드프리(우리나라에서 볼 수 있게 DVD플레이어를 재설정하는 것) 해야 하는 DVD가 간혹 있는 것도 그림책DVD 구입을 망설이게 만드는 이유입니다.

이런 여러 가지 문제점에도 불구하고 그림책DVD를 추천하는 이유는 다음과 같습니다.

- 유명한 영어그림책이 다수 들어 있다.
- 정서적으로 좋은 내용을 담고 있어 DVD의 부작용 걱정 없이 마음 편하게 보여줄 수 있다.
- 재미가 붙으면 DVD 소리를 중얼중얼 따라 하게 되고, 해당 영어그림책을 서서히 읽을 수 있게 된다.
- DVD에서 재미있게 봤던 영어책은 무한애착을 느낄 뿐 아니라 영어책 전체에 좋은 느낌을 갖게 된다. 반대로 재미있게 봤던 영어책을 영상으로 다

시 보면 더 좋아하게 된다.

- 초등학생이 되어 영어책을 거의 이해하는 수준이 되면 정말 재미있게 몰입해서 볼 수 있다.
- 같은 영어책이라도 오디오CD보다 DVD 소리로 듣는 것을 더 좋아하는 아이도 있다.
- 한글그림책을 읽어줄 때 놓친 내용을 동영상을 보며 구석구석 발견하는 기쁨을 누릴 수 있다.
- 영어책 오디오CD로 활용할 수 있다.

4~5세는 한글그림책을 읽어주면서 DVD를 같이 보여주세요. 6~7세라도 한글그림책으로 아는 내용이면 흥미를 갖고 친숙하게 볼 수 있습니다. 처음에는 아이가 재미있게 봤던 한글그림책의 원서가 든 DVD부터 보여주는 것이 좋아요. "나 저거 알아요!"란 반응이 나오게요.

그림책DVD는 아래 〈The Very Hungry Caterpillar and Other Stories〉처럼 DVD 1개에 그림책 4~5권이 들어 있는 경우가 대부분입니다.

DVD —————— 수록된 영어그림책 ——————————————————————

[JD1] The Very Hungry Caterpillar and Other Stories

[J4] The Very Quiet Cricket

[J4] The Mixed-Up Chameleon

[J4] PaPa, Please Get the Moon for Me

[J4] The Very Hungry Caterpillar

때에 따라 그림책DVD 여러 개를 묶어 그림책 100권, 50권이 들어 있는 패키지 제품이 나오기도 합니다.

[JD1] Scholastic Storybook Treasures: Treasury of 100 Storybook Classics

[JD1] Scholastic Storybook Treasures: Treasury of 100 Storybook Classics Two

[JD1] My Very First Treasury of 50 Storybook Classics: Preschool Stories

[JD1] Treasury of 25 Storybook Classics: Dinosaurs, Trucks, Monsters and More!

[JD1] Treasury of 25 Storybook Classics: Fairytales, Magic… and More!

그림책DVD 흘려듣기가 집중듣기, 읽기까지 이어줘요
작성자 : 소피아사랑 (초4, 7세) … 현재 초6, 초1

[JD1] Scholastic Treasury of 100 Storybook Classics ★★★★★
: 이번 달도 역시 흘려듣기의 공신. 한 달 중 14일을 보았습니다. 모든 DVD를 골고루 보는 것은 아니고 좋아하는 것을 반복해주면서 조금씩 영역을 넓혀가고 있습니다. 덕분에 여기서 좋아라 한 책도 더 샀어요. 좋아하는 것만 보려 해서 DVD 바꿔 트느라 정신이 없네요.

노래도 좋고 이야기도 좋고 아주 맘에 드는 시리즈입니다. 정말이지 최고입니다! 아직 못 본 것들 골라 보며 오래오래 아끼고 사랑할 것 같은 느낌이 팍팍 듭니다. 집에 있는 책들 중 그동안 눈길을 주지 않던 것들도 여기 나온 것을 보고 집어들기도 합니다. 책 읽기 싫어하고 어려워하는 친구들 있으면 정말 강력 추천합니다.

둘째는 DVD에서 보고 좋으면 그 책까지 꼭 사달라고 합니다. 한 권씩 한 권씩 집에 예쁜 것들이 들어오는 재미를 느끼고 있습니다. 왜 이제야 보여줬나 후회스러우면서도 다행이기도 합니다. 아직 안 본 것이 대다수이므로 참 든든합니다. 덕분에 누나까지 관심 갖고 좋아하는 책을 찾아보게 되었네요.

그림책DVD야말로 흘려듣기로 보고, 원하는 책 구입하여 소리만 들으며 집중듣기하고, 나중에 읽기까지 3종 세트를 이어가게 한 특별 공신입니다. 글자 없는 책에서 J4단계까지 구분 없이 한 권 한 권 굵직하게 몰입하게 해줄 정도로요.

그림책DVD 흘려듣기만으로 책 보는 것이 가능한가?
작성자 : 데이지 (초4, 6세, 2세) … 현재 중2, 초3, 6세

아이가 좋아해주느냐에 달렸습니다. 같은 책이라도 대부분 CD 소리와 DVD 소리가 다르고 나오는 음악도 달라요. 저희는 하도 많이 봐서 읽기는 잘 못하던 때였는데도 대사를 줄줄 외워서 놀랐지요. 그런 것을 보면 CD가 꼭 필요한 것은 아니지만 아침저녁으로 시간 날 때마다 소리 흘려듣기로 틀으려면 CD가 있어야 편하긴 해요.

그래서 저는 일단 DVD를 구하고 아이의 반응이 좋은 책 위주로 CD를 구매했는데요, DVD를 거의 통째로 외우는 책들은 CD는 안 사고 책만 사서 제가 읽어줬어요. 이미 머릿속에 다 들어가 있으니까요.

도움이 될까 해서 저희집 베스트 그림책DVD들 올립니다. 모두 책과 연결된 DVD들이지요.

추천 2
JD2~JD3단계
TV애니메이션

극장용 애니메이션보다 JD2~JD3단계의 TV애니메이션 시리즈를 유아들에게 권하는 것은 다음과 같은 이유 때문입니다.

1. 순하고 재미있다

극장에서 상영하는 애니메이션은 최대한 많은 고객을 끌어들여야 수지타산이 맞습니다. 어른을 포함한 전 가족의 입맛에 맞게 자극적으로 만들어질 수밖에 없는 구조입니다. 그에 비해 JD2~JD3단계의 TV애니메이션 시리즈는 주 시청층인 유아들 눈높이에 맞춰 만들어졌습니다. 색상도 순하고, 내용도 건전해요.

2. 오랜 기간 사랑받은 시리즈들이다

패션이나 음식에 유행이 있듯 애니메이션 역시 한때 호평을 받았어도 얼마 안 가 인기가 시들해지는 작품이 많습니다. 그러나 잠수네에서 추천하는 JD2~JD3단계 TV애니메이션들은 오랜 기간 아이들에게 사랑받은 시리즈입니다. 〈클리포드(Clifford)〉는 1988년, 〈리틀베어(Little Bear)〉는 1995년, 〈까이유(Caillou)〉는 1997년에 만들어졌어요. 20년 전 작품이 지금도 사랑받고 있다는 것은 그만큼 아이들이 공감하고 재미있다는 방증입니다.

3. 한 시리즈당 편수가 많다

아이가 좋아하는 TV애니메이션의 편수가 많으면 재미있는 DVD 찾는 수고가 당분간 줄어듭니다. 한두 달은 편하게 갈 수 있지요. 친숙한 주인공과 등장인물이 나오는 시리즈의 편수가 많으면 지루해하지 않고 계속 볼 수 있습니다. 영어 대사와 줄거리를 쉽게 이해할 수도 있고요.

4. 편당 상영시간이 짧다

JD2~JD3단계 TV애니메이션은 짧게는 5~7분, 길어야 20분을 넘지 않습니다. 유아기에 장시간 TV 시청하는 것은 여러 가지 부작용이 있다는 것을 생각할 때 상영시간은 매우 중요한 요소입니다.

5. 영어책과 연계해서 볼 수 있는 시리즈가 많다

낮은 단계의 TV애니메이션의 큰 장점이 나중에 영어책을 읽을 때 큰 도움이 된다는 거예요. 아이들은 DVD로 친숙해진 주인공과 등장인물이 나오는 영어책은, 글을 몰라도 그림만 보면서도 좋아하거든요. 본 운동을 하기 전 충분히 준비운동을 해두면 좋은 것처럼 영어책과 연계된 DVD를 미리 봐두면 본격적으로 영어책을 읽을 때도 겁먹지 않고 집을 수 있게 된답니다.

JD2~JD3단계 TV애니메이션 중 〈잠수네 책나무〉에서 유아들에게 반응이 좋은 베스트 DVD를 뽑아봤습니다.

1. JD2단계 TV시리즈 : 천천히 말하는 유아용 TV시리즈

| [JD2] Max & Ruby 시리즈 (토끼네 집으로 오세요) | [JD2] Caillou 시리즈 (까이유) | [JD2] Peppa Pig 시리즈 (꿀꿀 페파는 즐거워) | [JD2] Dora the Explorer 시리즈 (도라도라 영어나라) | [JD2] Timothy Goes To School 시리즈 (티모시네 유치원) |

2. JD3단계 TV시리즈 : 약간 빠르게 말하는 유아용 TV시리즈

| [JD3] Clifford 시리즈 (클리포드) | [JD3] Little Princess 시리즈 (리틀 프린세스) | [JD3] Super WHY 시리즈 (슈퍼 와이) | [JD3] Dragon Tales 시리즈 (용용나라) | [JD3] Little Bear 시리즈 (리틀베어) |

프리방 아이들이라면 가장 신경 써야 할 부분이라 생각합니다. 아이들이 가장 부담 없이 접할 수 있는 부분이기도 하고 프리방부터 차곡차곡 쌓인 흘려듣기가 폭발적인 힘을 발휘할 날이 틀림없이 오거든요.

영상매체에 대한 거부감이 있으신 어머니들도 계실 거예요. 저도 '이걸 하루에 꼭 한 시간씩 보여줘야 하나' 하고 심각하게 갈등했거든요. 6~7세라면 하루에 30분 정도로 진행하시면 좋겠다 싶어요. 5세를 포함한 어린아이들이라면 좀 더 있다 시작해도 된다고 생각해요. 영상물에 대한 거부감이 큰 아이들이나 어머니들이 계시다면 초등 입학 후부터 해도 괜찮아요.

흘려듣기의 효과를 잠시 말씀드리자면요, 잠수네 학습법이라는 게 특별히 어휘나 구문을 암기하지 않아도 다양한 책과 영상물을 통해서 반복되는 표현들을 접하는 사이, 몰랐던 단어나 어휘를 자연스럽게 습득하는 과정이라 보시면 됩니다. 그 과정 중 가장 효과적인 엮음 장치가 흘려듣기라고 봐요. 책과는 달리 영상과 이미지를 함께 보기 때문에 훨씬 추측이 쉽구요, 각인이 쉽게 되더군요. DVD에서 보았던 표현들을 책에서 맞닥뜨리거나 반대로 책을 읽을 때 모호하던 표현들을 DVD에서 보게 될 때, 막연하던 표현들이 딱~ 궤를 맞춰가는 모습을 쉽게 발견할 수 있습니다. 그만큼 흘려듣기가 중요하다고 할 수 있어요.

꼭 말씀드리고 싶은 것은 프리방 아이들에게 보여줄 DVD는 정말 많이 고민하고 고르셔야 한다는 거예요. 잠수네의 키워드는 '흥미'인데요, 현명한 프리방 어머니라면 프리방의 흘려듣기는 흥미보다 더 중요한 것이 있다는 걸 아셨으면 합니다.

아이가 흥미를 못 느끼면 점점 더 자극적인 DVD를 찾아주려 하는 어머니들이 계신데요, 프리방에서는 절대 아니 될 말씀!! 영상매체가 주는 자극이 프리방 아이들에게는 너무 강렬하기 때문에 아주 조심하셔야 합니다. 개인적인 경험에서 흘려듣기에 대해 가지고 있는 몇 가지 생각들을 정리해봤어요.

(1) 너무 일찍 시작하지 마세요

특히 어린 동생이 있는 집들이요. 2~3살 된 아기들이 큰 아이들과 함께 흘려듣기를 한다는 글들이 심심찮게 눈에 띄는데요, 저는 절대 반대입니다. 특히 만 3세 이전의 아이들이 영상매체에서 받는 자극은, 성인이나 청소년이 받는 자극의 몇 십 배라고 하지요? 아직 좀 이르다 싶으면 초등 입학 후 시작하셔도 늦지 않다고 봐요.

실제로 너무 어린 나이에 자극적인 영상매체(엄마들이 생각하기에 자극적이지 않더라도)를 접하게 되면 자폐 등의 심각한 결과를 초래할 수도 있어요. 혹시 동생들이 있다면 이 시기에는 영어 욕심 내지 않으시면 어떨까요. 대신 순한 그림책 읽어주면서 나들이 많이 나가면 좋겠어요. 영어에 집착해서 더 중요한 걸 잃을 수 있어요.

큰아이가 흘려듣기를 할 때 어린 동생들은 함께 보지 않도록 분리하는 방법을 찾아보면 좋겠어요. 사실 흘려듣기도 부모님이 옆에서 같이 봐주면서 대화하는 게 좋다고 하는데 아기가 있는 집이라면 큰아이가 잠깐 혼자 보더라도 동생은 업고 나들이하거나 떨어뜨려 놓는 게 더 좋을 것 같아요. 프리방 아이들에게는 영어보다 중요한 것이 많아요.

(2) 가능하면 한국말 TV에 노출을 많이 안 시키는 게 좋아요

한국어로 TV 프로를 많이 접한 아이들은 영어 흘려듣기를 시작할 때, 거부하거나 적응기간이 길어질 가능성이 크거든요. 특히 한국말로 자극적인 애니메이션을 많이 본 아이들은(남자아이의 경우 〈포켓몬〉 〈파워레인저〉 등) 잔잔한 영어 흘려듣기를 시시해할 가능성이 큽니다.

첫째 7살, 둘째 5살 가을에 흘려듣기를 시작했는데요, 둘째가 2살 때부터 집에 TV가 없었기 때문에 아이들은 엄마가 뭔가 영상물을 보여주는 것만으로도 황송해했어요. 덕분에 잔잔한 TV시리즈들 원 없이 반복시켰습니다. 영상물을 거의 접한 적이 없어 뭘 틀어줘도 재밌게 봐주었구요, 새로운 시리즈를 많이 준비하지 않고 조금씩 계속 반복할 수 있었어요. 이전에 TV를 많이 봤던 아이들이라면 쉽지 않았을 거라 생각합니다.

(3) 흘려듣기를 고를 때, 여러 가지를 동시에 고민해주세요

영어보다 훨씬 중요한 아기들의 정서도 함께 고려해주세요. 가장 권하는 것은 편수가 많은 잔잔한 TV시리즈입니다. 흘려듣기에서는 아이가 흥미를 보이는 것을 찾기보다 잔잔한 흘려듣기도 즐겨 볼 수 있는 아이로 적응시키시는 게 더 중요합니다. 그러기 위해서는 자극적인 영상매체를 절제하는 게 바람직하구요.

(4) 흘려듣기는 적절히 반복하면 좋은 것 같아요

아이들에 따라서는 반복을 그리 좋아하지 않는 경우도 있지만 프리방 아이들은, 특히 한국어 TV나 자극적 영상물을 많이 접하지 않은 아기들은 대체로 쉽게 적응하는 듯해요. 아이가 거부하지 않는다면 적절한 반복이 바람직하구요, 반복을 싫어한다면 잔잔한 내용의 새로운 시리즈를 골라 보세요.

(5) 단편 애니메이션은 프리방 아이들에게는 자극적인 것 같아요

간혹 TV시리즈보다 단편을 잘 본다는 아이들이 있는데, 영상이 현란하여 그럴 가능성이 있습니다. 영어를 듣기보다는 화면에 현혹되는 것이지요.

(6) DVD는 거꾸로 되돌리기가 힘듭니다

책은 집중듣기든 읽기든 조금 자극적인 것을 읽다가 다시 잔잔한 것을 읽기도 하는데 흘려듣기는 그것이 참 어려워요. 일단 조금 자극적인 것을 보기 시작하면, 다시 잔잔한 영상으로 돌아오기는 힘든 것 같아요.

저도 잔잔히 흘러가던 흘려듣기 중간에 〈포켓몬〉이 끼어들면서 흘려듣기가 많이 꼬였습니다. 지금도 가장 후회하는 부분입니다. 그래서 흘려듣기는 어머니들의 사전 검열이 아주 중요합니다. 다른 아이들이 좋아한다고 무조건 보여주지 말고, 적어도 한두 편은 먼저 보고 아이들에게 적절한지 판단하면 좋겠어요.

DVD 보여주는 원칙
작성자 : 하은진민맘 (초4, 초3, 5세, 2세) … 현재 중2, 중1, 초2, 6세

영어 DVD를 보여줄 때 지켜야 할 원칙이 있습니다. 제가 그동안 잠수네 하면서 느낀 점입니다.

(1) 우리말로 된 만화 영화는 시청하지 않는다

24시간이라는 한정된 시간 안에 우리 아이들에게 제공해주어야 할 것들이 참 많지요. 영상매체를 영어로도 보고 한글로도 보면 하루 중 미디어를 접하는 시간이 너무 많다는 단점이 있습니다. 아이를 교육하는 방법은 미디어 말고도 책이라는 중요한 수단이 있는데 미디어에 지나치게 빠지면 책을 볼 여유가 없을 수도 있고, 또 책을 즐거워하는 아이로 만드는 시간이 부족해집니다. 책을 보려면 아무것도 안 하고 오로지 아이 마음대로 노는

시간도 있어야 하거든요. 영어DVD는 영어교육을 위해서는 필수라고 생각합니다. 그렇다면 한국어 방송은 아예 보여주지 않는 것이 좋습니다. 우리 아이 경우에 한국어 방송을 차단했더니 영어DVD라도 소리는 이해 못 할지언정 즐겁게 보았습니다.

(2) 반드시 자막 없이 본다

글자를 모르는 친구라도 자막은 꼭 가리세요. 이건 일관성의 문제입니다. 어느 날 아이가 글자를 알게 되었을 때 자막을 없애려고 하면 반발이 클 것입니다. 처음부터 없애는 게 좋습니다.

(3) 정서나 교육에 도움이 되는 내용을 본다

영어교육도 좋지만 전체적인 아이의 교육을 생각해볼 때 〈파워레인저〉〈포켓몬〉 같은 류는 그다지 유익해 보이지 않습니다. 아이가 좋아해 어쩔 수 없이 볼 기회가 되면 모를까 엄마가 적극적으로 찾아나서면 다른 좋은 DVD가 많이 있습니다.

지금 4학년이 되는 둘째도(저는 아이가 넷입니다) 어릴 때 〈파워레인저〉 광팬이었지만, 장난감 사주고 비디오 보여주는 일을 최대한 자제하였습니다. 가장 후회되는 일이 둘째 7살 때 셋째 만 2살 즈음, 남편이 〈파워레인저〉 일본판을 구해와 온 가족이 매일 한 편씩 함께 시청한 일입니다. 그 후로 셋째는 칼, 총을 사랑하게 되었습니다. 한 정신과 의사가 칼이나 총이 남성의 공격성을 발산하는 데 좋은 도구가 된다고 하더군요. 그렇다 하더라도 이런 장난감은 생각하게 하는 놀잇감을 가지고 놀 기회를 뺏는 일등공신입니다. 이렇게 역동적이고 변화가 빠른 DVD를 보면 그다음은 더 빠른 것을 요구하게 됩니다. 그러면 서정적이고 감성적인 〈Little Bear〉나 〈Caillou〉 류의 작품을 싫어하게 되지요. 재미가 없는 거에요. 〈Little Bear〉나 〈Caillou〉

는 영어는 물론 감성 교육까지 할 수 있는 유익한 작품들인데 말이에요.

그러니 아이의 미디어 시청 속도는 최대한 늦추는 방향으로 계획해보세요. 제가 그동안 보아온 여러 아이들의 경우 집에서 〈파워레인저〉류의 장난 감과 비디오를 많이 접한 아이일수록 초등 이후 공부하는 데 있어 집중력 이 떨어지는 것 같았습니다.

그러면 이쯤에서 추천하는 DVD가 뭐냐고 묻는 분이 계실 겁니다. 잠수네 는 정답이 없습니다. 이것저것 다 해보고 내 아이한테 맞는 것을 찾으면 됩 니다. 〈DVD 책나무〉 검색해서 하나씩 들이밀어 보세요. 아직 아이의 취향 을 모르기 때문에 시행착오를 많이 겪으실 거예요. 하지만 거기에 두려워 말고 부딪히다 보면 길이 보일 것입니다.

종류별로 많이(세트로 말고) 구비하셔서 바꾸어가며 보여주고 그때마다 아 이의 표정이나 반응을 체크하셨다가 아이가 가장 흥미를 보이는 부분을 포 착하면 됩니다. 그 하나가 대박을 터트릴 것입니다. 그때 세트로 장만해서 보고 또 보고 계속 반복해주면 된답니다.

이상이 4년 넘게 잠수해 오면서 느낀 요점입니다. 제가 이것을 깨닫는 데 4년이 걸렸습니다.

DVD, 이렇게 찾아보세요

1. 유튜브에서 찾아보기

그림책 동영상이 유튜브에 꽤 있습니다. TV애니메이션 시리즈도 대부분 유튜브에서 검색이 됩니다. 그러나 아이들의 시력을 생각한다면 유튜브에서 찾은 동영상을 바로 보여주는 것은 피해주세요. 구입 여부를 결정하기 전 샘플을 본다는 마음으로 접근하는 것이 좋습니다.

2. DVD 인터넷 대여점

인터넷 영어책 대여점에서 그림책DVD, TV애니메이션 DVD를 대여할 수 있습니다. 빌려본 DVD를 좋아하면 구입을 고려해보세요.

※ DVD 인터넷 대여점

민키즈 www.minkids.co.kr   리틀코리아 www.littlekorea.co.kr
북렌트 www.bookrent.co.kr   리브피아 www.libpia.com

3. 영어전문서점에서 구하기

그림책DVD는 늘 있는 것은 아니지만 몇 군데 영어서점에서 판매하고 있습니다. 국내에서 구하기 어려운 그림책DVD들은 아마존에서 (배송료가 비싸긴 해도) 모두 구할 수 있습니다. 유아용 TV애니메이션은 국내 영어서점에서 쉽게 구입할 수 있습니다. 반복해서 보는 DVD라면 대여보다는 구입하는 쪽이 좀 더 경제적입니다.

3부

—

잠수네 프리스쿨 영어 실천편

"

잠수네에서 말하는 '프리스쿨 영어'란
취학 전 유아들의 영어교육을 말합니다.
잠수네 프리스쿨 영어는
시중에 회자되는 '엄마표 영어'나
초등학생 이상이 대상인 '잠수네 영어학습' 과정과
조금 다릅니다.

"

잠수네 프리스쿨 영어
전체 로드맵

시작하기 전
마음자세

잠수네에서 말하는 '프리스쿨 영어'란 취학 전 유아들의 영어교육을 말합니다. 잠수네 프리스쿨 영어는 시중에 회자되는 '엄마표 영어'나 초등학생 이상이 대상인 '잠수네 영어학습' 과정과 조금 다릅니다.

팔랑귀를 접어라!

1. 주위의 아이 엄마들이 뭐 한다 하는 말에 눈을 돌리지 마세요

또래를 둔 부모들끼리 고급 정보인 양 쉬쉬하며 시키는 것 중에는 안 해도 그만인 것들이 많습니다. 나중에 아이를 키워놓고 보면 대부분 쓸데없는 데 돈을 쏟아붓는 것이지요. 영어유치원도 선택의 문제지 필수

과정은 아닙니다.

2. 유아 대상 영어학습지 광고에 관심을 두지 마세요

영어학습지는 말 그대로 '학습'입니다. 유아영어의 중심은 '재미'에 있습니다. 영어를 학습으로, 공부로 접근하면 스트레스가 되고 맙니다. 학습지 대신 한글책, 영어책 구입에 예산을 투자하세요. 같은 돈으로 서너 배 분량의 교재를 구입할 수 있습니다.

3. 인터넷 카페, 블로그도 참고는 하되 주눅들지 마세요

처음에는 넘쳐나는 에너지로 여러 가지를 시도해볼 수 있지만, 꾸준히 오래하기란 쉽지 않은 일입니다. 다른 사람이 무엇을 하든 휩쓸리지 말고 내가 할 수 있는 만큼만 진행하세요. 지치지 않도록 페이스를 유지하면서요.

4. 옆집 엄마의 조언이 정말 나를 위하는 것일까 생각해보세요

집에서 한다면 애 망치려고 그러느냐며 걱정스레 말하는 옆집 엄마, 과연 정말 나와 우리 아이를 위해 해주는 말일까 곰곰이 생각해보세요. 나중에 우리 아이가 영어를 잘하면 어떻게 해서 그렇게 했느냐고 줄기차게 묻든지, 애 잡는 엄마라고 뒤에서 험담하든지 둘 중 하나입니다.

길게 보자!

1. 영어공부하는 이유를 잊지 말자

부모들이 자녀에게 어릴 때부터 영어를 가르치려는 이유는 '영어가 세계어'로 통용되고 있기 때문입니다. 모국어 외에 한 가지 외국어를 자유롭게 구사할 수 있다는 것은 좀 더 많은 기회가 주어진다는 의미이기도 합니다. 그러나 영어만 잘해서는 아무 소용 없습니다. 영어는 수단에 불과할 뿐, 아이 스스로 자기 길을 찾아나가는 열정과 실력을 키우는 것이 더 중요합니다. 우리보다 훨씬 더 영어를 잘하는 사람들이 영미권에는 수없이 많으니까요.

2. 영어를 가르치겠다는 생각을 접자!

아이들은 스스로 언어를 배울 수 있는 능력을 타고납니다. 영어그림책과 DVD를 보기만 해도 알아듣고 읽을 수 있습니다. 혼자서 잘 걸어가는 아이를 더 빨리 가야 한다고 잡아끌거나 뒤에서 밀면 어떻게 될까요? 온갖 인상을 찌푸리며 질질 끌려가거나 앞으로 고꾸라지고 말 것입니다.

　프리스쿨 시기에 영어단어를 인지시키고, 문장을 외우게 하고, 영어 글을 쓰게 하는 것이 당장은 무언가 되는 듯 보여도 우리가 가야 할 목표점을 생각하면 아직 갈 길이 한참입니다. 충분히 듣고 보는 것으로도 영어를 잘할 수 있습니다. 말하기와 쓰기는 나중에 해도 늦지 않습니다.

3. 쉬엄쉬엄 놀며 가도 된다

프리스쿨 영어의 장점은 여유롭다는 것입니다. 엄마가 힘들 때는 잠시 쉬세요. 그동안 다시 시작할 힘을 비축하는 겁니다.

　영어를 재미있게 즐기던 아이가 '영어 거부증'을 보이는 경우도 있습니다. 이럴 때는 아이 스스로 영어책이나 비디오를 보고 싶다는 말을 하기까지 기다려주세요. 초등학생이 되어 영어가 싫다고 거부하는 것보다는 훨씬 낫다 생각하고요.

4. 10년 계획을 세우자!

어릴 때부터 영어를 시작하면 시간 면에서 많이 여유롭습니다. 하지만 그만큼 오랜 기간 영어에 신경을 써야 한다는 이야기이기도 합니다. 다른 아이들의 영어실력이 뛰어나서 조급해진다면 차분히 생각을 정리해보세요. 아이가 5살이라면 같은 또래 아이가 아무리 영어를 잘한다 해도 5살 수준입니다.

몇 살쯤이면 미국 초등학교 5~6학년 수준의 영어책을 완전히 이해하며 제대로 읽을 수 있을까요? 아무리 날고뛰는 영어 영재라도 최소 초등학교 3~4학년은 되어야 합니다(이런 아이는 극히 드뭅니다). 보통은 초등학교 6학년 때 미국 초등학교 6학년 수준(J8)의 영어책을 읽을 수만 있으면 대성공입니다. 이 정도면 잠수네 영어학습 과정에서 고수라 추앙받는 수준이며 수능, 토플은 단기간 준비하면 높은 성적을 거둘 수 있습니다. 학원 테스트를 받아도 대부분 최고반에 배정됩니다.

영어는 수영을 배우는 과정과 비슷합니다. 초등 3~4학년 때 수영을 시작했다면 하루빨리 물에 떠서 앞으로 나가는 것을 목표로 삼겠지요. 그러나 아직 어린아이들이라면 일단 물과 친해지고, 수영은 즐거운 놀이라는 생각을 들게 해주는 것이 우선입니다.

이 질문 듣고 생각나는 것은 '난 참 말 잘 듣는 후배였다' 입니다. 잠수네 가입하고 선배님들 글 보면서 선배님들이 하라는 것들은 그대로 했습니다. 지금까지 활동을 정리해보면 이렇습니다.

(1) 커다란 꿈을 그린 것

내 아이들이 자유롭게 영어를 사용하여 좀 더 넓은 세상에서 즐겁게 살아갔으면, 하고 바랐어요. 학습이 아닌 생활에서의 영어를 꿈꾸었지요. 이렇게 목표를 잡으니 방법적인 것들을 선택하는 문제는 오히려 자연스러웠습니다. 아이의 '재미'에 모든 선택 기준이 맞춰지더군요.

(2) 영어책 열심히 공부한 것

'아는 만큼 보인다'는 선배님 말씀 듣고, 아이가 접하는 모든 책은 직접 읽어봤습니다. 권하고 싶은 책도 제가 먼저 읽었습니다. 영어실력이 있어서가 아니라 내가 모르는 상태에서 아이에게 권하면 실수가 많더라구요. 그렇게 했더니 잠수 초기보다는 제 영어실력도 조금 발전한 듯 싶습니다.

(3) 꾸준한 진행

세세한 방법은 나름대로 바꾸더라도 크게 정해진 교육과정은 빠짐없이 진행하고 있습니다. 아이 상태에 맞춰 스케줄을 조정해주긴 하지만, 거의 매일 잠수를 진행하고 있습니다. 원래 제 자신이 꾸준한 성격이 아님을 잘 알고 있기 때문에 정말 엄청 반성하며 노력했습니다.

(4) 비교는 하되, 욕심은 버린 것

전 다른 아이들과 비교 많이 했어요. 다른 아이들과 우리 아이는 같을 수 없으니까요. 그래서 아이의 강점이 뭔지, 약한 점, 기다려야 되는 점은 뭔지 꼼꼼하게 따져보았어요. 그러고 나선 좋은 부분은 계속 발전시키고 나머지 욕심은 버리려고 노력했습니다.

(5) 즐거운 진행

아이가 원하는 책 엄청 구해줬구요. 읽으라고 시켜본 적 없이 제가 읽어주거나 책을 바닥에 굴렸습니다.

우와~ 잘한 점이 5가지나 되네요.

엄마의 슬럼프란?
작성자 : 하얀꽃 (초1, 6세) … 현재 초5, 초3

저희 집에 오시면 바닥에 책이 아니라, 색종이 같은 종이들과 둘째 아들내미가 만들다가 둔 상자, 블록, 아니면 어디서 주워온 것, 첫째 딸내미가 펼쳐놓은 자잘한 예쁜 소품들이 뒹굴어 안 밟을 수가 없어요. 치우면 또 어질고 치우면 또 어질고, 그러다 제 인생이 몇 해가 갔는지 모르겠어요. 앞으로도 그렇겠죠.
저희 아이들은 어디 가서도 집중하는 녀석들이 아니고요, 누가 보아도 딴 짓에 열심이지만 귀로는 다 듣고 있어요. 겉으로는 아주 산만해 보여요. 때로는 좀 가만히 앉아서 잘 듣는 척하면 안 될까 생각하곤 합니다. 책도 한 종류만 보는 법이 없고, 하나만 반복하는 경우도 별로 없어요.
잠수네에서 영어, 한글을 하다 보면 책에 대한 욕심(?)이 커져요. 책을 아주 좋아하게 되고, 빠져들게 되죠. '더 이상 볼 게 없다. 더 사야 할 것이 많다.' 더 더 더…… 이렇게 되는 거 같아요.

근데요 사실 저는 어느 순간 그런 마음이 많이 사라졌습니다. 저희 아이들은 택배로 오는 책보다 맛난 거, 놀거리가 배달되는 것을 100배는 더 좋아했거든요. 그래서 '이 책 사고 싶다'라는 생각이 들면 그 돈으로 '뭘 사서 먹일까' '뭘 갖고 싶어할까' '지금 우리 집에 있는 책 중 대체할 수 있는 책이 무엇일까'를 먼저 고민하곤 합니다. 그러나 또다시 '책을 더 읽히고 싶다'는 생각이 들면 '지금 뭐하며 놀고 싶어할까' 하고 다시 생각을 전환해요. 다만, 하루도 빠짐없이 꼭 해야 할 분량은 지키게 합니다. 밥을 먹듯 먼저 DVD 보고 영어하고 다른 활동을 하는 것이 생활의 일부처럼 느끼게 하려고요. 여행을 가도 놀러 가도 싸들고 갑니다. 해야 할 것을 한 후, 나머지 시간을 자신이 조절해서 마음대로 누릴 수 있게 해주려고 해요.

가끔 슬럼프가 오거나 힘이 빠질 때, 어쩌면 그건 엄마만의 슬럼프라는 생각을 해봐요. 아이는 그냥 커가면서 또 다른 생각을 하고 자신의 영역을 넓혀가고 요구하고 거부하는 것일 뿐인데요.

어쩌면 아이가 아니라 엄마가 바꾸어야 할 부분이 더 많은지 모르겠어요. '힘들면 = 쉰다' 저는 이게 정석 같아요.

쉬면 얼마나 쉬겠어요~

하면 얼마나 하겠어요~

먼저 하면 뭐하겠어요~

그저 엄마랑 딸이랑 아들이랑 서로 좋아하고, 잘 모르고 말도 안 되는 얘기 하면서도 재미있으면 그게 가장 좋은 거 같아요.

요즘 프리방 어머니들은 많이 급하십니다. 다른 아이들이 한참 앞서 있는 글을 읽다 보면 마음이 급해져서 나도 모르게 아이를 다그치곤 합니다. 책도 읽고, 의미 파악도 하고, 귀도 뚫리고, 심지어는 말도 잘하고……. 하지만 모든 일이 그렇듯 시간이 필요합니다. 물이 한 방울씩 잔을 채울 때, 어느 순간까지는 잔에 아무런 변화가 없지만 시간이 지나면 그 잔에 물이 넘치며 이전과는 다른 새로운 상황을 맞게 됩니다.

6~7세에 벌써 특출해 보이는 아이들은 영어에 벌써 몇 년씩 노출된 아이들입니다. 어렸을 때부터 꾸준히 영어를 해왔다는 거죠. 그런 아이들과 이제 막 시작한 아이를 비교하는 것 자체가 무의미합니다.

그 아이들이 계속 우리 아이를 앞서 나갈 텐데, 하는 조바심에 가슴을 칠 필요가 없어요. 영어를 하는 데 있어서 어차피 천장은 존재하고 단지 거기까지 가는 속도에 차이가 있을 뿐이니까요. 어렸을 때 빨리 시작해서 꾸준하게 노력해 천천히 천장에 갈 수도 있지만, 좀 늦어도 머리 트이고 이해력 좋을 때 시작하면 어렸을 때 시작한 아이들보다 훨씬 빠른 속도로 목표에 이를 수도 있는 겁니다. 그러니 급할 것도, 쫓길 것도 없지요. 영어는 언어입니다. 어느 정도 결과물을 얻으려면 절대 시간이 필요합니다.

가장 중요한 건 언제나 내 아이입니다! 무엇보다 내 아이가 영어를 친구로 알고 즐거워하면서 할 수 있게 도와주는 게 중요합니다. 그러니 내 아이 수준에 따라 해석을 해줄지, 따라 읽기를 할지, 집중듣기를 시작할지 파악하면 됩니다. 아이가 해석을 원한다면 가끔은 해줄 수도 있지요. 하지만 이때도 해석이라기보다는 내용을 두루뭉술 얘기해주면서 아이 스스로 의미를 파악하도록 도와주어야 해요.

처음 시작이라면 아이가 영어에 적응할 시간을 적어도 6개월은 줘야 한다고 생각합니다. 이 기간 동안은 아이에게 되도록 뭘 시킨다는 생각보다는 접해준다는 마음으로 뭐든 접근하는 게 좋은 거 같습니다. 재미있는 이야기들을 들려주고, 예쁜 그림책들을 보여주고, 흥미로운 DVD를 틀어주고, 흥겨운 노래들을 들려주면서요. 그것들이 쌓이면 영어공부를 할 수 있는 기초와 추진력이 되는 것 같아요.

물론 초등 고학년에 시작했다면 위 방법대로는 안 되겠지요. 하지만 지금 6~7살이라면 이렇게 해나가는 것이 장차 더 빨리 가는 지름길이 아닐까 합니다. 일단 영어에 거부감 갖는 걸 무엇보다 경계해야 합니다. 내가 하는 영어가 즐거워야 합니다. 그래야 꾸준히 폭발적으로 성장해나갈 수 있어요. 인생사 뭐든지 그렇지 않습니까? 억지로 하는 건 계속 앞으로 나갈 수 없지요. 스스로가 하고 싶을 때 진정 힘이 생기지요.

6개월 정도 재미있게만 영어를 접해주다가 그다음에 아이의 상황을 봐가며 하나씩 시도해보세요. 파닉스도 한번 해보고, 따라 읽기도 한번 해보고, 집중듣기도 하고요. 영어 문자를 계속 접하게 하고, 흘려듣기로 소리에 더 많이 노출시키시고, 그다음 따라 읽기하고, 집중듣기하고, 그 와중에 아이가 단어를 알아차리고 읽으려고 할 때 파닉스하면 엄마들이 그토록 바라던 영어책 읽기를 할 수 있습니다.

그러니 '천천히, 꾸준히, 재미있게!'를 항상 염두에 두면서 아이와 즐겁게 영어를 해보세요. 잠수 영어는 엄마의 공력이 50% 이상입니다. 특히 처음에는 90% 이상이지요.^^

잠수네
프리스쿨 영어
개요

프리스쿨 영어의 핵심

1. 터잡기 → 〈한글책 많이 읽어주기〉 + 〈영어노래 듣기와 DVD 흘려듣기〉

잠수네에서 생각하는 프리스쿨 영어 터잡기는 〈한글책 많이 읽어주기〉
〈영어노래 듣기와 DVD 흘려듣기〉입니다.

'아니, 프리스쿨 영어라면서 한글책 읽어주고 영어노래 듣고 DVD 보기만 하라고?' 하는 생각이 드시나요? 네, 이 정도만 해도 충분합니다. 프리스쿨 때 터잡기만 탄탄히 되어 있어도 나중에 얼마든지 최상위 수준의 영어실력을 갖출 수 있습니다.

터잡기에서 제일 중요한 것은 한글책 읽어주기입니다. 한글책을 좋아해야 영어를 잘할 수 있다는 것을 모르는 부모는 없겠지만 영어에 치중하다 보면 어느 순간 한글책에 소홀해지기 쉽습니다. 기본 중의 기본이 한글책 읽어주기라는 것을 잊지 마세요. 두 번째는 영어 듣기 습관을 잘 잡아주는 것입니다. 영어 소리를 듣는 습관이 잘 잡혀야 초등 이후 잠수네 영어를 힘들지 않게, 즐겁게 진행할 수 있습니다. 프리스쿨 영어의 다음 단계들도 수월해지고요.

2. 터잡기 이후 → 〈영어책 읽어주기〉 〈쉬운 집중듣기〉 〈쉬운 책 읽기〉
터잡기가 탄탄하게 되었다면, 여기에 〈영어책 읽어주기〉 〈쉬운 집중듣기〉 〈쉬운 책 읽기〉 3가지를 추가할 수 있습니다. 이것도 한꺼번에 시작하는 것이 아니라 하나씩 더해 가면서 천천히 진행해야 무리 없이 영어에 재미를 붙일 수 있습니다.

잠수네 프리스쿨 영어 전체 흐름

1단계) 한글책 많이 읽어주기 ······▶ **책과 친해져요**
한글책을 좋아하지 않는 아이가 영어책을 잘 볼 리 만무하죠. 다행히 어린아이들은 엄마가 읽어주면 기쁘게 귀 기울이니 책 읽기 싫어하는 초등학생을 이끌기보다 매우 수월합니다. 한글책을 많이 읽어주세요. 프리스쿨 영어진행에 큰 힘이 됩니다.

2단계) 영어노래 듣기와 DVD 흘려듣기 ⋯⋯▶ **영어 소리에 친숙해져요**

모국어를 습득할 때처럼 영어 소리를 많이 들려주면 조금씩 알아듣는 말이 생기고, 영어와 친숙해집니다. 영어 소리를 들려주는 제일 좋은 방법이 노래입니다. 쉬운 마더구스, 노래가 들어 있는 영어그림책의 오디오CD 중 반응이 좋은 노래를 찾아 자주 들려주세요. 재미있게, 신나게 영어와 친해질 수 있습니다. DVD 보기도 즐겁게 영어 소리를 접할 수 있는 방법입니다. 만약 영어로 된 DVD 보는 것을 거부한다면 좋아하는 캐릭터가 나오는 DVD를 찾아보세요.

3단계) 영어그림책 읽어주기 ⋯⋯▶ **영어책의 재미를 느끼게 돼요**

영어책 읽어주기는 한글책을 충분히 읽어주고 나서 여력이 될 때 하세요. 한글책을 좋아하지 않으면 영어책만 열심히 읽어줘봐야 소용없습니다. 처음 읽어주는 영어그림책은 노래로 들어본 책이 좋아요. 노래로 된 오디오CD를 많이 들려주면 좋아하는 노래는 혼자서도 흥얼거립니다. 그때 많이 들어본 영어그림책부터 한 권씩 읽어주세요. 다른 아이들이 저만큼 달려가는 모습을 보고 '헉, 너무 늦은 거 아냐?' 하는 다급함에 그날부터 당장 영어그림책을 읽어준다고 아이를 붙잡으면 십중팔구 재미없다고 딴청을 부리거나 영어책은 싫다고 거부하기 쉽습니다.

친숙한 것부터, 차근차근 한 권씩 시작해야 합니다. 영어책을 읽어줄 상황이 안 된다면 오디오CD를 함께 들으며 영어그림책을 봐도 좋습니다.

단, 이때 글자를 보라고 강요하거나 손가락을 짚으며 들으라고 하지 마세요. 이렇게 읽어주는 데 언제 글자를 읽나 초조해할 필요도 없습니다. 편안하게 그림을 보며 영어책을 읽어주는(또는 오디오CD를 듣는) 시간을 좋아하기만 해도 3단계는 대성공입니다.

4단계) J1~J2단계 쉬운 집중듣기 …… **영어책 읽기 준비운동을 해요**

영어노래 듣기와 DVD 흘려듣기, 영어책 읽어주기가 충분히 된 상태에서 쉬운 집중듣기를 시작하면, 문자인지가 빠른 아이들은 들어본 책을 쉽게 읽을 수 있습니다. 집중듣기 한 영어책 위주로 읽다 보면 어느 순간 듣지 않은 책도 읽는 날이 오지요.

그러나 〈쉬운 집중듣기〉를 프리스쿨 때 꼭 할 필요는 없습니다. 〈터잡기〉와 3단계의 〈영어책 읽어주기〉만 꾸준히 해도 영어를 잘할 수 있는 밑거름이 충분히 되니까요.

5단계) 쉬운 영어책 읽기

〈영어노래 듣기 + DVD 흘려듣기 + 영어책 읽어주기〉를 하다 보면 좋다고 반복해서 들은 노래, 그림책, DVD 대사를 통으로 외우는 아이들이 나타납니다. 〈쉬운 집중듣기〉를 꾸준히 하면 읽을 수 있는 글자가 하나둘 생기기도 하고요. 이때가 읽기를 시작할 시점입니다. 영어책 읽기를 좀 더 쉽게 진행하려면 일시적으로 〈리더스북 읽어주기〉와 〈따라 읽기〉를 시도해도 좋습니다. 독서량이 늘고 수준이 올라가더라도 긴장을 놓지 마세요. 더 재미있는 책을 찾기 위한 노력을 게을리하지 않아야 영어책에 재미를 느끼며 계속 읽을 수 있습니다.

〈파닉스 학습〉은 '한글책을 술술 잘 읽는 수준'에서 아는 단어가 300~400개 정도일 때 시도할 수 있습니다.

프리스쿨 영어의 핵심 정리	
필수	1단계) 한글책 많이 읽어주기 2단계) 영어노래 듣기와 DVD 흘려듣기
선택	3단계) 영어그림책 읽어주기 (영어 소리가 익숙해지면) 4단계) 쉬운 집중듣기 (한글책을 술술 읽고 + 아는 말이 많아지면) 5단계) 쉬운 책 읽기 (영어글자를 떠듬떠듬 읽을 줄 알게 되면)

프리스쿨 영어 2년 진행기
작성자 : 럽포스 (7세) … 현재 초3

(1) 가장 잘한 일은 역시 꾸준한 진행

DVD 보기, 오디오북 듣기는 주 5~6회 꾸준히 진행했어요. 아이가 듣기를 즐겨 이미 습관이 된 오디오 듣기는 자발적으로 반복하고, 오히려 과해지지 않으려 제가 조절해야 했어요. DVD를 볼 때는 6세까지는 거의 저와 같이 봤어요. 그리고 거기서 나오는 이야기나 대사를 아이가 중얼대면 저 역시 전체 상황을 훤히 알 정도로 반복했지요.

오디오북을 들을 때도 책을 보며 들을 때는 늘 함께했어요. 같이 웃고, 이야기하고, "난 이런 거 같아" 하며 수다도 떨고. 그리고 더 반복하고 싶을 때는 오디오 켜두고 혼자 놀았어요.

영어책, 한글책도 꾸준히 읽어줬어요. 한글책은 독서량보다 공감하기에 초점을 맞췄고 영어도 그랬습니다. 집중듣기는 하지 않았지만 글이 많지 않은 책을 읽어준 것이 집중듣기나 다를 바 없다는 생각이 듭니다. 한글책은 물론 영어책도 즐겨 읽는 건 그 이유인 듯합니다. 지금으로선 이러한 집중듣기 방법이 가장 적절한 듯합니다.

왕초보 강연회에서 잠수님이 하신 말씀이지요. 집중듣기! 무릎에 앉히고 책을 읽어주라고. 대신 손가락으로 짚으라고는 하지 말고.

(2) 종알종알 입이 트인 아이

6세 초반부터 그랬던 것 같은데 후반 들면서 아주 심하게 중얼대기 시작했어요. 게다가 도서관 영어교실에 다니며 영어선생님과 친해진 뒤로는 영어에 더욱 흥미를 갖고, 이 중얼거림이 제 듣기를 넘어섰습니다(물론 제가 듣는 영어는 극히 미미하긴 하지만). 그래서 6세 후반부터 아이에게 주의를 주기 시작했어요. 친구들과 놀 때 영어로 말하지 말라고요. 지금은 장소를 가리긴 합니다만 입이 닫히진 않습니다. 말하고 싶어 몸살인 아이. 그래서 저는 한국어하고, 아이는 영어하며 놀기도 합니다.

(3) 영어 문맹도 탈출?! J1, J2 정도?

들은 내용은 J3도 얼추 읽기는 하지만, 거기까지 제 실력은 아닌 것 같고, 처음 보는 책이어도 지식 분야가 아니라면 집중듣기 없이도 J2까진 가능한 듯합니다. 프리스쿨 시절엔 터잡기에만 정성 들인다 하구선, 사람인지라 오락가락했습니다. 그래서 오디오 들으며 집중듣기는 하지 말고, 리더스 풀 세트도 돈 아까우니 사지 말고, 《Scholastic Hello Reader》 책만 구입해 4월부터 매일 몇 권씩 제대로 읽어주기 시작했어요. 좋아할 만한 이야기, 관심 갈 만한 내용으로, 또는 이런저런 수다로 흥미를 갖게 한 뒤에요. 그리고 리더스를 재미있어한다 싶으면 같은 주제의 다른 책을 얼른 꺼내 하나 더 읽어주며 글자에 눈이 가게 유도했어요. 3~5권 정도 읽어주기 하며 5권씩 꼬박 해봤는데 얼마 안 읽어서 "이건 내가 읽어줄게, 엄마" 하더군요. 각오에 비해 아이가 금방 읽겠다고 나서니 좀 싱겁긴 했지만, 엄마와 아이가 번갈아가며 맛나게 리더스를 읽었어요.

4월에 열심히 읽어주고, 5월에 설렁설렁 했더니 리더스는 별 흥미 없어 하더라구요. 리더스의 생명력은 아주 짧았어요. 기껏 2달?

지금도 어쩌다 읽어보자고 하면 읽긴 하지만, 그림책처럼 늘 재미있어하리라 기대하면 제가 바보겠지요? 그러나 그때 읽기를 가능하게 한 것은 리더스 읽어주기의 힘이 컸던 것 같아요. 그리고 《Step into Reading 1》 한 세트를 더 진행하고 리더스 읽어주기는 끝났습니다. 나중에 집중듣기할 때나, 1000권 읽기할 때 보자며 과감하게 접었어요.

그러다 8월, 어쩌다 시작한 스스로 읽기. 그림책을 술술 읽길래 '엄마께 매일 영어책 10권 읽어주기'를 했더니 한 달을 곧잘 하더라구요. 자신감 붙으라는 의미에서 J1~J2의 안면 있는 책 중심으로 진행했습니다. 9월에 접어들며 읽는 권 수가 줄고, 그다지 흥미 있어 하는 것 같지 않아 이제 접을 생각입니다. 발전단계 가면 시작하는 게 1000권 읽기라더군요. 그때 가서 읽으려 합니다.

★ 3년 후, 초3

초3인 저희 아이에게 나타나는 현상을 정리하면 다음과 같습니다.

(1) DVD를 보며 재미와 휴식은 물론, 새로운 어휘와 개념을 배웁니다.

(2) 《휴고》《해리포터》에 《오즈》까지, 빽빽한 글밥도 좋아하는 이야기라면
　　 당근 같은 건 필요 없습니다.

(3) 집중듣기 5~6시간, 읽기 6시간 이상도 거뜬!! 틈만 나면 영어책 읽는
　　 모습을 보이고, 매우 재미있어해요. 책을 읽지 않으면 뭔가 안 한 느낌
　　 을 받습니다. 집중듣기와 책 읽기가 당근이 되기도 합니다.

(4) 프리스쿨 때부터 말하기는 잘했으나, 요즘은 어휘가 풍부해지고 표현
　　 이 좀 더 세련된 느낌입니다. 예전에는 아이 말을 알아는 들었는데 요
　　 샌 그것마저 힘듭니다. 웃으며 얘기하는 딸의 말을 듣고 웃지 못해 곤
　　 란할 때가 많아요.

(5) 영어일기 쓰기를 좋아합니다. 자기 일기를 읽어주는 걸 들어보면 진짜
　　 재미납니다. 더불어 영시도 꽤 괜찮게 씁니다(물론 딱 제 학년 수준).

(6) 프리스쿨 시절부터 초지일관, 아이는 스스로 영어를 잘한다고 생각하
　　 고 아주 좋아합니다. 당장 영어권에 데려다 놔도 전혀 문제없는 정도입
　　 니다. 낯설음만 극복한다면요.

이만큼 왔네요. 앞으로 아이가 자랄 걸 생각한다면 도구로서의 영어는 자
리가 잡힌 것 같습니다. 워낙 요즘 아이들의 영어실력이 출중해서 경쟁에
서야 어떨지 모르겠지만, 살아가는 데 필요한 무기 하나 쥐어 놨다는 생각
이 듭니다.

영어는 한 번도 공부가 아니었고, 영어책 읽기도 딱히 부담을 느끼지 않습
니다. 한글책도 어느 정도 자리가 잡혀가고 있고, 영어책과 한글책이 서로
이해도에 도움을 주고, 두께를 극복하는 데 도움이 됩니다. '난 영어로 《해
리포터》도 읽는 사람인데 이런 문고쯤이야' 하며 덤비게 되더군요.

초등 4학년, 7세, 3세, 세 아이의 엄마인 저는 남편의 주재원 발령으로 해외 (동남아)에 나온 지 6개월 되었습니다.

잠수네는 큰애 돌 전부터 알고 가입했고, 큰애 7세부터 3년간 정말 순수 잠수네로 한 우물을 팠습니다(6세 가을부터 반년 정도는 무작정 영어 소리에 노출을 시켰어요. 집중듣기를 시작한 건 7세부터죠). 워낙 언어 감각이 있었고, 어려서부터 한글책을 많이 읽어주었으며, 한글을 일찍 깨친 뒤 혼자서도 꾸준히 읽어 모국어 수준이 몇 년은 앞서 있었기에 6세 가을에 처음 시작한 영어가 빛의 속도로 발전하더군요. 문제는 대부분의 아이들처럼 리딩과 리스닝에선 거의 완벽했지만 스피킹과 라이팅에서는 그에 못 미치는 결과를 보았다는 점이었어요.

그러나 저는 정말로 "(이중언어 환경이 아닌 경우엔) 모국어의 수준을 충분히 높인 후 영어가 들어가는 것이, 가장 빠르고 효과적인 영어학습 방법이다" 라는 잠수네의 신념을 온 맘과 몸으로 받아들였고, 휴직 중이긴 하지만 초등 교사이고 나름 제일 자신 있는 게 육아라고 믿는 사람으로서 그렇게 확신했습니다. 그래서 6세 가을까지 그저 신나게 여러 가지 체험을 하고, 혼자서 아니면 함께 한글책 정말 많이 읽고, 영어에 대한 조급증이나 양다리 없이 편안하게 아이의 기본 바탕만 다질 수 있었던 거 같습니다.

5세 때 1년 동안 일반유치원에 다닌 후, 6세와 7세는 유치원 없이 주변 엄마들과 여덟 가족쯤 모여서 품앗이하며 종이접기, 과학, 노부영 율동 등을 하고 나들이 다니며 놀았습니다. 그래서 진짜 시간이 남아돌았습니다. 책 읽고, 흘려듣기할 시간이 충분했지요. 일주일에 두세 번 같이 어울려 놀 거나 품앗이하는 시간 외에 집에 있을 때면 아이는 영어책 읽고 DVD 보았어요. 저는 열심히 따라 다니며 읽었던 책, 봤던 DVD 흘려듣기할 수 있도록 오디오를 들려주고 차에서도 들을 수 있게 준비했지요. 참 손 많이 가는 일이었는데, 아이가 좋아하고 영어가 차차 느니 힘든 줄 몰랐습니다. 그 뒤, 초4 여름에 외국으로 나왔습니다.

지금 큰애는 "엄마, 나 이제 내가 하고 싶은 모든 말을 영어로 할 수 있어"라고 이야기합니다. 8월부터 미국 대사관 학교에 다녔으니 외국 아이들과 영어로 생활하며 지낸 건 3개월 남짓입니다. 말하기며 발음이며 라이팅이며 뒤처졌던 부분들이 빛의 속도로 성장하고 있습니다. 정말로 리딩과 리스닝이 우선이었습니다. 아이 안에 많은 책과 영화, 드라마에서 익힌 표현들이 가득 차 있었는데, 그게 자연스럽게 입과 손에서 터져나올 기회를 얻으니 스피킹과 라이팅은 단시간에 발전했습니다.

미국 대사관 학교는 대기자, 특히 한국인 대기자가 많아 1~2년씩 기다려야 하는데 영어 잘하는 아이를 우선 선발하는 규정이 있습니다. 큰애는 대기번호가 한참 뒤였지만 시험 성적이 우수해 미국 시민권자 아이들을 제치고 바로 입학했습니다. 어떻게 영어 공부했느냐는 질문에 "잠수네 아시냐고" 했지요, 잠수네로 했다고.

8월에 입학하자마자 외국 아이들과 스스럼없이 어울리고 늘 인성이 바르고 모범적이라 칭찬받았습니다. 스피치 준비도 혼자 열심히 해가더니 학급회장으로 선출되어 물 만난 고기처럼 즐겁게 학교를 다닙니다.

심지어 개인교습하러 온 인도인 선생님에게, "한국에선 영어유치원이 유행이다. 그렇지만 우리 아이들은 잠수네로 해왔다. 나는 모국어가 완성된 뒤에 책 읽기를 중심으로 영어를 익혀가는 방법이 효과적이라고 생각하고 실제로 효과를 봤다"는 얘기까지 했네요.

프리스쿨 영어
3종 세트
이해하기

프리스쿨 영어의 흘려듣기

잠수네 영어에서 말하는 흘려듣기는 '생활 속에서 부담 없이 영어 소리를 듣는 것'입니다. 프리스쿨의 흘려듣기는 〈영어노래 듣기〉〈DVD 흘려듣기〉〈오디오 흘려듣기〉 3가지로 나눠볼 수 있습니다.

1. 영어노래 듣기

프리스쿨 영어의 시작은 '영어노래 듣기'입니다. 아이가 듣고 싶어하지 않는 오디오CD나 잘 알아듣지 못하는 DVD 소리는 하루 종일 틀어놔 봐야 소음으로 들릴 뿐입니다.

2. DVD 흘려듣기

프리스쿨 시기의 DVD 흘려듣기는 쉽고 잔잔한 DVD 보기입니다. 잠수네 DVD단계로는 JD1~JD3의 DVD들이죠. 말이 빠르고 화면이 현란한 DVD나 영어방송을 보는 것은 정서적으로도, 영어습득 면에서도 그리 바람직하지 않습니다.

3. 오디오 흘려듣기

좋아하는 영어책의 오디오CD나 DVD의 영어 소리만 따로 듣는 것입니다. 크게 보면 영어노래 듣기도 오디오 흘려듣기의 하나라고 볼 수 있지요. 오디오CD와 DVD 소리만 듣는 것은 아이가 "이거 듣고 싶어요!" 하고 신호를 보낼 때가 적기입니다. 놀 때나 바깥에 외출할 때 좋아하는 것으로 들려주세요.

프리스쿨 영어의 집중듣기

프리스쿨 시기에는 큰 아이들처럼 바로 소리와 글자를 맞춰 듣는 집중듣기를 하기 어렵습니다. 아무리 부모가 글자에 집중하라고 해도 어느 순간 딴청 부리거나 그림에 눈이 가기 마련이니까요. 처음부터 집중듣기에 욕심내지 말고 다음의 과정을 밟으며 차근차근 진행하시기 바랍니다.

1. 그림 집중듣기

영어그림책을 읽어줄 때 아이들은 글이 아닌 그림을 봅니다. 영어그림책을 보며 오디오CD로 들을 때도 그림을 보며 듣는 것입니다. 말 그대로 〈그림 집중듣기〉예요. 한글그림책을 읽어줄 때를 떠올려보세요. 아이들은 그림을 보며 '소리의 의미'를 이해합니다. 그림에서 단어나 문장의 의미를 짐작하는 습관이 잡히면, 나중에 글을 읽을 때도 모르는 어휘가 나왔을 때 문맥을 통해 유추합니다. 영어도 마찬가지입니다. 영어 그림책을 읽어줄 때, 글자를 강조하면 그림을 보며 뜻을 헤아리는 기회가 사라져버립니다. 처음에는 절.대. 글자를 짚으라고 강요하지 마세요.

2. J1~J2단계 쉬운 집중듣기

〈집중듣기〉는 영어책을 펴고 오디오CD의 소리에 맞춰 손이나 연필 등으로 글자를 짚어가며 듣는 것입니다. 프리스쿨 영어의 〈쉬운 집중듣기〉는 J1~J2단계의 책으로 하는 집중듣기를 말합니다. 쉬운 집중듣기를 할 시점은 다음 3가지 조건을 갖추었을 때입니다.

❶ 한글책 읽기가 유창해야 합니다
한글책을 자유롭게 읽지 못하면 아무리 쉬운 영어책으로 하는 집중듣기라도 금물입니다. 자칫하면 문자에 대한 거부감이 생겨 영어 익히려다 한글책 읽기도 힘들어지는 상황이 될 수 있습니다.

❷ 따라 부르는 영어노래가 있고 알아듣는 말이 늘어나고 있어야 합니다
영어 소리의 의미를 어느 정도 알고 있다면 집중듣기가 수월합니다. 반대로 들리는 소리가 어떤 말인지 전혀 모르면 집중듣기 자체가 고역일 수밖에 없습니다.

❸ 영어책을 읽어주는 것이나 오디오CD 듣기를 좋아해야 합니다

초등학생이라면 집중듣기가 조금 힘들어도 영어가 필요한 이유를 들며 설득하겠지만 프리스쿨 시기 아이들에게는 재미없어도 계속하라고 강요할 수 없습니다. 집중듣기를 싫어하면 즉시 중단하세요. 나중에 다시 시도해도 충분합니다.

3. J3단계 이상의 집중듣기

집중듣기하지 않은 J1~J2단계 책을 읽을 수 있을 때 고려해볼 수 있습니다. 단, 집중듣기 단계를 과하게 높이지 마세요. 프리스쿨 때는 집중듣기 단계를 올리는 데 신경 쓰기보다 옆으로 옆으로 찬찬히 다지고 올라가기를 권합니다.

프리스쿨 영어의 읽기

1. 그림책 읽어주기

프리스쿨 영어에서는 〈읽어주기〉가 흘려듣기이자 집중듣기, 읽기입니다. 글자를 안 보고 듣는 것이니 〈흘려듣기〉이고, 소리를 들으면서 그림을 집중해서 보니 〈그림 집중듣기〉죠. 글자에 관심이 생기면 글자를 보며 듣는 〈집중듣기〉, 스스로 읽는 〈읽기〉로 이어집니다. 이렇게 자연스러운 반복을 할 수 있는 제일 좋은 매체가 영어그림책입니다. 볼 때마다 새롭고 재미있으니까요. 처음 읽어주는 영어책으로 그림책을 권하는 것은 이런 이유에서입니다.

2. 리더스북 읽어주기

리더스북은 읽기를 도와주는 책입니다. 반복해서 들려주거나 읽어주다 보면 스스로 읽을 수 있게 되지만 처음부터 보여주지는 마세요. 그림책에 비해 재미와 감동이 없기 때문입니다. 리더스북을 읽어줄 시점은 그림책을 충분히 많이 읽어주고 난 후, '조금씩 영어글자를 읽으려하고, 스스로 영어책을 읽고 싶어할 때'입니다. 특히 쉬운 집중듣기를 시작할 때 리더스북 읽어주기를 추가하면 영어책을 좀 더 수월하게 읽을 수 있습니다.

3. 스스로 읽기

프리스쿨 아이들이 영어책을 읽는다는 것은 참 대단한 일입니다. 영어책을 얼마나 반복해서 읽어줬는데 이 쉬운 단어도 못 읽을까, 누구는 어떤 책을 읽는다더라, 하며 다른 아이와 비교하지 말고 많이 칭찬해주세요.

프리스쿨 영어 3종 세트 핵심정리

흘려듣기	집중듣기	책읽기
1. 영어노래 듣기 2. DVD 흘려듣기 3. 오디오 흘려듣기	1. 그림 집중듣기 2. 쉬운 집중듣기 (J1~J2) 3. 집중듣기 (J3단계 이상)	1. 그림책 읽어주기 2. 리더스북 읽어주기 3. 스스로 읽기

작성자 : 유랑극단 (초1, 4세) ⋯ 현재 초5, 초1

처음 책을 새로 구입해서 아이와 친하게 만드는 저만의 방법입니다.

(1) 며칠 동안 CD만 틀어놓는다(책은 그저 눈에 잘 띄게만 진열)

(2) 그다음에는 책을 꺼내 그림만 본다

(3) 엄마가 읽어주면서 그림을 자세히 살펴본다

(4) 관심 있어하는지 안 하는지 관찰한 뒤 집중듣기를 시도해본다

이 중에 1, 2, 3번만 반복해도 좋아요. "엄마가 읽어주면 좋겠니, CD 틀어놓고 함께 볼까?" 하고 물어보세요. 그림이 재미있는 책은 엄마가 읽어주는 걸 좋아하구요, 읽을 자신 있거나 쉬운 책은 CD 틀어놓고 보는 걸 좋아하는 것 같아요. 집중듣기 많이 한 책은 자신감에 넘쳐 혼자서도 읽게 되구요. 먼저 아이한테 책을 충분히 보게(읽지 말고 그림만) 한 뒤 엄마가 읽어줄지, CD로 들을지 선택하라고 하세요.

프리스쿨 시기의 집중듣기에 대해
작성자 : 또또맘 (7세) ⋯ 현재 중2

유아 때 시작하는 아이들은 잠수네 초등학생들과는 다른 집중듣기를 하게 됩니다. 그럼 어떻게 집중듣기를 해야 할까요? 제일 좋은 것은 《Silly Sally》 등 오디오CD가 있는 영어그림책(특히 노래로 불러주는 것이 더 좋죠)입니다. 이런 책으로 집중듣기 할 때 아이가 제대로 들을까요? 영어를 처음으로 하는 아이라면 절대 그럴 리 없습니다. '테이프야 돌아라, 나는 그림 보련다!'

하면서 열심히 그림에만 관심을 둘 겁니다.

제가 아이랑 4살, 5살, 6살 초반에 집중듣기를 시도해볼 때마다 아이는 테이프 소리와 상관없이 재미있게 그림만 보고 있더군요. 그러면 전 아직 때가 아니다 싶어 집중듣기는 접어두고 그냥 흘려듣기만 했습니다. 그래서 흘려듣기를 무척 오래했습니다.

그러다가 작년 후반(6세) 아이가 영어 글씨에 아주 지대한 관심을 보이는 게 아니겠어요. 그냥 조금 관심을 보이는 정도가 아니라 엉터리지만 혼자 읽고 있더군요. 읽기가 되면서 아이랑 진짜 집중듣기를 하게 되었습니다. 단어가 눈에 들어오니까 아이는 소리에 맞춰서 페이지를 넘기기 시작하더군요. 그러면서 내용을 이해하려고 애쓰구요.

초등학생들의 집중듣기는 내용 이해와 의미 파악과는 전혀 상관없이 소리에 많이 노출시키는 것이 첫 번째 목표입니다. 하지만 유아에게는 절대 그렇게 시키시면 안 됩니다. 아이들은 내용을 이해해 재미가 있어야만 앉아서 봐주지 않겠습니까?

잠수네 경력 만 6년의 저희 아이도 이제야 집중듣기란 걸 합니다. 그나마 32쪽 이상인 책은 바로 뒤로 넘어갑니다. 한 장에 문장이 4개 이상 나오면 바로 입이 튀어나오구요. 유아에게 초등학생에게 요구할 만한 자제심을 바라지 맙시다.

〈5세, 6세, 7세〉 영어로드맵

〈기본코스〉와 〈기본⁺코스〉 〈빠른코스〉 〈특별코스〉

이제 막 프리스쿨 영어를 시작하려는 집도 있겠지만, 그동안 영어를 꽤 진행해서 터잡기만으로 부족하다고 느끼거나 아이가 잘 따라줘서 욕심이 나는 집도 있을 겁니다. 이런 분들을 위해 터잡기를 〈기본코스〉로 하고, 이에 더해 〈기본⁺코스(기본플러스 코스)〉 〈빠른코스〉 〈특별코스〉로 진행 순서를 나눠보았습니다. 〈기본코스〉 외에는 다음 표에 있는 체크리스트를 모두 만족할 때 진행하는 것이 좋겠습니다.

5세

구분	진행 내용	코스 선택 기준
기본 코스 (터잡기)	영어노래 듣기 DVD 흘려듣기	처음 영어를 시작하거나 영어에 거부감을 갖는 아이
기본+ 코스	영어노래 듣기 DVD 흘려듣기 영어그림책 읽어주기 (1~2권)	√ 5세 〈기본+코스〉로 진행할 수 있는 체크리스트 ☐ 한글책을 좋아한다 ☐ 영어노래 듣는 것을 즐긴다 ☐ DVD 보기를 좋아한다

6세

구분	진행 내용	코스 선택 기준
기본 코스 (터잡기)	영어노래 듣기 DVD 흘려듣기	처음 영어를 시작하거나 영어에 거부감을 갖는 아이
기본+ 코스	영어노래 듣기 DVD 흘려듣기 영어그림책 읽어주기 (3~5권)	√ 6세 〈기본+코스〉로 진행할 수 있는 체크리스트 ☐ 한글책을 좋아한다 ☐ 영어노래 듣는 것을 즐긴다 ☐ DVD 보기를 좋아한다
빠른 코스	영어노래 듣기 DVD 흘려듣기 영어그림책 읽어주기 (3~5권) 후반에 쉬운 집중듣기 (J1~J2)	√ 6세 〈빠른코스〉로 진행할 수 있는 체크리스트 ☐ 한글책을 좋아하고, 혼자서도 잘 읽는다 ☐ 영어노래 듣는 것을 즐긴다 ☐ DVD 보기를 좋아한다 ☐ 영어책을 읽어주거나, 오디오CD 듣기를 좋아한다

7세

구분	진행 내용	코스 선택 기준
기본 코스 (터잡기)	영어노래 듣기	처음 영어를 시작하거나 영어에 거부감을 갖는 아이
	DVD 흘려듣기	
기본+ 코스	DVD/오디오 흘려듣기	√ 〈기본+코스〉로 진행할 수 있는 체크리스트 ☐ 한글책을 좋아하고, 혼자서도 잘 읽는다 ☐ 흘려듣기 습관(영어노래 듣기, DVD 보기)이 　자리 잡았다 ☐ 영어책 오디오CD 듣기를 좋아한다
	영어그림책 읽어주기 (4~7권)	
	후반에 쉬운 집중듣기 (J1~J2)	
빠른 코스	DVD/오디오 흘려듣기	√ 〈빠른코스〉로 진행할 수 있는 체크리스트 ☐ 한글책을 좋아하고, 알아서 잘 읽는다 ☐ 집중듣기 습관이 자리 잡았다 ☐ DVD에서 알아듣는 말이 조금씩 늘어난다 ☐ 영어책을 읽고 싶어한다
	그림책/리더스북 읽어주기	
	쉬운 집중듣기 (J1~J2)	
	후반에 쉬운 책 읽기 (J1~J2)	
특별 코스	DVD/오디오 흘려듣기	√ 〈특별코스〉로 진행할 수 있는 체크리스트 ☐ 한글책을 좋아하고, 알아서 잘 읽는다 ☐ 집중듣기를 좋아한다 ☐ 영어책을 좋아하고, 혼자 잘 읽는다 ☐ 학습적인 성향이다
	집중듣기 (J2~J4)	
	쉬운 책 읽기 (J2~J3)	

> ▶ 어드바이스
>
> 4세 이하 아이에게는 영어 이전에 부모와 애착관계 단단히 하기, 한글책 많이 읽어주기만 신경 써도 충분합니다. 영어책 읽어줄 시간에 한글책을 읽어주세요. 영어로 말 걸어주려고 애쓰지 말고 우리말로 많이 대화하세요. 영어 소리는 들려주면 나쁘지 않겠지만 안 해도 대세에 지장 없습니다.

5세, 6세, 7세 프리스쿨 영어 로드맵

프리스쿨 시기의 아이들은 각자 발달상황에 따라 차이가 많이 나므로 아이의 속도에 맞춰 교육하는 것이 바람직합니다. 연령별로 선택할 수 있는 코스를 정리해 봤습니다.

분홍색 배경은 〈잠수네 권장사항〉입니다. 프리스쿨 때는 너무 욕심 내지 말고 이 정도만 해도 훌륭합니다. 회색 배경은 어릴 때부터 영어를 접했거나, 아이가 잘 따라준다면 갈 수 있는 코스입니다. 점선 배경의 〈영재코스〉는 회색 배경의 코스들을 1년씩 앞당겨 진행하는 것으로 어학에 남다른 재능이 있는 극소수의 아이들이 선택할 수 있는 코스입니다.

이 중에서 〈영재코스〉와 〈7세 특별코스〉는 정말 특별한 아이만 진행했으면 좋겠습니다. 잠수네에서도 이만큼 진행해서 초등 이후까지 꾸준히 성장하는 아이는 많지 않습니다. 잘하는 아이와 비교하거나 욕심내지 말고 아이가 즐겁게 받아들일 수 있는 만큼만 가도 얼마든지 뛰어난 영어실력을 갖출 수 있습니다. 진짜 열심히 할 시기는 초등 이후라는 것만 잊지 말아 주세요.

5세 기본코스 (터잡기)

5세 〈기본코스〉는 한글책을 좋아하고 영어 소리에 친숙해지는 것을 목표로 합니다. 5세에 처음 영어를 시작하거나 영어에 거부감을 갖는 아이를 위한 로드맵입니다.

:: 5세 〈기본코스〉 진행방법

구분	흘려듣기	
5세 〈기본코스〉	영어노래 듣기 (J1~J2) 놀 때	DVD 흘려듣기 (JD1~JD2) 15~30분

엄마공부

애착관계

엄마와 애착관계가 강하지 않은 아이들은 어떤 것도 새롭게 시작하기 어렵습니다. 무작정 떼부터 쓰고 울며 불며 심술을 내거나 안 한다고 도리질하기 마련입니다. 애착 형성이 잘 되어 있으면 좋아하고 믿고 따르는 엄마가 권하는 것을 호기심을 갖고 접근합니다. 아이들이 영어를 거부하는 것은 채우지 못한 무언가가 있기 때문입니다. 많이 안아주세요. 많이 놀아주세요. 아이가 충분히 만족감을 느끼고 난 다음 천천히 영어를 시작해도 늦지 않습니다.

많이 놀기

5세는 영어보다, 한글책 읽어주기보다 더 중요한 활동이 많이 놀기입니다. 엄친딸, 엄친아가 중고생만 있는 것이 아니더군요. 누구는 2살에 한글을 뗐다, 누구는 영어책을 한글책처럼 본다더라, 영어로 말을 하더라, 이런 소리를 들으면 '우리 애는?' 하고 뒷골이 바짝 땅길 정도로 신경이 쓰이지요. 하지만 또래 아이 엄마들 간에 떠도는 이야기를 나중에 곱씹어 생각해보면 피식 웃음이 날 정도로 별것 아닌 일이 많습니다. 앞서 간 선배들이 이구동성으로 그 나이 때는 많이 놀리라고 조언하는 이유는 그때 놀지 못하면 갈수록 놀 시간이 줄어서이기도 하지만, 실컷 놀아봐야 무섭게 집중해서 공부하는 뒷심이 생긴다는 것을 깨달았기 때문입니다.

멀리 보기

현명한 부모들은 몇 년 앞서간 선배 엄마들의 조언을 귀담아 듣습니다. 시대가 바뀌어도 변하지 않는 것이 무엇일까 곰곰이 생각하면서요. 당장 코앞의 일만 바라보면 마음이 급해집니다. 그러면 아이를 과하게 밀어붙이게 되니 부작용이 나타날 수밖에 없습니다. 멀리 보세요. 6세, 7세, 초1, 중1, 고1……. 앞으로 갈 길이 구만리입니다. 나의 체력과 에너지, 아이가 받아들일 수 있는 그릇을 생각하며 천천히 가세요. 그래야 아이 스스로 자기 길을 찾아나설 때까지 힘 닿는 대로 도울 수 있습니다.

한글책 읽어주기

영어보다 더 중요한 것이 한글책 읽어주기입니다. 영어는 꼭 안 해도 그만이지만 한글책 읽어주기는 절대 소홀히 하지 마세요.

영어노래 듣기

어릴 때부터 거부감 없이 재미있게 시도할 수 있는 방법입니다. 노래가 좋은 영어그림책 오디오CD, 영미권 전래동요(Mother Goose & Nursery Rhyme)를 놀 때나 차 타고 이동할 때, 아침에 깨울 때 들려주세요. 특별히 노력하지 않아도 좋아하는 영어노래를 반복해서 듣다 보면, 어느 순간 노래를 따라 부르기도 하고 신나게 춤도 추면서 영어를 재미있게 접할 수 있습니다.

DVD 흘려듣기

4~5세 무렵은 그림책DVD를 재미있게 볼 수 있는 나이입니다. 한글번역본을 좋아했다면 영어 소리가 나오는 그림책DVD도 즐길 수 있습니다. 줄거리를 잘 알기 때문이지요. 6~7세에 잔잔한 내용의 그림책DVD를 보여주면 지루하다고 안 보려고 하지만, 5세 무렵부터 그림책DVD를 본 아이들은 나이가 들어도 그림책DVD를 친숙하게 느끼고 즐깁니다. 그림책DVD는 영어 소리를 듣는 효과뿐 아니라, 〈한글번역본 → 그림책DVD → 영어그림책〉의 순서로 연결할 수 있는 것이 최대의 장점입니다.

그림책DVD만으로 부족하면 JD2단계의 〈TV애니메이션〉을 보여주세요. JD2단계 DVD는 유아들의 생활을 소재로 한 잔잔한 내용이 대부분이라 공감도 되고 영어를 습득하는 효과도 큽니다.

꼼꼼가이드
5세 DVD 흘려듣기

1. DVD 흘려듣기는 최소한으로 진행해주세요

한참 뛰놀 나이에 방 안에서 DVD를 오래 보는 것은 눈에도 안 좋고, 정서상으로도 그리 바람직하지 않습니다. DVD 보기를 아무리 좋아해도 하루 30분은 넘기지 말아주세요.

2. 하루 중 정해진 시간에, 일정량을 보여주세요

DVD 흘려듣기도 일정 기간 적응기가 필요합니다. 처음에 보여줄 때는 어느새 다른 방으로 가버리거나 다른 놀이를 하는 일도 종종 있지요. 딴짓을 하더라도 그냥 놔두고 천천히 아이가 익숙해질 때를 기다려주세요. 일정 시간과 양을 지키면서 6개월 이상 정성을 들여야 아이도 영어에 친숙해지고 영어만 나오는 영상을 봐도 싫어하지 않습니다. DVD 흘려듣기가 습관이 되고 조금씩 알아듣는 말이 생기면, 다른 놀이를 하다가도 DVD 보는 시간이라고 엄마를 채근하기까지 할 거예요.

3. 꼭 같이 보세요

아이 혼자 DVD를 보게 하는 것은 위험천만한 일입니다. 어른이 보기에 괜찮더라도 아이들은 겁먹고 울 수 있습니다. 같이 DVD를 보면서 아이가 어떤 내용을 좋아하는지, 어떤 부분을 싫어하는지 유심히 관찰해보세요. 다음에 어떤 것을 보여줄지 힌트를 얻을 수도 있으니까요.

4. 자극적인 DVD는 피해주세요

특히 영어 만화영화면 다 괜찮겠지 하는 마음으로 극장상영작, TV에서 방영하는 만화시리즈를 무분별하게 보여주지 마세요. 언니, 오빠, 형, 누나가 보는 것을 같이 보고 싶어해도 최대한 따로 보여주기 바랍니다. 아이들은 현란한 그림과 효과음에 매력을 느껴 화면에 빨려 들어갈 정도로 집중하겠지만, 영어습득의 효과도 거의 없을 뿐더러 부작용이 큽니다. 보이는 대로 무분별하게 따라 하거나 산만해지고, 짜증을 부리는 등 안 좋은 모습을 보이는 것도 문제지만, 처음부터 자극적인 DVD에 익숙해지면 나중에 볼 만한 DVD가 줄어듭니다. 아무리 재미있어하고 보고 싶어하더라도 지금은 꽁꽁 아껴두세요. 초등학생이 되어서도 영어를 재미있게 느끼게 하고 싶다면요.

5세 기본+코스

5세 〈기본+코스〉는 영어책에 재미를 느끼는 것을 목표로 합니다. 한글책을 좋아하고, 영어노래 듣기와 DVD 흘려듣기를 즐길 때 진행할 수 있습니다. 〈영어노래 듣기〉〈DVD 흘려듣기〉는 〈기본코스〉와 동일하게 진행합니다.

:: 5세 〈기본+코스〉 진행방법

구분	흘려듣기		읽어주기
5세 〈기본+코스〉	영어노래 듣기 (J1~J2) 놀 때	DVD 흘려듣기 (JD1~JD2) 15~30분	그림책 1~2권 (J1~J2) 10분

영어책 읽어주기

'노래로 재미있게 들은 영어그림책'부터 한 권씩 읽어주면 됩니다. 절대 욕심부리지 말고 하루에 한 권만 읽어주겠다는 마음으로 시작해보세요. 처음부터 영어그림책을 많이 들이지 말고 잠수네 베스트 그림책을 참조해서 아이가 반응을 보이는 노래 그림책부터 서서히 구입해도 됩니다. '노래가 없는 그림책'은 아이가 좋아하는 분야를 파고들어보세요. 자동차를 좋아하는 아이라면 버스, 택시, 트럭, 기차, 트랙터, 배, 비행기, 우주선으로 점점 확장시켜볼 수 있습니다. 공룡, 공주, 동물 등 좋아하는 것이 나오면 생소한 영어책과도 쉽게 친해질 수 있고, 책을 고르기도 쉽습니다.

엄마아빠가 영어책을 읽어줄 상황이 안 되면 아이를 무릎에 안고 같이 오디오CD를 들으며 영어그림책을 봐도 괜찮습니다(아이 혼자 오디오CD를 듣게 하거나, 글자를 짚으며 들으라고 하지는 마세요).

꼼꼼가이드
5세 영어책에 재미들이기

1. 영어그림책에 흥미를 느낄 수 있는 독특한 책을 찾아보세요

대부분의 아이들은 신기한 장난감을 좋아합니다. 영어책도 장난감처럼 갖고 놀 수 있는 책으로 접근하면 친근하게 느끼게 됩니다. 날개(Flap)를 잡아당기거나 들춰보면 숨은 그림이나 글이 나오는 플랩북(Lift-the-Flap Book), 펼치면 입체적인 구조가 생기는 팝업북(Pop-up Book)을 찾아보세요. 목욕할 때 갖고 놀 수 있는 목욕책(Bath Books), 누르면 소리가 나는 사운드북(Sound Books), 헝겊 조각이나 사물의 한 부분을 넣어 촉감을 느낄 수 있게 한 촉감책(Touch and Feel Books)도 좋아요. 다양한 형태의 영어책을 갖고 놀다 보면 영어책이 친숙하고 재미있어집니다.

2. 좋아하는 캐릭터를 활용하세요

토마스, 메이지, 까이유, 도라 등 아이가 좋아하는 캐릭터가 있으면 영어그림책, DVD, 캐릭터 인형, 캐릭터 책갈피, 스티커북, 대형 브로마이드 등으로 아이의 흥미를 북돋아주세요.

3. 영어책을 늘 가까이 둘 수 있는 환경을 만들어주세요

거실, 부엌, 화장실, 침대 옆 등 아이 눈에 띄는 곳에 작은 책장이나 책바구니를 놓아 언제나 손을 뻗으면 책을 잡을 수 있게 해주세요.

꼼꼼가이드
5세 영어책 읽어주기

1. 그림 읽기가 중요해요

그림책은 그림과 글이 한데 어우러져 이야기가 전개되는 책입니다. 글에 없는 소소한 이야깃거리가 그림에 담겨 있지요. 그림에 숨겨진 이야깃거리를 찾는 재미를 알면 저절로 반복해서 보게 됩니다. 그림을 잘 보면 글의 의미도 쉽게 이해할 수 있습니다. 글자를 읽게 하려고 애쓰기보다 아이와 같이 그림에 담긴 이야기를 찾는 시간을 가져보세요. 글자 없는 그림책도 많이 보여주세요. 그림을 보며 줄거리를 이해할 수 있는 아주 좋은 책입니다.

2. 발음이 안 좋아도 괜찮아요

자신의 영어 발음이 영 아니라서 아이한테 영어책을 읽어주어도 괜찮을지 고민하는 분들이 있더군요. 영어 발음이 좋다는 기준은 무엇일까요? 우리는 대부분 버터를 바른 듯 구르는 발음을 좋은 발음이라고 생각합니다. 그러나 우리가 듣기에 아무리 좋은 발음도 영어 원어민에게는 오십 보 백 보입니다. 외국 사람들이 아무리 한국어를 잘 한다고 해도 한국어를 모국어로 쓰는 우리가 보기에는 정확한 발음으로 느껴지지 않는 것처럼요.

잠수네 영어를 진행한다면 앞으로 어마어마하게 많은 영어 소리를 듣게 됩니다. 부모가 영어책을 읽어주는 양은 절대 시간 면에서 극히 미미합니다. 아이의 발음을 좌우할 만큼 큰 비중을 차지하지 않습니다. 콩글리시 발음이라도 아이를 무릎에 안고 읽어줄 때 아이가 느끼는 정서적 안정감, 친밀한 유대관계가 아이가 자라는 데 큰 힘이 됩니다. 발음 문제로 너무 걱정하지 마세요. 워낙 많은 영어 소리를 듣기 때문에 부모의 한국식 발음은 문제되지 않습니다.

3. 영어그림책 오디오CD를 종일 틀어놓지 마세요

영어 소리를 들려주는 것이 좋다고 관심을 보이지도 않는 오디오CD를 들려주는 것은 소음밖에 되지 않습니다.

4. 영어그림책을 거부하면 잠시 쉬세요

한글그림책의 재미를 알기 시작하면 영어책을 거부할 수도 있습니다. 싫어하는 것을 억지로 진행해봐야 득이 안 됩니다. 이럴 경우 영어책 읽어주는 것은 잠시 중단하되, 영어노래와 DVD는 꾸준히 들려주고 보여주세요. 프리스쿨 시기에 영어가 싫다는 마음이 들면 다시 마음의 문을 열 때까지 의외로 오랜 시간이 걸릴 수 있습니다. 잠수네에는 유치원, 어린이집 영어시간에 상처받은 아이의 마음이 풀릴 때까지 기다려준 분들의 후일담을 간혹 볼 수 있습니다. 가벼운 상처면 금방 낫지만 상처가 깊으면 아무는 데 오랜 시간이 걸립니다. 절대 억지로 영어를 진행하지 마시기 바랍니다.

지치는 것은 아이가 아니라 엄마거든요

작성자: 하얀꽃 (7세, 5세) … 현재 초5, 초3

제가 처음 영어를 시작한다면, 영어든 한글이든 많이 신경 쓰지 않겠어요. 그저 엄마인 저만 열심히 공부하겠어요. 아이에게는 영어 마더구스나 흥겨운 노부영, 문진 정도 들려줄 거 같아요. 영어책은 아이가 보기에 기분 좋을 정도, 그림 많은 책들로 집 여기저기에 흘려 놓겠어요. 읽어주려 애 쓰지 않을 거고, 보라고 하지 않겠어요. 한글도 마찬가지일 거 같아요. 그냥 잠자기 전 재미난 책 한 번씩 읽어주겠어요. DVD도 보여주지 않을 거 같아요.

대신 그 시간에 같이 산책하겠어요. 아이 두 손 꼭 쥐고 하루 종일 놀고, 맛있는 음식 해주고, 굳이 멀리 가지 않아도 동네에서 풀 한 포기, 구름 올려다 보겠어요. 하루 종일 수없이 안아주고 업어주고 뽀뽀해주고 꼭 안고 자겠어요.

사실 저희 애 둘 다 그와 비슷하게 키우기는 했지만 거의 터울이 연년생이라 충분히 사랑해줄 여유가 없었어요. 아니, 제가 부족한 탓에 한창 엄마를 찾던 두 아이 모두에게 잘하지 못한 것이 가슴에 아려요.

아이에게 재촉하지 마세요. 교재를 당장 밀어넣지 마세요. 엄마가 먼저 알아야 길이 보이는 거 같아요. 엄마가 먼저 해보아야 얼마나 힘든지 알 수 있는 거 같아요. 집중듣기하려고 꼬박 앉아서 무슨 말인지 모르는 책 보시면 아이는 얼마나 힘들까 알 수 있어요.

우리나라는 어쩌면 프리스쿨 아이들이 가장 바쁘고 할 게 많은 거 같아요. 어린 시절은 아이 눈에 보이지 않는 잔뿌리들을 콕콕 박히게 해야 할 때입니다. 엄마와 애착 형성을 강하게 하기, 정체성을 심어주어 자신을 사랑하고 아낄 줄 알게 하기, 그렇게 해서 자기주도적인 아이로 자라게 하기 등 공부보다 중요한 활동을 해야 할 시기라는 뜻이죠. 당장 보이는 결과는 사실 몇 년만 참으면 됩니다. 6살 후반, 7살이 되어서 조금씩 가르치면 됩니다. 아이에게 여유와 자유를 허락하세요. 그리고 엄마가 믿어준다는 느낌만 갖게 하세요. "영어가 재미있을 거 같다. 영어 소리가 좋게 들린다. 한글책에 재미난 게 많이 나와서 혼자서도 읽고 싶어진다." 아이가 이런 반응을 보였을 때 그동안 엄마가 사두었던 책, DVD 등을 체계적으로 제공하면 아이들은 스스로 쑥쑥 성장해나갈 거 같아요.

그리고 엄마가 흔들리지 않고 끝까지 꿋꿋해야겠지요. 주변에서 영어유치원, 학원을 다니며 발전하고 그것을 자랑하는 모습에도 약해지면 안 됩니다. 엄마 스스로의 기대로 인한 욕심과 실망으로 흔들리지 마세요.

무조건 1년간 듣기만 해주세요
작성자 : 엘리만세 (초 5, 5세) ··· 현재 중2, 초1

구체적인 방법으로는,

(1) DVD 보기(흘려듣기)
아이가 좋아하는 취향을 골라 1년간 꾸준히 같은 시간대에 보여주세요. 대체로 취학 전 아동은 애니메이션을 좋아하기에 그다지 힘들지 않지만, 영어로만 보는 것에 익숙해지려면 최소 3개월은 애써야 해요.

• 엄마랑 같이 본다(질문하지 말고 그냥 같이 간식 먹으며 함께 보세요).
• 맛있는 것과 함께 보여준다(유치원 갔다 온 후 간식을 주며 보여주세요).
• 억지로 안 보면 그냥 틀어놓고 익숙하게 만든다.

- 한국말 TV는 가급적 안 보여준다(TV가 아쉬워서 안 들려도 보게 되요).
- 같은 걸 본다고 하면 또 틀어준다(단, 아이가 원할 경우에 한해 효과적입니다).
- 캐릭터 애니메이션의 경우 인형이나 장난감 책 등 관련 상품을 사준다.
- 추천 DVD는 잠수네 책이나 〈잠수네 책나무〉에서 찾아보세요.

우리 아이의 경우 3개월이 지난 후, 우리말 DVD 보여달란 말은 전혀 하지 않았고, 1편을 보고서 또 보여달라고 했고, 간식과 함께하는 즐거운 시간으로 즐기더라고요.

6개월이 지난 후, 아이는 아주 집중해서 보게 되었고, 4가지 DVD 중 중복되는 주제(발렌타인/크리스마스 등)에 나오는 단어나 말을 따라 하게 되었고, 비슷한 책이라면서 집에 있던 책을 스스로 찾아와서 저한테 보여주는 놀라운 행동들을 했어요. 책은 전혀 읽지 못하지만 같은 장면이라면서 읽는 척도 했구요.

(2) 영어노래 듣기(흘려듣기)

저는 아이가 어릴 때부터 노부영을 사서 모았어요. 중고를 6개월에 걸쳐 100권 정도 모았지요. 그리고 차만 타면 틀었어요. 단, 저도 열심히 듣고 노래를 같이 불러주었어요. 처음에는 반응 없다가 같은 노래가 반복되니 따라 하더라구요. 요새도 일단 차에 타면 무조건 노부영부터 틀어요. 이런 습관이 형성된 지 한 1년 반 정도 되어가네요.

- 노부영 사서 엄마 먼저 듣고 같이 부른다.
- 한 번 차에 꽂으면 2주간 반복한다(제 차에는 CD가 6개 들어가요. 6개 꽂으면 2주간 반복듣기해요).
- 노부영 듣기를 8개월 이상 하다가 아이 옆에 노부영 책을 던져준다(저희

아이는 자연스럽게 책도 꺼내서 노래와 함께 그림을 보더라구요. 그러다 맘에 드는 건 따라서 집중듣기를 하더라구요. 그렇게 되기까지 엄청 오래 걸렸고, 노부영을 차에 꽂는 것도 힘든 일이었어요).

- 개인적으로 노부영은 차에서만 들었어요. 주 5일 중 차에 3번 정도 20분 이상 태울 일이 있어서 이 정도면 충분했어요. 또 집에서는 DVD를 보니까 집에서 둘 다 하기는 힘들었어요.

저의 경험담으로는 이 2가지만 1년간 꾸준히 해도 잠수의 습관을 들일 수 있습니다. 그 후에 파닉스와 영어책 읽어주기 및 영어책 읽기와 집중듣기 단계에 들어가도 충분해요. 너무 늦었다면서 듣기와 읽기, 파닉스까지 동시에 하려고 하면 실패하기 십상이에요. 듣기가 훈련되지 않으면 읽을 수도 없고 말할 수도 없거든요. 저도 1년 넘었는데 한 3개월은 무척 힘들었구요, CD랑 DVD 트느라 손가락 지문 닳는 줄 알았어요. 엄마도 아이도 3~6개월 고비를 넘기고 습관이 들면 그다음부터는 쉬워져요.

동생 있는 5세라면
작성자 : 신새벽 (6세, 4세) ··· 현재 초3, 초1

제 전략은 '아이가 영어를 자연스럽게 즐기도록 한다'였습니다. 그에 따른 5세를 위한 전술은 다음과 같습니다.

(1) 둘째로부터 자유로운 시간을 확보한다
예시1) 둘째의 낮잠시간을 첫째 아이 유치원 끝난 후로 확보한다.
예시2) 아빠가 퇴근해서 오면 둘째를 맡기고 엄마가 영어책을 읽어준다.

(2) 영어책도 재밌다는 점을 알려준다

예시1) 좋아하는 한글책을 영어책으로도 읽어주는 페어북을 해본다.

예시2) 한글보다 영어단어가 모자라서 이해도가 떨어질 수 있으니, 영유아용 보드북으로 단어를 접하도록 해준다.

예시3) 영어책 읽어주면서 이야기를 많이 한다. 단어를 해석해줄 수도 있고, 엄마가 먼저 반응을 보이면서 아이의 반응을 유도해본다.

예시4) 노부영을 대여(리브피아 추천)해 보거나 도서관에서 그림책을 꾸준히 접하도록 해준다.

잠수네에서는 나만의 길을 찾으셔야 됩니다. 잠수네 프리스쿨 베스트 그림책을 보고, 웬디, EKBook, 하프프라이스, 에버북스 등만 살펴서도 웬만한 책들은 구할 수 있고요. 《Oxford Reading Tree》는 저도 인정하는 책이지만, 그보다도 영어그림책이 일정량 쌓여야 리더스든 다른 영어책을 잘볼 수 있답니다. 한글이든 영어 그림책이든 아이와 대화하면서 보시길 바랍니다. 6개월쯤 매일 꾸준히 한 뒤 아이의 이해도가 많이 올랐다는 걸 깨달으실 거예요.

잠수네는 동생들 데리고 진행하는 분이 많으세요. 자녀 3명 모두 잠수네로 진행하시는 분들도 계시는 걸요. 직장맘도 많으시구요. 시간 배분을 현명하게 해서 대차게 진행해보세요.

기본코스 (터잡기)

6세 〈기본코스〉는 한글책을 좋아하고 영어 소리에 친숙해지기를 목표로 합니다. 6세에 처음 영어를 시작하거나 영어에 거부감을 갖는 아이를 위한 로드맵입니다.

:: 6세 〈기본코스〉 진행방법

구분	흘려듣기	
1단계	DVD 흘려듣기 (JD1~JD2) 30~40분	영어노래 듣기 (J1~J2) 놀 때
2단계	DVD 흘려듣기 (JD1~JD2) 30~40분	영어노래 듣기 (J1~J3) 놀 때

엄마공부

조급함 버리기

일찍 영어를 시작한 아이들에 비해 늦었다고 불안해하고 조급해하지 마세요. 아이가 먼저 알아차리고 같이 불안해하기 때문입니다. 영어를 진작 해주지 못해 후회가 되고 짜증 나더라도 아이한테 내색하지 마세요. 초등 1, 2학년은 물론 초등 고학년, 중학생 때 잠수네 영어를 시작했어도 성공한 케이스가 많습니다. 천천히, 쉬엄쉬엄 가도 충분합니다.

주관 세우기

영어교육은 장기전입니다. 왜 아이에게 영어를 시키려는지 목적이 확실해야 합니다. 주변에서 잠수네 영어가 좋다고 해서 무작정 따라 하면 앞으로 긴 세월 동안 이런저런 참견에 휘둘릴 수밖에 없습니다. 잠수네 영어의 성공과 실패를 가르는 기준은 방법이나 교재가 아니라 '부모의 마음자세'입니다. 우선 다른 아이들이 하는 교육과정을 하나하나 살펴보면서 장단점을 파악하고, 잠수네 베스트 영어책을 나침반 삼아 영어교재 시장이 어떤지 영어서점을 둘러보세요. 잠수네 영어의 전체 과정이 충분히 이해되고 확신이 설 때까지《잠수네 아이들의 소문난 영어공부법-통합로드맵》을 읽어보기 바랍니다. 잠수네 영어는 초중고뿐 아니라 사회에서 제대로 활용할 수 있는 영어를 익히게 하고 싶다는 마음이 확고할 때, 옆에서 누가 뭐라 해도 꿈쩍 않고 진행할 자신이 있을 때 시작해도 늦지 않습니다.

영어노래 듣기

프리스쿨 영어의 첫걸음은 영어 소리에 익숙하게 해주는 것입니다. 듣기가 차고 넘쳐야 해요. 잠수네에서 추천하는 노래가 좋은 베스트 영어그림책을 구해 재미있고 쉬운 영어노래(J1~J2단계)부터 들려주세요. 아침에 일어날 때, 세수할 때, 유치원 갔다 왔을 때 노래가 집에서 흘러나오게요. 노래듣기가 익숙해지면 조금 어려워도(J3단계) 신나는 노래를 추가해보는 것도 좋아요. 어느 순간 흥얼거리며 따라 부르고 춤까지 줄 거예요.

DVD 흘려듣기

이전에 우리말 방송을 많이 봤다면 이해하기 힘든 영어DVD가 재미없는 것이 당연합니다. 우리말 방송을 중단해야 영어DVD에 재미를 붙일 수 있습니다. 영어를 시작했다면 우리말 방송은 단호하게 끊어야 합니다. 주말의 예능프로도 되도록이면 보여주지 마세요.

JD3단계는 JD2단계에 비해 말이나 화면전환이 빠른 편입니다. 처음 시작할 때는 되도록 JD2단계 중에서 고르세요.

꼼꼼가이드
6세 DVD 흘려듣기

1. DVD 흘려듣기를 싫어하면 원인을 찾아보세요

별로 반응이 없는 DVD를 억지로 반복 시청하라고 하면 좋아할 아이가 없습니다. 재미있어하는 DVD가 없다고 무한정 찾지 마세요. 아이가 좋아할 만한 영역을 정해 그 안에서 3~5종류 정도 구비해두고 이 중에서 고르라고 해보세요. 졸리거나 배고플 때, 엄마의 말이나 행동이 마음에 안 들어 무조건 싫다고 하는 것은 아닌지도 살펴보세요. 간식 먹을 때 DVD를 보여주는 것도 좋은 방법입니다.

2. 아웃풋이 안 나온다고 걱정하지 마세요

귀가 예민한 아이들은 영어DVD의 대사를 통째로 외우기도 합니다. 동생이랑 놀 때 적절한 영어대사가 튀어나오기도 하고요. 반대로 꾸준히 DVD를 보여주었는데도 입 벙긋 안 하는 아이들도 아주 많습니다. 전자가 영어를 잘하고, 후자는 못한다는 보장은 어디에도 없습니다. 아이마다 갖고 있는 언어의 그릇이 다릅니다. 종지만 한 양만 차도 넘치는 아이가 있는 반면 함지박 양을 채워야 조금씩 흘러나오는 아이도 있습니다. 믿고 기다려주세요. J3~J4단계의 영어책을 편하게 듣고 읽을 정도로 영어실력이 올라가면 (꼭 영어로 말해야 하는 상황에서) 생활영어 수준의 영어 말하기는 걱정하지 않아도 됩니다. 잠수네 영어를 했던 수많은 선배 언니, 오빠, 형, 누나가 검증해준 사.실.입니다.

6세 기본⁺코스

6세 〈기본⁺코스〉는 영어책에 재미를 느끼는 것을 목표로 합니다. 한글책을 좋아하고, 영어노래 듣기와 DVD 보기를 즐길 때 〈기본⁺코스〉로 진행할 수 있습니다. 〈영어노래 듣기〉 〈DVD 흘려듣기〉는 〈기본코스〉와 동일하게 진행합니다.

:: 6세 〈기본⁺코스〉 진행방법

구분	흘려듣기	읽어주기
1단계	DVD 흘려듣기 (JD1~JD2) 30~40분	그림책 3~5권 (J1~J2) 20분
	영어노래 듣기 (J1~J2) 놀 때	
2단계	DVD 흘려듣기 (JD1~JD2) 30~40분	그림책 3~5권 (J1~J3) 20분
	영어노래 듣기 (J1~J3) 놀 때	

영어책 읽어주기

처음에는 한 줄짜리 쉬운 영어그림책 한 권만 읽어주면 됩니다. 한글책을 읽어줄 때 영어그림책을 한 권 끼워 읽어주기 시작해보세요. 늘 듣던 노래가 있는 영어그림책을 읽어주면 아이는 "아, 나 이거 알아!" 하고 반색하게 됩니다. 아이가 좋아하는 주제를 찾아보는 것도 좋습니다. 내용을 잘 몰라도 그림에 집중해서 볼 수 있거든요.

같은 그림책을 무한반복으로 읽어달라고 갖고 오더라도 싫은 내색 말고 기꺼이 읽어주세요. 반복 횟수가 늘수록 아이의 영어실력도 쑥쑥 올라갑니다. 영어책 듣기가 익숙해지면 어느 순간 아이 스스로 영어책을 들고 와 읽어달라고 할 때가 옵니다. 이때부터 조금씩 권수를 늘려보세요. 매일 꾸준히 하다 보면 아는 단어도 많아지고 뜻도 파악하게 됩니다.

영어말을 꽤 알아듣는다 싶으면 그림만 봐도 쉽게 줄거리를 알 수 있는 재미있는 J3단계 영어그림책을 추가해도 좋습니다.

꼼꼼가이드
6세 영어책 읽어주기

1. 그림책의 그림에 푹 빠져 즐기도록 해주세요

아이들은 그림책의 그림만 봐도 행복해합니다. 읽어주지 않을 때도 글자를 아는 것마냥 (그림을 보며) 책을 읽기도 하지요. 권수 채우기에만 급급해하지 말고 그림을 보고 내용을 생각하고 어떤 이야기인지 상상하는 시간을 갖게 해주세요. 영어책이 재미있어질 뿐 아니라 새로운 단어를 터득하고, 문장을 이해하는 첫걸음이 됩니다.

2. 반복 횟수는 아이가 정하는 것이지, 엄마가 정하는 것이 아니에요

어른도 같은 책을 여러 번 읽으면 지겹습니다. 아이는 원하지 않는데 엄마의 생각만으로 스스로 읽을 때까지 계속 읽어주거나, 한 주간 1~2권만 반복한다면 아무리 좋아하는 엄마가 읽어주는 영어책이라도 재미있을 리 없습니다. 반대로 영어책 읽어주기 연간/월간 커리큘럼을 짜서 스케줄에 따라 매번 새 책을 읽어주는 것도 영어책에 재미를 붙일 수 있는 좋은 방법은 아닙니다.

한 권씩 읽어주면서 아이의 반응을 살펴보세요. 계속 읽어달라는 책이 생기면 그야말로 대박입니다. 그만 읽어달라고 할 때까지 계속 읽어주어도 됩니다. 낯선 것을 두려워하는 어린 아이들의 특성을 고려해서 새로운 책을 추가할 때는 익숙한 책과 병행해보세요. 어제 읽어준 영어책을 다시 읽어주려 한다면 그 전에 꼭 아이의 의향을 물어보세요. 좋다면 계속하고, 싫다면 새로운 책을 고르면 됩니다. 처음부터 많은 영어 책을 구비해서 진행하기는 어렵겠지만 J1단계 베스트 그림책 몇 권은 준비해두는 것이 좋습니다.

3. 리더스북은 그림책이 아니에요

영어그림책은 잘 차려진 유기농 밥상, 리더스북은 패스트푸드입니다. 아이한테 밥은 안 주고 햄버거나 감자튀김만 먹이는 분은 없겠죠? 영어책을 빨리 읽을 줄 아는 것보다 더 중요한 것이 '영어가 참 재미있다'고 느끼게 해주는 것입니다. 영어그림책을 강조하는 이유는 무엇보다 재미있기 때문입니다. 그림책의 드넓은 세상을 알고 나면 읽기용으로 나온 리더스북이 (상대적으로) 얼마나 재미없는지 저절로 알게 됩니다. 그림책의 멋진 그림을 보며 감탄하기도 하고, 내용에 공감하면서 웃고 울다 보면 영어책이 정말 재미있어집니다. 자연스럽게 영어책 읽어주는 시간을 기다리게 됩니다. 아이가 초등학생이 되고 나면 왜 그림책의 세계를 좀 더 일찍 알지 못했을까 땅을 치며 한탄하는 분이 많습니다. 어릴 때 왜 그리 안달복달하며 리더스북을 읽히려고 고심했나 후회하면서, 그 시간에 그림책을 한 권이라도 더 읽어줄 걸 하고 안타까워하는 거죠. 잠수네 베스트 영어그림책을 찬찬히 살펴보면서 그림책과 리더스북의 차이를 충분히 이해한 후, 프리스쿨 영어를 진행해주세요.

6세 빠른코스

6세 〈빠른코스〉는 J1~J2단계의 쉬운 집중듣기가 익숙해지는 것을 목표로 합니다. 〈영어노래 듣기〉〈DVD 흘려듣기〉〈영어책 읽어주기〉는 〈기본+코스〉와 동일하게 진행합니다.

:: 6세 〈빠른코스〉 진행방법

구분	흘려듣기	읽어주기	집중듣기
1단계	DVD 흘려듣기 (JD1~JD2) 30~40분 영어노래 듣기 (J1~J2) 놀 때	그림책 3~5권 (J1~J2) 20분	–
2단계	DVD 흘려듣기 (JD1~JD2) 30~40분 오디오 흘려듣기 (J1~J3) 놀 때	그림책 (J1~J3) 리더스북 (J1~J2) 20분	쉬운 집중듣기 (J1~J2) 5~10분

:: 6세 〈빠른코스〉 주의점

집중듣기는 영어책 오디오CD의 소리를 들으며 책의 글자를 따라 가며 듣는 것입니다. 초등학생들도 쉽지 않은 집중듣기를 6세 때 하려면 다음 4가지 조건을 만족해야 합니다.

❶ 한글책을 좋아하고, 혼자서도 잘 읽는다.
❷ 영어노래 듣는 것을 즐긴다.
❸ DVD 보기를 좋아한다.
❹ 영어책을 읽어주거나, 오디오CD 듣기를 좋아한다.

쉬운 집중듣기

쉬운 집중듣기를 시작하기 적당한 시점은 아이 스스로 영어글을 읽고 싶어할 때입니다. 그것도 한글책을 편안하게 읽을 수 있고, 흘려듣기 훈련이 충분히 되어 있어 아는 말이 어느 정도 있어야 가능합니다. 6세 초반보다는 몸과 마음이 조금 더 자란 6세 여름 이후가 바람직하고요. 한두 번 집중듣기 해봐서 하기 싫어하면 잠시 쉬었다가 다시 시도하는 것이 좋습니다. 6세 때 집중듣기를 굳이 하지 않아도 7세, 초1, 초2에 얼마든지 하면 되니까요. 억지로 집중듣기를 강요하다 영어에 정나미가 떨어지면 안 하느니만 못합니다

쉬운 집중듣기용 영어책은 J1~J2단계 리더스북 중 재미있는 책으로 골라보세요.

꼼꼼가이드
6세 쉬운 집중듣기

1. 먼저 흘려듣기가 탄탄해야 수월합니다

6세는 흘려듣기로 듣기 능력을 키울 수 있는 좋은 나이입니다. 많이 듣다 보면 영어글은 읽지 못해도 귀가 트여요. 그래서 흘려듣기를 충분히 하면 영어그림책을 읽어주는 과정이 수월해집니다. 알아듣는 말이 많을수록 읽어주는 소리에 민감하게 반응하니까요. 흘려듣기로 귀가 트여 있으면(알아듣는 말이 많아지면) 집중듣기도 쉽게 진행됩니다. 글자를 몰라도 한글그림책을 읽어주면 유심히 듣고 무슨 내용인지 이해하는 것처럼요.

2. 영어가 공부라는 생각이 들지 않도록 해주세요

흘려듣기, 읽어주기에 비해 집중듣기는 공부라 여기기 쉽습니다. 하루 5분이라도 6세 아이가 집중해서 오디오 소리를 따라 듣기란 여간 힘든 일이 아니기 때문입니다. 특히 빨리 영어책 읽기를 시키려는 욕심에 영어책 한 권을 반복해서 듣게 하거나, 집중듣기한 영어책을 읽으라고 하면 점점 영어가 싫어질 수 있습니다. 초등학생도 집중듣기한 영어책을 읽으려면 꽤 많은 시간이 지나야 하는데 하물며 6세는 말할 나위가 없지요. 억지로 한 공부는 안 좋은 기억으로 오래오래 남습니다. 영어책을 잘 읽는 다른 집 아이를 부러워 말고 6세 아이가 단 몇 분이라도 자리에 앉아 집중듣기하면 궁둥이 두드리며 듬뿍 칭찬해주세요.

3. 영어책 읽기는 엄마가 주도하는 것이 아니에요

쉬운 집중듣기를 한다고 바로 읽을 수 있는 것은 아닙니다. 초등학생 아이들도 집중듣기한 책을 바로 읽는 경우는 거의 없습니다. 흘려듣기, 영어그림책 읽어주기를 여러 차례 하면서 같은 단어를 이 책, 저 책에서 자꾸 만나면 아는 단어가 생기고 어떤 의미인지 이해하게 됩니다. 처음에는 외워서 읽는 시늉을 할 뿐입니다. 조금 읽을 줄 안다고 읽기를 강요하지는 마세요. 엄마는 곁에서 도와줄 뿐, 영어책 읽기를 시작하는 시점은 아이가 결정하도록 하는 것이 좋습니다.

꼼꼼가이드
6세 〈빠른코스〉

1. 그림책 읽어주기는 꾸준히 진행해주세요

프리스쿨 때부터 영어를 시작한 잠수네 선배들 중에는 영어그림책을 열심히 읽어준 분이 많습니다. 영어유치원 보낼 돈으로 책을 사서 읽히겠다는 마음으로 한글그림책, 영어그림책을 사준 분도 있고, 도서관에 있는 영어그림책은 다 읽어주기로 마음먹었다는 분, 여행할 때도 그 지역의 도서관에 가서 못 본 영어그림책이 없나 찾아다닌 분까지 있어요. 잠수네의 초등 저학년 중 뛰어난 영어실력을 갖춘 아이들은 대부분 어릴 때부터 영어그림책을 꾸준히 읽어준 집입니다. 그림책을 많이 보면 유추능력, 어휘력이 자연스레 올라가 탁월한 영어실력을 갖추게 될 수밖에 없어요.

2. 파닉스를 언제 떼야 하나 고민하지 마세요

'영어책을 읽으려면 파닉스부터 가르쳐야 해, 파닉스를 몰라서 영어책을 못 읽나 봐'라고 생각하시나요? 파닉스를 알아도 못 읽는 단어가 많고, 파닉스를 몰라도 영어책을 읽을 수 있어요. 영어를 처음 시작하는 아이에게 파닉스부터 가르치는 것은 위험천만한 일입니다. 자칫하면 잘 읽지도 못하는 단어의 음가를 외우느라 시간만 허비하고 영어에 재미를 잃을 가능성이 높으니까요. 파닉스를 할 시기는 혼자서도 한글책을 술술 잘 읽고, 충분한 영어환경(읽어주기+영어노래 듣기+DVD 보기)

을 접해줘서 아는 단어가 300~400여 개 되었을 때입니다. 그전까지는 더 많이 들려주고 읽어주세요.

3. 아이가 영어로 말하고 싶어하는데 어쩌나 염려하지 마세요

애니메이션 대사를 따라 하고 생활에서 자주 사용하면 반짝이는 눈빛으로 활짝 미소 지으며 "와! 대단하다, 멋지다" 하고 칭찬해주는 정도면 충분합니다. 6세 아이가 말하고 싶어하는데 부모가 응해줄 능력이 안 된다고 전화영어, 원어민 선생님을 알아보는 것은 그야말로 돈을 허공에 흩뿌리는 것이나 진배없습니다. 억지로 생활회화를 외워봐야 얼마 안 가 밑천이 떨어집니다. 6살 아이의 영어대화 수준을 올려주려 아무리 노력한들 우리말 수준 이상이 될 수 없다는 것을 잊지 마세요.

파닉스를 할 시점은?
작성자 : 풍경소리 (7세) … 현재 초6

저희 아이는 7세 남아입니다. 전 직장에 다녀서 아이랑 함께할 시간이 저녁밖에 없습니다. 아이가 5세 말쯤 잠수네 영어를 알게 되었고 한눈에 '바로 이거다!'라는 생각이 들었습니다. 저 같은 경우는 일단 결정하고 시작하면 웬만하면 그만두지 않는 편이라 이 길로 쭉 오고 있어요.

제일 처음 한 일들이 재미있는 노부영 같은 오디오북 들려주기, 읽어주기였구요. 〈까이유〉〈티모시〉〈리틀베어〉 같은 비디오를 보여주었습니다. 그리고 《Learn to Read》나 《ORT》를 읽어주었습니다. 아이에게 아무것도 바라지 않고 시키지도 않고 그냥 읽기만 했습니다. 한 6개월 이상을요. 물

론 그동안 책들도 달라졌고 DVD 타이틀도 달라졌지만요.

이렇게 하루에 2시간 이상씩 꾸준히 영어를 접해주니 아이의 귀가 트이고 글씨도 좀 알아보더라구요. 한 10개월쯤 지나니 아이가 아주 쉬운 책들을 읽으려고 하더라구요. 일단 아이가 읽기 시작했다는 데 커다란 안도감이 들었습니다.

파닉스는 언제라도 시킬 수 있습니다. 하지만 모두 아는 대로 파닉스는 참 재미없습니다. 이거 시키다가 엄마도 아이도 나가 떨어지기 쉽습니다. 아이한테 '영어는 힘들고 재미없어!' 이런 인식이 꽉 박혀버립니다. 그러면 영어를 진행하기가 아주 힘들어지죠. 그래서 영어책을 충분히 읽어주고 들려주어 아이가 단어들을 알고 쉬운 J1~J2 책들을 읽을 때 파닉스를 하라는 겁니다. 이때쯤 되면 아이도 파닉스가 무언지 감이 오기 때문에, 자기가 아는 단어들의 발음을 보면서 초기보다 수월하게 파닉스를 익히죠. 시간 대비 효과 측면에서 그때쯤이 좋았다고 이야기하는 겁니다.

그리고 6세에는 집중듣기 말고 그저 영어가 즐겁다는 인상을 심어주어도 충분하단 생각이 듭니다. 아이에게 부담되지 않고 즐겁게 떠먹여주는 영어요! 계속 그러라는 게 아니라 6세에는 말입니다. 이런 식으로 아이가 즐겁게 영어하는 날이 하루하루 쌓이면 어느새 실력이 쑥 크곤 하더라구요. 엄마가 보기에 귀도 안 열리고, 입도 안 열렸는데 읽으려고 한다면 걱정하실 게 아니라 "야~ 우리 아들 대단하네. 벌써 책을 다 읽고" 하면서 칭찬해주세요. 시간이 지나면 다 하게 되어 있고 아이에 따라 진행하는 방식은 다를 수 있습니다.

언제나 아이에게 맞춰서, 아이를 칭찬해주세요. 어떤 시도도 참 훌륭하다, 네가 벌써 이런 걸 하려고 하다니 엄마 감동했다, 이렇게 말이죠. 자녀의 영어실력은 엄마의 인정과 믿음, 본인의 자신감으로 높아지는 것 같습니다.

(1) 흘려듣기의 습관화

〈DVD 보기 - 월~금 : 매일 30~60분 정도〉

잠수네 가입 후 2달 정도 우왕좌왕 하다 무엇을 하는지 기록을 남겨야겠다 싶어 12월부터 학습일지를 쓰기 시작했어요. 그러면서 나름대로 로드맵을 짜보고, 수정하고, 그 계획대로 월요일부터 금요일까지 규칙적으로 DVD를 봤어요.

〈오디오 듣기 - 월 2~4권 정도의 그림책오디오 듣기〉

매주 한 권 정도 그림책오디오를 들었어요. 조금 많이 갈 때는 7~8권 들을 때도 있었는데 그건 이미 본 책들이 추가된 경우였고 새 책은 보통 3~4권 정도였어요. 요즘은 한글책 들리느라 월 한두 권도 바쁘네요. 다만, 이렇게 들은 오디오들은 80% 이상 성공적이어서 아이가 따라 하는 경우가 많았고 글을 읽나 싶을 정도로 줄줄 외는 책도 많았어요. 무척 효과적이었어요.

(2) 아이의 변화

첫째, DVD는 당연히 영어로 보는 줄 압니다. 애초에 그렇게 보았으니까요.
둘째, 한글책도 영어책도 재미있게 듣습니다.
셋째, 자기가 영어를 아주 잘한다고 생각합니다. DVD 본 게 많으니 그냥 되는 대로 말도 합니다. 당연히 엉터리죠. 하지만 뭐 저도 못 알아들으니 상관없습니다. 그렇게 영어를 언어로 이해해가고 있습니다.

(3) 엄마는……

잠수네를 알고 비로소 책을 생각하게 되었습니다. 아이 책을 보는 안목을 키워야겠다고 생각하게 되었고, 엄마가 먼저 아이를 이해하는 공부를 해야겠다고 결심하고, 이런저런 책들을 보았습니다. 그리고 그 시간이 즐거워졌습니다. 아직까지는 영어책에 한바탕 휘둘리다, 한글책에 한바탕 휘둘리다 이리저리 휘청휘청하고는 있지만 하루이틀에 도가 틀 일이 아니다 싶어 조바심내지 않습니다. 그리고 아이의 그림 속에 저는 항상 책을 읽고 있습니다. 고맙게도 아이는 항상 저를 그렇게 그려줍니다.

잠수네 와서 이렇듯 변화하는 저를 보며 '난 참 좋은 엄마야' 하다가도 때론 그러다 너무 앞서가서 아이를 힘들게 하지는 않을지 고민입니다. 저는 아이와 즐겁게 성장한다고 생각하는데, 혹 이것이 저만의 생각은 아닌지 가끔 찬찬히 아이 얼굴빛을 살펴봅니다. 정말 아이가 원하는 것을 하고 있는지, 엄마가 기뻐하니까 아이는 기쁜 척하고 있는 건 아닌지 관찰합니다. 때로 그렇게 아이 눈빛을 깊이 보려 노력합니다.

6세 남자아이, 영어책 읽어주기
작성자 : 참이쁜아이 (6세) … 현재 초6

매일 똑같은 책을 읽어주면 아이도 어른도 지겨워지는 것 같습니다. 물론 아이가 유독 좋아하는 책이 있습니다. 지금은 싫어해도 나중엔 좋아하는 책도 있고, 한때 열광했지만 시간이 흐르면 시시해하는 책도 있습니다. 그 흐름을 잘 이용하셔야 할 것 같습니다. 그래서 처음에 다양하고 재미있는 책에 투자할 필요가 있다고 생각합니다. 영어동화책을 학습서처럼 대하면 안 되니까요.

영어책을 볼 때 멍하던 아이의 눈빛에 점점 생기가 돌고, 어느 순간 아이가 까르르 웃음을 터트리고, 더 읽어달라고 하다가, 그 문장을 절로 흥얼거리는 순간까지. 지나고 보니 그렇게 오래 걸리지 않았던 것 같습니다. 처음 한두 달의 노력이 자리 잡으면 그다음은 훨씬 수월하게 가는 것 같습니다. 저는 잠수네 J1, J2단계 그림책을 모두 추천합니다. 저 역시 한두 권씩 사다 보니 어느새 J1단계 책은 거의 가지고 있네요. 좋은 책들이고 도움이 되니 멀리 가서 고르지 말고, 아이가 흥미있어할 주제부터 골라보세요.

노부영 책도 비싸긴 하지만 좋습니다. 하지만 종일 같은 CD를 들으면 누구든지 질릴 수밖에 없어요. CD를 처음부터 끝까지 들어야만 하는 것은 아니니까 3~4번 트랙을 반복하고 나면 귀를 쉬게 해주고 며칠 뒤에 틀어주는 것도 괜찮은 방법 같습니다.

낱권 동화책의 힘이 대단하다고 생각합니다. 쉬운 한두 줄짜리 동화책을 반복하며 접하는 단어와 표현의 양은 매우 폭넓습니다. 저녁 시간이면 아이가 영어책을 읽어달라고 가져옵니다. 늦었으니 오늘은 그냥 자자고 하면 굉장히 슬퍼합니다. 그 책들을 통해 느리지만 즐거운 출발을 하게 된 것이 참 다행입니다. 제가 했던 비슷한 고민들, 낯설고 두려운 시간들을 보내시는 것 같아 몇 자 적으니, 작은 도움이라도 되기 바랍니다.

기본코스 (터잡기)

7세 〈기본코스〉는 영어에 익숙해지고 재미를 느끼는 것을 목표로 합니다. 7세에 처음 영어를 시작하거나 영어에 거부감을 갖는 아이를 위한 로드맵입니다.

:: 7세 〈기본코스〉 진행방법

구분	흘려듣기	
1단계	DVD 흘려듣기 (JD1~JD2) 30분~1시간	영어노래 듣기 (J1~J2) 놀 때
2단계	DVD 흘려듣기 (JD1~JD3) 30분~1시간	영어노래 듣기 (J1~J3) 놀 때

엄마공부

가지치기

부모들은 첫아이의 초등학교 입학이 내일모레인 7세가 되면 마음이 바빠집니다. 초등학교 가서 하면 늦다, 미리미리 학습습관을 잡아주어야 한다는 괴소문에 휩쓸려 수학, 과학, 논술, 종이접기, 줄넘기 등 남들이 하는 것은 다 시켜보지만 불안한 마음이 가시지 않습니다. 그동안 해오던 운동과 악기, 미술까지 배우다 보면 영어와 책읽기까지 할 시간이 도통 나지 않는다고 종종거립니다. 초등학교 2~3학년만 되어도 7세 시절을 뒤돌아보면 왜 그리 쓸데없는 것에 시간을 허비했나 한숨이 나옵니다. 첫아이한테 시행착오를 하고 나면 둘째나 셋째는 불필요한 잔가지를 모두 쳐버리고 누가 뭐라 하든 한글책 읽기와 영어에 매진하게 됩니다.

체하지 않게

어릴 때부터 영어를 한 아이들과 이제 막 시작하는 내 아이와는 격차가 클 수밖에 없습니다. 똑같이 시작했다 하더라도 아이의 성향에 따라 차이가 많이 나기도 합니다. 주변 아이들을 자꾸 의식하면 마음이 급해집니다. 잘하는 아이만 눈에 들어오고 내 아이는 성에 차지 않으니 끊임없이 닦달해서 억지로 끌고 가게 됩니다. 싫다는 아이를 끌고 가려면 엄마와 아이 모두 지칩니다. 처음에는 따라 하는 시늉을 하더라도 감당하기 벅차면 어느 순간 모든 것을 거부할 수도 있습니다. 7살 엄마는 늦었다 생각할지 몰라도 초등, 중등 엄마가 보기에는 영어를 시작하기에 참 좋은 나이입니다. 아니, 이른 감마저 있습니다. 급하게 생각해봐야 득 될 것이 하나도 없습니다. 지금은 뒤처져 보이겠지만 초등 6년 동안 얼마든지 빠르게 성장할 수 있습니다. 이제 시작이라면 천천히 가세요. 그래도 되는 것이 7세의 특권입니다. 익숙해지고 나서 차차 속도를 내도 충분합니다.

신뢰 쌓기

7살이면 어릴 때처럼 엄마가 하라는 대로 고분고분 따라 하지 않습니다. 자기 주장이 강해지고 공정하지 않으면 반발하기도 합니다. 엄마가 이랬다저랬다 하면 엄마의 말을 믿지 않습니다. 남자아이라면 조금만 덩치가 커져도 엄마를 우습게 여기고 무시하기도 합니다. 부모의 행동이 매번 다르면 아이들은 어느새 틈새를 비집고 들어와 온갖 변명을 만듭니다. 엄마아빠의 행동에 일관성이 있어야 아이와 영어도 진행할 수 있습니다. 아이와 한 약속은 하늘이 두 쪽 나도 꼭 지킨다는 마음가짐이 필요합니다.

영어노래 듣기

영어노래는 영어를 처음 시작하는 아이들도 즐겨 듣습니다. 4부에 아이 성향에 따라 골라볼 수 있도록 '신나는 노래가 나오는 그림책, 정감 있는 노래가 있는 그림책' 등으로 분류해두었습니다. 그중 좋아하는 그림책 노래부터 들려주세요. 영미권 전래동요(Mother Goose & Nursery Rhyme) 중에는 귀에 익은 노래도 많을 겁니다. 유튜브나 인터넷에서 들어보고 아이가 좋아하는 것을 골라보세요.

DVD 흘려듣기

7살이면 영어의 필요성을 조근조근 설명해주면 알아들을 나이입니다. 아이 눈높이에서 왜 영어를 하는지, 흘려듣기를 하는 이유가 무엇인지 친절하게 설명해주면 충분히 납득합니다. 잠수네 베스트인 JD2단계의 〈Max & Ruby(토끼네 집으로 오세요)〉 〈Peppa Pig(꿀꿀 페파는 즐거워)〉 〈Timothy Goes to School(티모시네 유치원)〉이나 JD3단계의 〈Little Bear(리틀베어)〉 〈Brenstain Bears(우리는 곰돌이 가족)〉 〈Charlie and Lola(찰리와 롤라)〉 같은 시리즈를 유치하다고 생각하지 마세요. 잠수네 에서는 초등 저학년 아이들도 재미있게 보는 DVD입니다.

꼼꼼가이드
7세 DVD 흘려듣기

1. 한글방송을 보고 싶어해도 단호하게 끊어야 영어 DVD를 봅니다

친구들과 대화가 안 될 수도 있으니 한글방송을 보여줘야 하지 않을까 걱정하며 한글방송을 끊지 못하면 영어DVD에 재미를 붙이기는 영영 어렵습니다. 꼭 필요한 한글방송은 봐야겠지만, 친구관계 때문에 7살 아이가 오락프로까지 시청할 필요는 없습니다.

2. JD2~JD3단계 DVD에 흥미를 붙일 수 있게 해주세요

말과 화면 전환이 빠른 DVD는 처음 영어를 시작하는 아이들에게 별로 도움이 되지 않습니다. 아이들은 재미있다고 보지만 극소수의 듣는 귀가 예민한 아이들을 제외하고는 수없이 반복해서 봐도 감탄사 몇 개를 빼곤 대사 내용을 거의 이해 못하기 때문입니다. 디즈니, 픽사, 드림웍스의 만화영화를 JD5~JD6단계로 정한 것은 이런 이유에서입니다.

워낙 자극적인 DVD를 많이 봐서 낮은 단계의 DVD가 시시하다며 안 보려 할 경우에는 모든 DVD 시청을 중단하세요. 한 달이고 두 달이고 낮은 단계라도 보겠다고 할 때까지요. 맛있는 간식을 곁에 두고 DVD를 틀어도 좋고, 엄마아빠가 박장대소하며 재미있다는 표정을 지으며 가벼운 쇼맨십을 발휘하면 금상첨화입니다.

3. 반복해서 볼 것인가, 새로운 것을 볼 것인가는 아이에게 맡겨주세요

아이의 성향에 따라 같은 DVD만 반복해서 보려는 아이도 있고, 새

DVD만 원하는 아이도 있습니다. DVD 보기의 효과는 재미있게 반복해서 볼 때 극대화됩니다. 오랫동안 같은 DVD를 보면 대사를 외우고 다닐 정도가 되지요. 반복해서 보는 것은 걱정할 필요가 전혀 없어요. 다만 늘 새로운 에피소드를 찾는다면 다양한 어휘를 만나는 효과가 있는 반면, 반복의 효과는 기대하기 어렵습니다. 그렇다고 억지로 반복 시청을 강요할 수는 없는 노릇이지요. 한 시리즈만 계속 보는 것을 지루해하면 TV 방송처럼 월요일은 〈Max & Ruby(토끼네 집으로 오세요)〉, 화요일은 〈Peppa Pig(꿀꿀 페파는 즐거워)〉, 수요일은 〈Timothy Goes to School(티모시네 유치원)〉, 하는 식으로 돌려서 보는 방식도 좋습니다. 시간이 한참 흐른 뒤 다시 보여주는 식으로 '긴 구간 반복'을 하면 지루한 느낌 없이 반복해서 볼 수 있지요.

기본⁺코스

7세 〈기본⁺코스〉는 영어책에 재미를 느끼고, J1~J2단계의 쉬운 영어책 집중듣기를 익숙하게 하는 것을 목표로 합니다. 〈영어노래 듣기〉〈DVD 흘려듣기〉는 〈기본코스〉와 동일하게 진행합니다.

:: 7세 〈기본⁺코스〉 진행방법

구분	흘려듣기	읽어주기	집중듣기
1단계	DVD 흘려듣기 (JD1~JD2) 30분~1시간	그림책 (J1~J2) 30분	–
	영어노래 듣기 (J1~J2) 놀 때		
2단계	DVD 흘려듣기 (JD1~JD3) 30분~1시간	그림책 (J1~J3) 리더스북 (J1~J2) 30분	쉬운 집중듣기 (J1~J2) 5~15분
	오디오 흘려듣기 (J1~J3) 놀 때		

읽어주기

7세라도 처음 읽어주는 영어책은 노래로 많이 들은 한 줄짜리 영어그림책이 좋습니다. 나이가 있는 만큼 노래가사로 알게 된 영어책은 쉽게 느껴지니까요. 하루라도 빨리 읽기를 시작하려는 욕심에 리더스북부터 읽어주는 것은 한치 앞을 못 보는 단견입니다. 정말 고수 엄마는 먼 길로 돌아가는 것처럼 보여도 영어그림책을 꾸준히 읽어줍니다. 몇번 씹지 않아도 꿀꺽 넘어가는 백미보다 꼭꼭 씹어야 소화되는 현미가 몸에 좋은 것처럼요.

쉬운 집중듣기

굳이 '쉬운 집중듣기'라고 이름 붙인 이유는 집중듣기하는 영어책 수준은 최대한 낮추는 것이 좋기 때문입니다. 처음 시작하는 집중듣기 교재는 쉬운 리더스북으로 하세요. 영어그림책 집중듣기는 집중듣기가 익숙해지면 서서히 시도하는 것이 바람직합니다.

초등학생들도 잠수네 영어를 처음 시작할 때는 흘려듣기로 충분히 귀를 연 다음 서서히 집중듣기 워밍업을 합니다. 7세라고 무턱대고 집중듣기로 바로 들어가면 체합니다. 아이가 힘들어해요. 집중듣기하기 싫어 영어를 멀리하는 일이 생길 수도 있습니다. 아이가 영어를 재미있게 느껴야 엄마도 즐거운 마음으로 오랜 기간 끌어줄 수 있습니다.

한글책을 편안하게 읽고 영어글자를 읽어보고 싶어하는 아이라도 영어를 갓 시작하는 7세라면 6개월간 충분히 흘려듣기, 영어책 읽어주기를 한 후 집중듣기로 들어가세요. 아무리 노력해도 집중듣기를 싫어할 경우에는 하지 마세요. 흘려듣기를 꾸준히 하면서 영어책을 읽어주기만 해도 자동으로 따라 읽는 아이들도 많습니다. 7세 후반에 시작했다면 집중듣기는 초등 이후로 넘기세요. 초등학교 가서 본격적으로 해도 영어가 재미있다는 생각만 확실하면 급속도로 성장할 수 있습니다.

꼼꼼가이드
7세 쉬운 집중듣기

집중듣기는 꾸준함이 생명입니다

7세 초반에 흘려듣기와 영어책 읽어주기로 프리스쿨 영어를 시작했다면 여름 이후부터는 서서히 집중듣기를 해도 됩니다. 처음에는 한 권으로 가볍게 시도해보세요. 초등학생도 힘들어하는 과정인데 정말 대단하다며 칭찬도 많이 해주고요. 집중듣기는 아이가 힘들어하지 않는 선에서 매일 꾸준히 진행해야 효과가 나타납니다. 아이는 잘 따라오는데 엄마의 의지가 부족해 했다 안 했다 하면 안 하느니만 못합니다.

집중듣기를 싫어하면 이유를 찾아보세요

잠수네 베스트 영어책이라도 아이마다 선호도가 다를 수 있습니다. 집중듣기 하는 책도 최대한 재미있는 책을 찾아보세요. 집에 오디오CD가 붙은 책이 있다고 아까운 마음에 무조건 듣게 하거나, 같은 책을 반복해서 듣게 하면 집중듣기를 좋아하기 어렵습니다. 많이 읽어주고 좋아했던 영어그림책이라도 오디오CD를 들으며 집중듣기를 하라면 공부같이 싫어지기도 합니다. 아이 수준에 비해 어려운 책으로 집중듣기를 시켜서 거부감이 들 수도 있습니다. 다른 아이들은 두꺼운 챕터북으로 집중듣기를 하는데 이 정도쯤은 해야지 하고 욕심부리면 아이는 아이대로 힘들고, 엄마는 엄마대로 속상하고 잔소리가 늘 수밖에 없습니다.

7세 빠른코스

7세 〈빠른코스〉는 J1~J2단계의 쉬운 영어책을 읽는 것을 목표로 합니다. 한글책 읽기를 아주 좋아하고, 집중듣기 습관이 자리를 잡았을 때 쉬운 영어책 읽기를 조금씩 시작해볼 수 있습니다.

:: 7세 〈빠른코스〉 진행방법

구분	흘려듣기	읽어주기	집중듣기	읽기
1단계	DVD 흘려듣기 (JD1~JD3) 30분~1시간 오디오 흘려듣기 (J1~J3) 놀 때	그림책 (J1~J3) 리더스북 (J1~J2) 30분	쉬운 집중듣기 (J1~J2) 5~15분	-
2단계	DVD 흘려듣기 (JD1~JD3) 30분~1시간 오디오 흘려듣기 (J2~J4) 놀 때	그림책 (J2~J4) 리더스북 (J2~J3) 30분	쉬운 집중듣기 (J2~J3) 15분	쉬운 책 읽기 (J1~J2) 5~15분 (선택사항 – 파닉스 학습) 10~15분

흘려듣기

영어노래 듣기는 계속 진행해주세요. 아직 노래를 따라 부르고 춤추는 것이 즐거운 나이니까요. 꼭 노래가 아니어도 좋아하는 영어책의 오디오CD를 따로 들어도 좋습니다. 즐겨 보는 DVD의 소리를 들어도 좋고요. JD2~JD3단계 DVD는 웬만큼 다 봤고 내용도 어느 정도 이해한다면 JD4단계를 찾아봐도 좋습니다.

읽어주기

영어책을 꽤 읽을 수 있는 아이라도 오디오CD가 없는 J1, J2단계 영어그림책을 꾸준히 읽어주는 것이 좋습니다. 리더스북과 달리 영어그림책은 낮은 단계라도 낯선 단어들이 자주 나오기 때문입니다. 아이에게 읽어주기 전에 영어책을 미리 훑어보거나 오디오CD가 있는 책은 직접 들어보면서 내용을 충분히 이해하고 나면 아이에게 읽어줄 때 좀 더 실감나게 읽을 수 있습니다.

7살은 한글책이든 영어책이든 혼자 읽는 것보다 들을 때 이해가 더 잘되는 나이입니다. 영어책을 서서히 읽을 정도가 되더라도 영어그림책은 꾸준히 읽어주는 것이 좋습니다. 한글책을 혼자 읽을 수 있어도 계속 읽어주는 것이 좋은 것처럼요.

쉬운 집중듣기

잠수네를 알면 알수록 마음이 급해지는 분들이 많습니다. 워낙 잘하는 또래 아이들이 많기 때문입니다. 앞서간 고수 선배들의 과거 자취를 찾으면 이맘때 요 정도쯤은 해줘야 하는 것이 아닌가 하는 강박감이 몰려오기도 하고요. 7세 〈빠른코스〉를 선택했다면 학습적인 성향이 꽤 강한 아이입니다. 그래도 집중듣기 시간을 확 늘리거나 집중듣기하는 영어책 단계를 과하게 올리지 마세요. 최소한 6개월은 J1~J2단계 리더스북으로 집중듣기를 한 후, 아이가 따라오는 것을 살피면서 조금씩 시간을 늘리고 단계를 올려도 늦지 않습니다.

J3단계 집중듣기를 시작할 시점은 오디오 없는 J1단계 영어책, 집중듣기 한 J2단계 영어책을 쉽게 읽을 때입니다. J3단계부터는 〈그림책 같은 리더스북〉도 살펴보세요. 재미있으면서 DVD와 연계해서 볼 수 있는 책이 많습니다. 그동안 재미있게 봤던 DVD 캐릭터가 나오는 영어책으로 집중듣기 하면 비교적 쉽게 접근할 수 있습니다.

그림책 집중듣기는 아이와 의논해서 결정하세요. 오디오CD가 없거나 오디오CD로 듣기보다 엄마가 읽어주는 것을 좋아하면 읽어주어도 무방합니다. 집중듣기하는 것이 부담스럽지 않으면 병행해도 좋고요.

읽기

J1~J2단계의 쉬운 집중듣기를 꾸준히 하다 보면 집중듣기한 책을 읽을 수 있게 됩니다. 그러나 아직 영어책 읽기에 무게중심을 둘 때는 아니에요. 한글책을 많이 읽어주면 한글책 읽기가 쉽게 진행되듯 영어책도 많이 듣고 읽어주는 시간이 쌓여야 합니다.

읽는 과정은 아이마다 달라요. 조금씩 읽는 모습을 보이는 아이도 있지만 한동안 읽기로 넘어가지 못하고 묵혔다 어느 순간 봇물 터지듯 읽는 아이도 있습니다. 집중듣기와 읽어주기를 어느 정도 해야 책 읽기가 되는지 정확한 기준은 없습니다. 아이마다 얼굴 생김이나 개성이 다르듯 각자의 속도가 다르니까요. 한 가지 확실한 것은 충분히 들어서 스스로 읽을 자신이 생길 때가 적기라는 점입니다.

파닉스(Phonics)

파닉스를 떼려고 기관에 맡기거나 따로 선생님을 부를 필요는 전혀 없습니다. 고가의 파닉스 교재를 구비하지 않아도 됩니다. 시중에서 판매하는 파닉스 학습서의 K~Grade1단계로 가볍게 짚어주어도 충분합니다. 한글을 통문자로 뗀 아이라면 파닉스보다 듣고 읽기로 영어 글자를 익히는 것이 더 편할 것이고, 한글의 자모음 규칙을 터득한 아이라면 파닉스 규칙도 금방 이해할 수 있습니다.

꼼꼼가이드
7세 영어책 읽기

1. 책읽기를 강요하지 마세요

지금 책 한 권 읽게 하려다가 영어에 흥미를 잃으면 장기적으로 마이너스입니다. 집중듣기한 책을 바로 읽으라고 하지 마세요. 7살이면 아직 어린아이입니다. 충분히 들어야 읽을 수 있습니다. 아이 스스로 읽겠다고 할 때까지 기다려주세요.

2. 소리 내서 읽기는 최대 10분만 하세요

처음에는 1~2권 정도 소리 내서 읽습니다. 읽기가 수월해지면 10분 정도만 소리 내서 읽고 나머지는 묵독을 권합니다. 모든 책을 소리 내서 읽으려면 아이가 너무 힘들고 지칩니다. 음독을 즐기는 아이가 아니라면 10분 정도가 적당합니다.

3. 확인하는 횟수가 많을수록 흥미는 떨어집니다

아이가 조금씩 영어책을 읽어가는 모습을 보면 정말 아는지 확인하고 싶어 입이 근질거리는 분이 많습니다. 확인해서 모르면 어떻게 할 건가요? 플래시카드로 암기시켜도 시간과 노력만 허비할 뿐 바로 잊어버립니다. 동시에 영어가 재미없어지지요. 공부로 여겨지니까요. "이 단어 읽어봐, 이 문장 무슨 뜻이야?" 하고 묻지 마세요. 내가 책을 읽을 때 누가 그렇게 물어보면 좋을지 입장을 바꿔 생각하면 쉽게 답이 나옵니다.

4. 낮은 단계 책을 무시하지 마세요

아이가 똑똑할수록 부모 욕심은 하늘을 찌릅니다. 집에 있는 영어책의 잠수네 레벨을 조사해보니 J1~J2단계는 거의 없고 대부분 J3단계 이상 이더라는 후기를 남기는 분이 아주 많습니다(잠수네 회원은 잠수네 앱으로 영어책 뒤편의 바코드를 찍어보면 잠수네 영어책 단계를 바로 확인할 수 있습니다). 잠수네 선배 엄마들은 초등 고학년, 중학생이라도 J1~J2단계 영어책을 무시하지 말라는 조언을 많이 합니다. 낮은 단계 영어책에서 얻는 자신감, 어휘, 문장독해력이 높은 단계 책을 읽는 힘이 되기 때문입니다. 자꾸 높은 단계를 읽게 하려고 욕심내지 말고 옆으로, 옆으로 낮은 단계 책을 계속 읽히세요. 어느 순간 아이 입에서 좀 더 수준 높은 책을 달라고 할 때까지요.

7세 특별코스

7세 〈특별코스〉는 J2~J3단계의 영어책을 읽는 것을 목표로 합니다. 학습 능력이 뛰어나고, 영어책 읽기를 매우 좋아하는 아이라면 조심스럽게 시작해볼 수 있습니다.

:: 7세 〈특별코스〉 진행방법

구분	흘려듣기	집중듣기	읽기	선택사항
1단계	DVD 흘려듣기 (JD1~JD3) 30분~1시간	쉬운 집중듣기 (J2~J3) 5~30분	쉬운 책 읽기 (J1~J2) 5~30분	그림책 읽어주기 (J3~J4) 20분
	오디오 흘려듣기 (J3~J4) 놀 때			파닉스 학습서 10~15분
2단계	DVD 흘려듣기 (JD1~JD4) 30분~1시간	집중듣기 (J3~J4) 30분	쉬운 책 읽기 (J1~J3) 30분	그림책 읽어주기 (J3~J5) 20분
	오디오 흘려듣기 (J3~J5) 놀 때			어휘학습서 10~15분

흘려듣기

좋아하는 영어노래, 엄마가 읽어준 영어책의 오디오CD, 재미있게 본 DVD 소리를 짬짬이 들려주세요. 어릴 때부터 그림책DVD를 보여준 경우 J3~J4단계의 영어그림책을 읽으며 이해할 수 있을 때 그림책DVD 를 다시 보여주면 어릴 때 이상으로 재미를 느낄 수 있습니다. 예전에는 한글번역본으로 친숙한 내용이라 흥미로웠다면 이제는 어느 정도 내용을 알고 볼 수 있기 때문입니다. JD2~JD3단계의 DVD는 꾸준히 보여주세요. 영어실력이 올라갈수록 낮은 단계의 잔잔한 DVD를 더 재미있게 볼 수 있습니다. 그중 더 볼 만한 것이 없으면 JD4단계에서 찾아보는 것도 괜찮습니다. JD5단계는 초등 이후로 아껴두면 좋겠습니다.

읽어주기

혼자서 영어책을 잘 읽어도 아이가 원하면 영어그림책은 꾸준히 읽어주세요. 아이들이 다 아는 이야기를 또 읽어달라고 하는 이유는 잘 알고 있는 것에 안정감을 느끼기 때문입니다. 어른이 보기에는 같은 이야기일지 몰라도 매번 새롭게 느껴지기도 하고요. 엊그제만 해도 재미있게 듣던 영어책을 오늘은 싫다고 고개를 저을 수도 있습니다. 아이들의 변덕은 당연한 겁니다. 아이가 내 마음대로 따라오지 않는다고 울적해하지 말고, 흥미를 끌 수 있는 길을 찾아보세요. 잠수네 고수엄마들이 〈잠수네 책나무〉의 방대한 정보를 보며 끊임없이 영어책을 연구하는 것은 이 때문입니다. 아이들이 늘 바뀐다는 것을 잘 알기에 지금 재미있게 보는 영어책이 넘쳐나더라도 새로운 책을 미리미리 준비하는 것이지요. 읽어줄 책뿐 아니라 집중듣기, (스스로) 읽기용 책 모두요.

집중듣기

초반에는 J3단계 리더스북이나 그림책 같은 리더스북으로 집중듣기를 하다 집중듣기하지 않은 J2단계 영어책을 편안하게 읽을 수 있으면 하반기부터 J4단계 영어책 집중듣기를 추가해도 됩니다. 프리스쿨의 특권은 '질과 양'을 같이 추구할 수 있다는 점입니다. 그림책 집중듣기로 다양한 어휘와 고급 문장을 접할 수 있고, 그림책 같은 리더스북으로 듣기와 읽기량을 확보할 수 있지요. 두꺼운 챕터북으로 집중듣기하는 것은 초등 이후에 얼마든지 할 수 있습니다. 아이가 다른 친구들이 챕터북 듣는 것을 부러워하면 쉽고 재미있는 얇은 컬러 챕터북부터 들려주세요.

읽기

J1~J2단계 영어책을 충분히 읽은 후, J4단계 집중듣기를 할 때 J3단계 영어책 읽기를 서서히 시작해봅니다.

꼼꼼가이드
7세 〈특별코스〉의 문제점

7세 특별코스의 영어책과 DVD 단계는 초등학생 이상이 하는 〈발전과정〉 수준과 맞먹습니다. 특별코스로 진행하려면 하루 3시간은 영어에 투자해야 합니다. 투자한 만큼 영어실력은 올라갈 수 있지만 부작용도 만만치 않습니다. 미리 알고 진행하면 대비책도 세울 수 있겠죠?

1. 한글책 읽을 시간이 안 나옵니다

한글실력이 부족하면 언젠가는 보충해야 할 때가 옵니다. 빠르면 초등 1, 2학년 늦어도 3, 4학년에 그 시기가 닥칩니다. 유심히 아이를 살펴보세요. 영어책이 한글책 수준을 앞선다고 생각되면, 언제라도 영어를 과감하게 줄여야 합니다. 한글책을 더 많이 읽도록 권해야 영어실력도 꾸준히 오를 수 있으니까요.

2. 놀 시간이 부족해집니다

풍선효과라는 말이 있습니다. 한쪽을 누르면 다른 한쪽이 튀어나오는 것처럼 문제 하나를 해결하면 다른 문제가 불거지는 현상이지요. 하루 24시간 중 영어에 3시간을 투자하면 한글책과 놀이 시간이 지장을 받습니다. 한글책까지 신경 쓰면 놀 시간이 안 나오고, 놀다 보면 한글책을 못 읽는 것이죠. 노는 것을 좋아하는 아이라면 어느 순간 영어 때문에 못 논다고 울 수도 있습니다. 한글책을 좋아하는 아이라면 영어하느라 좋아하는 한글책을 못 읽는다고 입이 뾰로통해질 테고요. 하나를 얻으면 하나를 잃는 것. 세상 이치는 어디나 똑 같습니다. 특별코스로 진행한다면 주말은 마음껏 놀게 해주세요.

3. 일정 기간 정체 시기가 옵니다

학습능력이 뛰어나 특별코스를 부담 없이 진행할 수 있는 아이라면, 초등학교 입학 후 3월에 보는 잠수네 첫 테스트에서 J2~J3단계 영어책을 편안하게 읽는 〈발전1〉 또는 〈발전2〉 과정이 나올 가능성이 높습니다 (잠수네 영어테스트는 영어유치원을 2~3년 나왔어도 〈발전1〉을 받기 어렵습니다). 그러나 아주 뛰어난 소수를 제외하고는 계속 영어실력이 올라가기 쉽지 않습니다. 한글책을 읽느라 정체 시기를 맞기도 하고, 아이 나이에 맞는 영어책 읽기가 주춤해지기도 하기 때문입니다. 특별코스로 가려고 한다면 이 점을 미리 감안하고 진행해주세요.

4. 아이와 관계가 틀어질 우려가 있습니다

특별코스는 매우 학습적인 아이라야 가능합니다. 누구나 진행할 수 있는 과정이 아닙니다. 어릴 때부터 오랫동안 영어를 해서 7세 〈빠른코스〉만으로 부족하다고 여기거나, 6~7세에 시작한 경우라도 영어를 아주 좋아해서 부모가 이끄는 대로 잘 따라와야만 가능한 과정입니다. 부모의 욕심에 억지로 끌고 간다면 기대만큼 아이가 따라와주지도 않을 테고, 그러면 아이나 부모 모두 힘들 수밖에 없습니다. 제일 좋은 방법은 현재의 모습을 인정하고 집중듣기, 읽기책 단계를 낮춰 진행하는 것입니다. 아이가 자존감을 잃지 않도록 조심하면서요. 잠수네 영어진행은 부모의 의지도 중요하지만 아이와의 좋은 관계가 유지되어야 가능하다는 것을 명심해주세요.

둘째 아이가 이제 예비 초 1입니다
작성자 : 자전거타기 (고1, 7세) … 현재 고2, 초1

큰아이가 잠수네의 영광을 입지 못하고, 벌써 고등학생이 되었음에 가슴 아파하는 엄마입니다. 그래서 둘째는 잠수네에서 하라는 대로 했답니다. 이제 4년 정도 했으니, 뭐가 보이는 듯합니다.

(1) 그림책에 집중하라
이제껏 제일 공들인 부분이랍니다. 아이가 어린 데다 노래를 좋아해 그림책을 10~20권 정도 사준 후 노래 부분만 CD에 넣고 이동 중에는 무한 반복하고, 집에서는 CD 틀어놓고 글자를 짚어가면서 하루에 20~30분 정도 봤습니다. 새로 산 책은 1시간도 보겠다고 떼를 썼답니다. 그림 예쁘지, 좋아하는 노래 나오지, 안 볼래야 안 볼 수가 없었어요. 그렇게 시간이 흐른 후 파닉스 공부 따로 안 했는데도, 글자를 읽을 수 있었구요.

(2) DVD 시간을 할애하라
우리 집은 TV 시청 금지인데, DVD만은 예외였습니다. 잠수네 베스트는 거의 모두 본 거 같습니다. 하루에 한두 편씩 꾸준히 시청했지요. 책은 실력대로 보고, DVD는 연령대로 본다는 잠수네 글들이 딱 들어맞더라구요. 그 나이만의 정서를 무시할 수 없나 봅니다. 이건 아이 수준에 비해 쉬워서 다음 단계로 넘어갔으면 하는데도, 아이가 엄청 사랑하는 것들이 있었는데요, 아이가 어려서 그랬나 봅니다. 시간이 지나니 이해되더라구요.

(3) 한글책 수준에 맞추어라

시간이 흐르고, 아이가 책을 곧잘 재미나게 읽고 말도 할 수 있게 되자 자꾸 리더스북이나 챕터북에 눈이 가더라구요. 그때도 기준은 있었습니다. 한글 책 읽기에 더 많은 공을 들였고, 한글책 읽는 수준이 오르면, 영어책도 같이 향상되었습니다. 이제는 나도 읽지 못하는 챕터북들을 읽고 있습니다. 뜻을 어느 정도 아는지는 잘 모르지만, 어쨌든 엉덩이 붙이고 읽는 자체가, 겁 없이 그림도 없는 책을 읽고자 한다는 자체가 기특합니다. 그래도 항상 책은 그림책 위주로 구입한다는 것이 원칙입니다. 아직은 나이가 어리고, 걸어온 길보다 걸어갈 길이 더 멀기에 욕심부리다 재미를 잃으면, 말짱 도 루묵이라는 걸 알고 있기 때문입니다.

얼마 전 초등 입학 준비로 바쁜, 나름 한 교육열 한다는 엄마들과 모임을 가졌습니다. 모두 영어교육에 지대한 관심이 있는지라, 이름만 대면 다 아 는 영어학원의 무슨 반 테스트에 합격해서 다니기로 했다고 영어학원 자 랑질을 해대더군요. 그러면서, 내게 무슨 학원 보내기로 했냐고 묻더군요. 그래서, 집에서 영어책 읽고, DVD 볼 거라고 했더니(잠수네) 엄지손가락 치켜들더니, '최고'라고 하더군요. 완전 무시당한 거죠, 뭐 저런 엄마가 있 느냐는 투였으니깐요.

그래도 웃을 수 있었던 건 나랑 생각이 같은 여러 잠수님들과, 잠수네의 엑기스 같은 정보가 있기 때문이랍니다. 학원숙제 때문에 바쁘다는 엄마 들 보면서 2년만 지나도 우리 잠수네 아이들이 월등히 잘하겠구나 싶었 답니다.

중요한 걸 한 가지로 요약하자면요.

영어는 언어잖아요. 그리고 아직 아이가 어리잖아요. 그러면, 머리가 자랄 때까지 기다려주어야 한다는 겁니다.

절대 서두르지 마십시오.

'천천히, 그리고 꾸준히.'

그것이 정답이 아닐까 합니다.

잠수 2년 반, 후회되는 것들
작성자 : 예주서맘 (초2, 7세, 3세) … 현재 초3, 초1, 4세

(1) 흘려듣기 더 많이 시킬 걸

잠수네 맨 처음 시작해서 흘려듣기 꾸준히 보여주었는데 첫째(초2)가 읽기를 시작하면서 흘려듣기에 소홀해지기 시작했어요. 흘려듣기보다 읽기를 더 많이 해야 테스트 볼 때도 유리하고 영어실력도 금방 늘 거라 생각했지요. 그런데 흘려듣기 양이 한참 부족하니 귀가 트이지 않았고, 귀가 트이지 않으니 집중듣기를 해도 소리가 들어오지 않는 거예요. 그래서 지금 다시 흘려듣기 꾸준히 하고 있어요.

다른 집 진행 상황을 보고 우리도 해봐야지 하는 생각에 서둘러 집중듣기, 영어책 넣지 마세요. 한 발 먼저 내딛는다고 해서 한 발 앞서가는 거 절대 아니랍니다. 천천히 나와 우리 아이의 속도에 맞춰서 가는 게 제일 중요해요. 흘려듣기 이것저것 넣어주면서 아이가 좋아하는 장르와 취향을 찾아보세요. 좋아하면 원하는 만큼 반복을, 싫어하는 건 굳이 강요하지 마세요. 오디오 흘려듣기도 좋지만 초기엔 꼭 DVD 흘려듣기로 하루 60~90분 채우세요.

(2) 그림책 더 많이 읽힐 걸

그림책의 중요성 알고 있었지만 J3, J4 넘어가면서 아이가 리더스 쪽을 더 재밌어 했어요. 저도 리더스의 정형화된 문형을 익혀야 테스트에 유리하다는 생각이 들어서 리더스에 집중했지요. 그래서 빨강이는 J4단계 그림책에 소홀했습니다. 작년에 그림책 집중듣기 한두 달 시키면서 낯가림 없애니 그다음에는 좀 읽기도 하더라구요. 그래도 리더스로 쏠리는 현상은 어쩔 수 없더군요.

최근 잠수네 글 보면서 제가 마음에 쿵 하고 와닿은 멘트가 있어요. 바로 높은 단계 그림책들이 중요하다는 얘기였죠. 아무튼, 이런 엄마의 맘을 아는지 빨강이는 다시 그림책으로 급선회했고요, 그림책들을 비싸지만 조금씩 구입하고 있어요.

(3) 더 많이 놀게 할 걸

7살 때 잠수 시작하면서 늦었다는 생각에 왜 그리 마음이 조급하던지요. 그래서 7살 여름부터 정말 매섭게 몰아붙였습니다. 아이는 어린 나이에 참 힘들었을 텐데 꿋꿋하게 견디며 따라왔고요. 쉬는 날 맑은 날 할 것 없이 잠수만 열심히 했던 것 같아요. 그 덕분에 영어교실 입학하면서 발전방 들어갔고요.

그런데 그러면서 많은 부작용이 생겼어요. 그 첫 번째가 잠수네에 올인 한 2년 동안 키가 5센티밖에 자라지 않았다는 것, 두 번째가 동네 놀이터 친구가 없다는 거예요. 꾸준히도 좋고 습관도 중요하지만 일단 노는 게 우선이라고 생각해요. 영어 진행은 최소한 꼭 필요한 것만 하고 노는 시간 확보하셨으면 좋겠어요.

우리말 DVD나 TV를 재미있게 보았던 아이들에게는, 영어 DVD가 언어적 한계 때문에 줄거리를 따라가는 재미가 덜해 처음에는 호기심으로 보다가 금세 시들해지는 것 같습니다. 더구나 7세 정도 되면 한글책도 단순한 문형이 반복되는 것보다는 줄거리가 풍부하고 개성 있는 인물이 등장하는 이야기를 원하는 것 같더군요. 비디오에만 의존하지 마시고 처음일수록 영어그림책 도움을 받으세요.

우선 구입이든 대여든 영어그림책을 많이 갖춰두면 좋아요. 유아기에는 반복을 좋아해서 책 한 권을 마르고 닳도록 읽어줄 수 있지만 7세 정도 되면 줄거리가 파악되고 그러다 보니 대체로 반복을 좋아하지 않는 것 같습니다. 잠수네에서 권하는 영어그림책들 중 아이가 좋아할 만한 책을 구입하거나 도서관이나 대여점에서 빌려보세요. 한꺼번에 다 구입하지 말고 다른 취향으로 몇 권 골라서 보여주세요. 아이의 반응이 좋은 책은 같은 작가의 책이나 동일 시리즈의 책이나 비슷한 류의 캐릭터가 나오는 책으로 확장시켜보세요.

영어그림책의 장점은 아이가 여유 있게 그림과 소리를 맞춰가며 볼 수 있고(아직은 글자와 소리가 아닙니다), 반복되는 문형이나 어휘에 서서히 익숙해질 수 있다는 것입니다. 문법은 몰라도 자연스레 어순을 습득하지요. 내용이 복잡할 경우에는 줄거리를 간단히 설명해줄 수 있지만 단어나 문장을 일일이 해석하지 말고 재미난 동작이나 과장된 말투도 섞어가며 읽어주세요. 그러면 아이들은 놓치지 않습니다.

영어그림책의 그림 하나하나에서 재미를 느끼며 읽어나가고, 또 그 소리를 들려주다 보면 어느새 많은 책을 통해 아이가 자라고 있음을 느끼게 될 겁니다. 아이들은 흥겨워하며 읽던 책도 어느 날 시시하다고 펼쳐보지도 않고, 엄마의 계획대로 따라와주는 것 같다가도 갑자기 영어가 싫다고 투정부리기도 합니다. 이럴 때는 아이의 흥미와 관심사를 찾아서 새로운 재미를 느끼게 해주는 것이 엄마의 몫 같습니다. 그래서 재미있는 책을 갖춰놓고 엄마가 먼저 읽어보며 엄마 먼저 영어라는 언어에 재미를 느끼는 것이 시작이겠죠.

지난 2년 반 동안 저희 아이와 느리게 천천히 진행해왔어요. 아이가 싫어할까 봐 집중듣기도 안 했고, 읽으라고 재촉하지도 않았습니다. 많은 양은 아니지만, 더러 거른 날은 있어도 꾸준히 영어책을 읽어줬습니다. 올봄부터 천천히 집중듣기도 해보고, 쉬운 영어그림책 스스로 읽기도 시작했습니다. 주변의 잘하는 친구들과 비교하지 않고 아이의 속도대로 발맞추기가 쉬운 일은 아니지만 지금 소리 내어 영어책 읽는 자신을 자랑스러워하고 즐겁게 지내는 아이를 보며 계속 천천히 가려 합니다.

영어그림책
500권 읽어주기
프로젝트

영어그림책
500권 읽어주기
로드맵

왜 읽어주라는 걸까?

초등 이상의 〈잠수네 영어〉와 〈프리스쿨 영어〉 진행의 가장 큰 차이는 〈영어그림책 읽어주기〉에 있습니다(물론 초등 자녀에게 영어그림책을 읽어주는 분도 많습니다). 오디오CD가 있는 책이라도 굳이 읽어주라는 것은 다음과 같은 이유 때문입니다.

1. '친밀감'이 다르다

아이들은 좋아하는 엄마아빠의 목소리로 재미있고 실감나게 영어그림책을 읽어주면 그 시간을 기다리게 됩니다. 처음에는 영어그림책이 좋아서라기보다 부모가 읽어줄 때 받는 안정감, 친밀한 느낌 때문이지만,

차차 시간이 흐르면 영어그림책도 재미있다는 것을 알게 되고, 글자를 몰라도 책을 들춰봅니다.

2. 모든 영어책에 오디오CD가 있는 것이 아니다

우리나라 부모들에게 많이 알려진 오디오 있는 영어그림책은 대다수가 J3단계 이상입니다. J1, J2단계의 쉬운 영어그림책 중에는 오디오CD가 붙어 있지 않은 책이 많습니다. 따라서 낮은 단계 그림책을 많이 보여주려면 직접 읽어주는 수밖에 없어요. 한편 오디오CD가 없어도 재미있는 영어그림책들이 아주 많습니다. 정말 재미있는 책인데 오디오가 없다고 포기하기에는 너무 아깝잖아요?

3. 아이를 더 자세히 살필 수 있다

잠수네 영어의 성공비결은 '재미'에 있습니다. 그러려면 아이가 무엇을 좋아하는지 꾸준히 관찰해야 하는데요, 영어책을 읽어주면 따로 노력하지 않아도 아이의 호불호를 바로 알 수 있습니다. 아이가 궁금해하는 점을 알려주려고 중간중간 읽기를 멈추고 같이 책 내용에 대해 이야기하다 보면 아이의 생각을 알 수 있으니까요. 왜 이 책을 싫어하는지, 좋아하는 이유가 무엇인지 이해하면 다음에 어떤 책을 보여주어야 재미있어할지 파악하는 소중한 단서가 됩니다.

4. 영어책에 대해 잘 알게 된다

영어학원 선생님, 원어민이라도 아이들용 영어책을 잘 아는 분은 많지 않습니다. 영어책을 읽어주다 보면 부모가 영어책에 대해 전문가급의

식견을 갖게 됩니다. 작가의 그림 스타일, 문체, 이야기 전개방식, 내용상 특징은 물론 시리즈별로 어떤 책이 있는지까지 꿸 수 있습니다. 영어책에 대해 잘 알게 되면 도서관이나 서점에서 아이가 좋아할 만한 영어책 찾기가 참 재미있어집니다. 내(부모)가 재미있으면, 아이의 영어는 저절로 굴러갑니다. 부모의 자발성이 아이의 영어를 이끄는 데 엄청난 힘을 발휘하는 셈입니다.

영어그림책 500권 읽어주기 로드맵

500권이라고 하니 어마어마하게 느껴지나요? 생각만큼 어렵지 않습니다. 쉽고 재미있는 영어그림책으로 1주에 2~4권 정도면 충분해요. 한 주에 2권씩 보여준다면 1년이면 100여 권의 영어그림책을 보는 셈이고, 4권씩이라면 200권입니다. 2~3년만 꾸준히 하면 영어그림책 500권 정도는 너끈하게 볼 수 있지요. 그림책을 통해 얻을 수 있는 감동이나 예술성은 유아기의 소중한 경험이 됩니다. 유명작가가 심혈을 기울인 작품 중 노래가 들어 있는 쉬운 그림책으로 시작해서, 그림이 재미있거나 패턴이 반복되는 그림책을 읽어주세요.

1. 500권 읽어주기 워밍업 : 영어그림책과 친해지기
❶ 영어그림책과 친해지려면 노래가 있는 그림책부터 들려주세요.
❷ 아이의 흥미를 끌 수 있는 토이북으로 놀게 해주세요.

2. 500권 읽어주기 1단계 : 500권 읽어주기 실천하기

❶ 영어그림책을 읽어주세요(영어책 CD를 같이 들어도 좋습니다).

❷ 차를 타고 이동할 때 영어책 CD를 들려주는 것도 좋고요

❸ 잠수네 추천목록을 참조해서 나만의 그림책 500권을 만들어보세요.

3. 500권 읽어주기 2단계 : 영어그림책 계속 읽어주기 + 리더스북 추가

❶ 이미 읽었던 영어그림책 500권을 반복해서 읽어주세요.

❷ 좋아하는 작가, 주제의 영어책을 계속 추가해주세요.

❸ 영어책을 스스로 읽고 싶어할 때 리더스북을 추가합니다(J1~J2).

어드바이스

• 노래가 나오는 그림책은 흥겨운 것과 서정적인 것을 골고루 듣는 것
  이 좋습니다. 흥겨운 것 위주로만 들으면 서정적인 것은 안 들으려고
  하거든요.

• 읽어줄 때 그림만 본다고 야단치지 마세요. 그림을 보는 것도 훌륭한
  책읽기예요.

• 읽어주는 책이 한 권 두 권 쌓이면 아이의 성향이 파악될 거예요. 그
  러면 아이가 좋아하는 작가, 관심영역, 캐릭터의 영어그림책을 더 찾
  아보세요.

• 리더스북은 읽어주어도 좋고, 쉬운 집중듣기로 접근해도 좋습니다. 좋
  아하는 책이나 많이 들었던 것을 스스로 읽으려고 할 때가 리더스북
  을 추가해도 될 시점입니다.

그림책 선택, 노래가 좋으면 어렵든 쉽든 오케이네요
작성자 : 소피아사랑 (초4, 7세) ··· 현재 초6, 초2

요즘 집중듣기의 테마는 '노래가 좋은 그림책'입니다. 리더스는 거의 없습니다. 일단 노래가 좋아 끌고 가는 집중듣기라 노래 좋은 책 위주로 선택하게 되고, 노래가 좋으면 어렵든 쉽든 오케이네요. 그래도 어떤 책은 스스로 '이건 스토리로 들어야겠어'라는 선택도 할 줄 압니다. 노래가 지나치게 빠른 경우, 이야기의 흐름이 강한 경우 특히 그렇네요. 기특해라.

우리 아이는 노래가 신나고 재미있거나, 스토리가 짱짱한 J3~J4단계 그림책 위주로 좋아하는 것 같습니다. 노래의 힘으로 듣는 J5단계는 굳이 애써 들으려 할 필요 없을 것 같아요. 제 그릇이 채워져 즐길 수 있는 적기에 들도록 해야겠지요. 왠지 리더스를 섞어 들어야 할 것 같은 생각이 들다가도 한편으로는 뭐 그리 애쓸 필요 있을까 싶어요. 그림책 잘 읽으니 당분간 이렇게 갑니다. 또 제 입맛에 맞는 리더스 찾으면 그것도 시도해보려고 합니다.

영어책과 친해지는 순서
작성자 : 아네모네 (7세,5세) ··· 현재 초5, 초3

저는 영어책 읽고 해석도 해주고 풀어서 이야기도 해줍니다. 세세하게는 아니지만 대강이라도 말해줍니다. 그리고 한글 번역본을 같이 읽어줍니다. 좋은 책이라 생각될수록 그렇게 하고 있어요. 아주 쉬워 보이는 이야기들도 사실은 그림만으로 이해하기 어려운 내용들이 많거든요.

    영어책의 경우,

    (1) 먼저 오디오에 노출(가급적 노래가 있는 것으로)

(2) 원서 읽어주기

(3) 번역본 읽어주기

(4) 다시 오디오에 노출

이렇게 반복합니다. 내용이 어렵다 싶으면 순서를 달리해서,

(1) 오디오에 노출

(2) 번역본 읽어주기

(3) 원서 읽어주기

(4) 다시 오디오에 노출

그리고 한 달쯤 지난 후 다시 노출시켜줍니다. 그러고 2~3개월 흐르면 또다시 노출시켜줍니다.

그리고 이해했는지 궁금해서 "이건 무슨 말이야? 대답해봐"라고 묻고 싶지만 참습니다. 한글책 읽어줄 때도 되묻지 않고 그냥 아이가 이해하는 수준으로 넘어가요. 스스로 책을 보다가 마음속으로 느끼며 깨닫기를 바라면서요. 단 어려운 낱말이나 구절은 풀어줍니다.

저는 아이가 초등학교 다닐 때까지는 계속 책 읽어주려고 생각하고 있어요. 사실 읽기 독립, 그런 말 어디에서 나온 건지 의문스럽습니다. 엄마가 아이를 소위 가르칠 수 있는 시기가 언제까지일까요? 10년, 길면 13년일 거 같아요.

아이의 수준을 너무 높이 보아도 문제겠지만 너무 낮추어 간단한 문장만으로 이루어진 이야기책만 자꾸 접해주어도 어려움이 생긴다고 봅니다. 그리고 아이가 가장 좋아하는 책은 역시 공감대가 형성되어 생각을 확장시켜주는 책인 거 같아요. 어떤 좋은 책을 골라주느냐, 어떻게 확장시켜주느냐, 그리고 정말 부담주지 않고 책을 좋아하게 만들어주는 것이 엄마의 역

할 같아요.

아이랑 같이 큰 서점에 가거나 인터넷에서 직접 골라보는 것도 좋은 방법 같아요. 저는 가끔 함께 교보에 가는데 아이가 고르는 책을 보면 저보다 낫다는 생각도 듭니다. 자기가 고른 책을 들고 오는 동안 아이는 참으로 행복해하는 거 같았고요.

그리고 책은 목적이 아니라 수단이라는 것을 가끔 간과할 때가 있어요. 영어 듣기나 과제 등도요. 무엇을 얼마나 해서 지금 어느 정도 수준인가도 중요하지만 '아이가 좋아서 스스로 하고 있는가? 주도적으로 하고 있는가? 나중에 스스로 할 능력과 힘이 길러지고 있는가?' 그런 점을 잊지 말아야 할 거 같아요.

제가 말씀드리고 싶은 것은 엄마가 답답해하는 이유는 결과를 중시하고 있기 때문이라는 거예요. 지금 잘하고 열심히 하고 있는가가 아니라 결과에 치중하고 남들과 비교하게 되면 힘들어지는 거 같아요. 그리고 자신이 왜 답답해하고 있는지는 아이를 제3자의 눈으로 찬찬히 살펴보면 쉽게 알 수 있어요.

《Learn to Read》《ORT》류의 일종의 단계별 체계적 코스를 밟아가는 것도 중요하겠지만 지금 바로 아이가 좋아하고 공감할 만한 책을 같이 읽어주고 아이가 신나서 얘기하는 모습이 더 중요하지 않을까 생각합니다. 그러다 재미 붙으면 그 가속도는 엄청납니다.

저는 저희 아이들이 좋은 책과 아름다운 그림을 보면서 흐뭇해하고 슬퍼하고, 궁금해하고, 환하게 웃는 그 모습이 정말 좋아요. 그 느낌과 함께 영어 한마디 기억하는 작은 모습들이 차곡차곡 쌓여서 언젠가 스스로 잘할 수 있는 날이 올 거라 생각합니다.

영어그림책
500권 읽어주기,
엄두가 안 난다고요?

영어그림책 500권 읽어주기, 이렇게 하면 됩니다

1. 500권을 어떻게 한꺼번에 사나요? ······▶ 대여와 구입을 적절히 이용하세요

영어그림책 500권 목록을 보고 '헉! 저 많은 것을 다 사야 하나?' 하고 걱정이 앞서죠? 한 번에 다 구입하겠다는 생각도, 모두 사야 한다는 의지도 버리세요. 잠수네 추천 그림책 500권 목록을 참조해서 처음에는 도서관이나 대여점에서 빌려 보면서 아이가 좋아하는 책은 월 일정액 한도에서 사준다는 생각으로 가볍게 시작하세요. 읽은 그림책이 한 권 두 권 쌓이면 아이가 좋아하는 책, 관심 있어하는 주제를 알 수 있습니다. 그때부터 그림책의 폭을 천천히 넓혀주세요.

2. 다 빌려보면 안 될까요? ⋯⋯▶ 영어그림책을 살까 말까, 너무 재지 마세요

빌리는 것은 분명 한계가 있습니다. 어릴수록 반복해서 책을 보는 습성은 영어책이라고 다르지 않습니다. 재미를 느낄 만하면 반납하는 일이 되풀이되면 영어책의 재미에 푹 빠지기 어렵습니다. 최소한 100권은 구입하세요. 단, 한 번에 3~5권만 사는 거예요. 아이가 정 안 보는 책은 중고장터에 팔면 된다고 마음먹고서요. 몇 권 안 되는 책이라도 노래를 따라 부르고 읽어주다 보면 금방 외우게 됩니다. 학원비나 전집세트 구입에 왕창 돈을 쓰는 것에 비하면 알뜰살뜰 현명하게 지출하는 길이에요.

3. 그림책 사기가 너무 어려워요 ⋯⋯▶ 리더스북의 함정에 빠지지 마세요

영어그림책은 자꾸 먹다 보면 참맛을 알게 되는 자연식 같은 거예요. 인스턴트 음식이 싸고 간편하다고 아이에게 하루 세 끼 먹이는 분 안 계시죠? 영어그림책은 사는 것도 힘들고 단어도 리더스북보다 어렵습니다. 엄마 입장에서는 돈도 적게 들면서 진행까지 편한 리더스북에 자꾸 눈이 가게 마련이지요. 하지만 이렇게 하면 영어그림책이 주는 수많은 이점을 다 놓치고 가는 거에요. 리더스북은 읽기를 목적으로 나온 책이라 책 자체의 깊은 맛을 느끼기 어려워요. 그림을 보며 이리저리 생각하는 경험도 적어질 뿐더러 처음 보는 단어를 만났을 때 그림을 통해 다양한 뜻을 유추해보려는 노력도 덜하게 되지요.

영어그림책을 많이 본 아이들은 읽기를 목적으로 나온 리더스북이나 재미 위주의 챕터북을 거치지 않고도 바로 감동적인 소설을 읽는 경향이 있습니다. 반대로 리더스북이나 챕터북 위주로 진행한 아이들은 더 높은 수준의 소설로 넘어가기가 많이 힘들어요. 리더스북은 최소한 영어그림책을 500권 읽어준 다음 아이가 스스로 영어책을 읽고 싶어할 때 시작해도 늦지 않습니다.

4. 골고루 읽어야 하지 않을까요? ······▶ **영어로 모든 걸 해결한다는 생각을 버리세요**
영어그림책으로 과학, 수학, 사회 등 지식까지 익히게 하려는 분을 종종 봅니다. 지식책은 이미 아는 정보를 통해 이해할 수 있거나 아주 재미있어야 흥미를 느낍니다. 그런데 프리스쿨 시기에는 아이들이 아는 지식이 그다지 많지 않습니다. 한글로 된 지식책도 잘 알거나 좋아하는 분야가 아니면 꺼리는데 영어책은 말할 필요도 없겠지요. 게다가 J1~J3 단계에서는 아이들이 재미있어할 만한 영어지식책은 눈을 씻고 찾아봐도 거의 없습니다.

영어지식책을 아이 스스로 보려면 우선 자기가 좋아하는 분야여야 하고, 또한 그 지식책을 읽을 만한 영어실력이 갖춰져야 합니다. 엄마가 읽어주는 것도 창작그림책이라면 영어를 잘 몰라도 그림으로 이해하면 되니까 재미있게 들을 수 있지만, 지식책은 내용에 상관없이 그림만 보고 즐기는 아이라면 모를까 재미를 느끼기 쉽지 않습니다. 그러다 보니 영어책을 골고루 접해준다는 미명하에 온갖 액티비티와 활용법이 나오게 되는데요, 과연 그만한 시간을 투자해서 굳이 영어지식책을 보여주어야 할까 참 딱하다는 생각만 들더군요. 영어로 된 과학, 사회, 수학책에 너무 욕심내지 마세요. 초등학교 가서 영어실력이 올라간 후 읽어도 충분합니다. 그 시간과 열정으로 한글지식책을 읽어주는 것이 훨씬 경제적이에요.

영어그림책을 싫어하는 아이, 해결책은?

1. 집에 있는 영어책이 리더스북 위주가 아닌지 먼저 살펴보세요
전집으로 많이 파는 리더스북은 영어그림책에 비해 재미가 많이 떨어집니다. 빨리 읽게 하려고 재미없는 리더스북 위주로 진행하면 영어그림책을 보며 깔깔대며 웃고 즐기는 맛을 느끼기 어렵습니다.

2. 기다려주세요
영어책 읽기가 숙제처럼 중압감을 주지는 않나요? 한글책이 재미있으면 영어책을 안 보려고 할 수도 있어요. 이때는 굳이 영어로 읽어주려 하지 말고 그림 읽기나 우리말로 요약해서 읽어주며 아이 마음이 돌아설 때까지 기다려주세요.

3. 책이 널려 있다고 잔소리하지 않나요?
정면 책꽂이나 책 바구니를 활용해서 아이 눈에 띄는 자리에 책을 배치해주세요. 바닥에 늘어놔도 야단치지 말고요.

4. 책으로 놀 수 있는 방법을 찾아보세요
헝겊책, 팝업북, 플랩북, 사운드북 등 재미있는 토이북을 구입해서 놀이처럼 접근해보세요. 영어 그림책에 나오는 노래나 율동을 같이 하면서 즐거운 시간이란 느낌을 주세요.

5. 한글책도 싫어하는 것 아닌가요?
한글책 읽기를 좋아하지 않는다면 영어는 둘째고, 한글책과 먼저 친해지도록 해주세요.

6. 영어서점이나 도서관 나들이를 해보세요
엄마랑 손 잡고 같이 나가 맛있는 것도 먹고 다양하고 재미있는 영어그림책을 볼 수 있는 기회를 주세요.

7. 아이의 관심사가 무엇인지 살펴보세요
기차, 로봇, 공룡, 공주, 유머, TV시리즈의 캐릭터 등 아이가 좋아하는 주제의 책을 찾아보세요.

8. 엄마가 지치고 피곤해서 의무감에 읽어주는 것은 아닌가요?
내가 힘들면 잠시 쉬는 것도 한 방법입니다. 엄마가 기분 좋을 때 재미있게 읽어주세요.

9. 한글책을 더 많이 읽어주세요
한글책이 재미있어서 영어책은 보기 싫은 아이도 있어요. 아이들은 배고프면 짜증 내지만 배불리 먹으면 기분이 좋아지지요? 똑같아요. 아이가 원하는 만큼 충분히 한글책을 읽어주세요. 그런 다음 진짜 재미있

는 영어책부터 읽어주면 됩니다. 진짜 재미있는 책은 어떻게 찾느냐고
요? 잠수네 영어그림책 베스트를 보세요. 많은 아이들이 재미있다고 검
증한 목록입니다.

10. 영어공부를 시키려는 엄마의 의도를 눈치챘어요

학습냄새가 풀풀 나는 전집세트를 보여주면 눈치 빠른 아이들은 금방
의도를 알아차립니다. 아무리 재미있는 영어그림책이라도 모르는 단어
는 알 때까지 인지시키고 워크북까지 풀리면 더 이상 재미있는 책이 아
니라 '학습용 교재'에 불과합니다. 아이가 따분해한다고 하소연하지 말
고, 재미를 느끼게 해주세요. 아이 앞에서 엄마 혼자 깔깔 웃고 박장대
소하며 보는 거죠. 다른 것은 모두 접고요.

영어책을 좋아하지 않는다면, 한글책은 어떤가 생각해보시길
작성자 : 데이지 (초5, 7세, 3세) … 현재 중2, 초3, 6세

한글책은 아이(7세)가 돌 즈음 걸어 다니기 시작할 때부터 책을 들고 읽어
달라고 저를 쫓아다닐 정도로 좋아했습니다. 화장실까지 따라와서 볼일 보
면서도 읽어줬던 기억이 납니다. 덕분에 나중엔 제가 책을 다 외워서 설거
지할 때 아이가 책을 펴면 멀리서 그림만 보고도 책 내용을 말해줄 정도
였지요(일부러 부엌에 책꽂이를 놓고 아이의 책만 꽂아두었어요. 일하면서도 읽
어주려구요).
저는 책을 읽어주면서 '책은 재미난 것이다'라는 사실을 꼭 알려주고 싶었
어요. 그래서 아이가 기분 좋은 시간, 집중할 수 있는 시간에는 꼭 책을 읽

어주었어요. 그러기 위해서 되도록 아이가 자는 시간에 집안일을 다 해놓으려 했고요. 아이마다 집중을 잘하는 시간이 다르겠지만 우리 집의 경우 아침에 푹 자고 일어났을 때, 낮잠 자고 일어났을 때, 저녁에 자기 전 1~2시간 동안 책을 읽어줬고, 수시로 아이의 반응을 살펴 또 읽어줘도 될지를 가늠했어요.

가장 중요한 포인트는 아이가 언제든지 책을 볼 환경이 되어야 한다는 겁니다. 이 부분이 좀 어렵긴 하지요. 저희는 아이가 잠자고 일어나서 방문 열고 나오면 바로 책이 보이게 했습니다. 그럼 자연스럽게 책장 앞에 앉아 하나씩 책을 집어들었구요. 책을 읽어달라고 할 때는 설거지 감이 가득해도 무조건 책부터 읽어줬습니다. 30분 정도 앉아서 읽어주다가 어느 정도 욕구가 충족되면 일어나 마저 설거지하면서 꺼내드는 책 내용을 말해줬어요. 힘든 과정이었지만 아이가 책을 잘 봐주니 수월한 면도 있었어요. 아이가 일단 책을 좋아하면 많은 부분이 편해집니다. 책보는 것이 놀이가 되면 그 속에서 웬만한 것들이 다 연계되거든요. 어떤 식으로든 한글책에 몰입하는 시기가 있고 한글책을 좋아하고 나서 영어책을 좋아하는 것이 안정적으로 진행하기 위한 순서라고 생각합니다. 내 아이가 영어책을 별로 안 좋아한다면 또는 진행이 잘 안 된다면 여러 이유가 있겠지만 한글책을 대하는 태도를 제일 먼저 생각해보시기 바랍니다.

영어그림책의 CD 보관, 이렇게 하니까 편해요

작성자 : 기다림설레임 (7세) ⋯ 현재 초1

우리는 아직 잠수가 미천하여 영어책이 별로 없어요. 아이패드나 노트북 등으로 음원 받아서 다양하게 진행하는 분도 계시던데 전 아직 책이 몇 권

없어서 책 뒤에 이렇게 CD를 붙여 사용하고 있어요.

책 선택권을 100% 아이에게 주고 있어서 언제 어느 책을 가져올지 모르니, 책 가져오고 나서 CD 찾으면 아이는 어느새 어디로 놀러 가고 없습니다. 그런데 이렇게 해놓으니 바로 진행 가능하고, 그림책으로 집중듣기하는 우리는 여러 권이 동시에 필요한데 CD 찾는 시간이 절약되니 학습 속도가 올라가요.

그리고 CD 케이스 붙일 때는 테이프는 3M 반투명을 추천합니다. 일반 테이프는 시간이 지나면 찐득찐득해져 지저분합니다.

도서관의 영어책,
내 집처럼 이용하기

요즘은 영어책을 구비해놓는 도서관이 늘고 있습니다. 영어책을 다 구입하는 것이 부담되거나, 아이가 어떤 영어책을 좋아할지 잘 모르겠다면 도서관을 이용해보세요. 우선 빌려보고 아이의 반응이 좋으면 그때 구입해도 됩니다.

1. 영어책이 많은 도서관을 찾아보세요

주위에 영어책이 많은 도서관을 찾아보세요. 근처에 도서관이 없다고 하소연하지 말고요. 잠수네 회원 중에는 집 주변에 마땅한 도서관이 없어 차로 1시간 정도 가는 거리도 개의치 않고 다니는 분들이 있습니다. 30분 거리에 있는 다섯 곳의 도서관을 다니는 분도 계세요. 돈을 아끼려면 몸이 조금 피곤한 것은 감수해야겠죠?

2. 도서관은 정기적으로 방문합니다

도서관마다 대여 기준이 제각각입니다. 1인당 10권씩 빌려주는 도서관도 있고, 3권만 빌려주는 곳도 있습니다. 우수회원이 되면 한 번에 20권씩 빌려주는 곳도 있습니다. 처음에는 1인당 2권이지만 연체 없이 이용하면 3권, 5권으로 늘려주는 곳도 있어요. 헌책만 있는 도서관이 있는가 하면 새 책이 많은 곳도 있습니다. 가족 수대로 회원증을 만들고 이용하기 좋은 도서관을 몇 군데 정해 다녀보세요. 4명 가족이면 많게는 한 번에 80권까지 빌릴 수 있습니다.

3. 빌리고 싶은 책은 미리 검색해서 목록을 만드세요

도서관에 갈 때마다 매번 서가에서 책을 고르려면 시간도 많이 걸리고 짜증 내는 아이 달래다 지쳐버리고 맙니다. 빌리고 싶은 책 목록을 작성한 후, 도서관의 인터넷 홈페이지에서 미리 검색해서 청구기호까지 적어두세요. 각 도서관별로 빌릴 책을 일목요연하게 정리할 수 있으니 시간도 절약되고, 빌리고 싶은 책이 없어 헛수고하는 일도 줄어듭니다. 어떤 책을 빌려야 할지 모르겠다면 잠수네 베스트 책부터 찾아보세요. 대부분 아이가 좋아하는 책이니까요.

4. 도서관 가방과 바구니를 만드세요

도서관을 여러 곳 다니면 책이 섞일 가능성이 있습니다. 각 도서관별로 가방이나 바구니를 준비해서 도서관별로 구분이 되게 해주세요. 가방 안에 작은 주머니가 있는 것으로 준비하면 각 도서관별 대출증과 빌린 책 목록을 넣어두기 편리합니다.

5. 시청각실 등 부대시설을 잘 활용하세요

도서관에는 책만 있는 것이 아니에요. DVD나 오디오CD도 빌릴 수 있고, 문화행사도 많습니다. 각종 독서퀴즈 등 이벤트도 수시로 있습니다. 많이 빌리면 다독가족으로 상도 줍니다. 한 가지 주의할 점은 워낙 자극적인 애니메이션이 많으므로 DVD를 빌려준다고 무작정 대여하지 말고, 잠수네 베스트 DVD 위주로 찾아보세요.

6. 희망도서 신청제도를 최대한 활용하세요

도서관마다 매년 새 책 구입 예산이 책정됩니다. 꼭 보고 싶은데 도서관에 없다면 희망도서를 신청하세요. 책을 빌리기까지 조금 시간이 걸리지만 도서관에 좋은 책을 다양하게 구비할 수 있고, 신청한 사람은 최초로 책을 빌릴 수 있으니 꿩 먹고 알 먹고 입니다. 잠수네 회원들이 적극적으로 희망도서를 신청한 지역은 도서관의 영어책 목록이 다르다는 이야기까지 나오고 있답니다. 단, 각 도서관마다 희망도서 신청 기준이 다를 수 있습니다. 도서관 홈페이지에서 찾아보거나 사서에게 문의해보세요. 거절 기준을 알면 희망도서를 신청했다 거절되는 빈도를 최대한 줄일 수 있습니다.

7. 상호대차 서비스를 잘 활용해 보세요

❶ 국가상호대차서비스(책바다)

전국 도서관의 책을 검색해서 택배비를 지불하고 사는 지역 도서관에서 받는 제도입니다. 책바다의 최대 장점은 수십 군데 도서관을 검색할 수 있어 인기 책이라도 대부분 대출이 가능하다는 것입니다. 단점이라면 택배비가 3권 기준 4500원으로 비싸다는 점인데요, 서울/경기/여수/목포/광주 등 일부 지역은 1인당 3권 기준, 1500원(지자체가 3000원 부담)만 내면 저렴하게 상호대차서비스를 이용할 수 있습니다.

국가상호대차서비스 〈책바다〉 www.nl.go.kr/nill

❷ 지역도서관의 상호대차서비스

같은 지역의 몇 군데 도서관을 통합해서 상호대차서비스를 제공하는 제도입니다. 통합 도서관 홈페이지에서 타 도서관의 책을 검색하고 대출 예약한 후 원하는 도서관에서 수령, 반납하는 방식입니다. 지역도서관을 도는 이동차량이 있어 무료로 이용할 수 있습니다. 국가상호대차서비스(책바다)처럼 여러 도서관을 검색하므로 대출 중이라 빌리지 못하는 일도 거의 없고요. 시간 없는 직장맘은 물론 도서관을 현명하게 이용하고 싶은 부모라면 한번쯤 이용해볼 만한 훌륭한 제도입니다.

다음은 이 제도를 시행하는 도서관들입니다. 지역 도서관에 상호대차 서비스 여부를 문의해보세요

- 서울 강남구 도서관 상호대차 서비스 library.gangnam.go.kr
- 서울 관악구 통합도서관 〈책나래〉 서비스 lib.gwanak.go.kr
- 서울 구로구 통합도서관 〈지혜의등대〉 상호대차 서비스 lib.guro.go.kr
- 서울 노원구립도서관 상호대차 서비스 www.nowonlib.kr
- 서울 도봉구 통합도서관 상호대차 서비스 www.unilib.dobong.kr
- 서울 성동구립도서관 〈책누리〉 서비스 www.sdlib.or.kr
- 서울 서대문구립도서관 〈책두레〉 서비스 www.sdmljalib.or.kr
- 서울 은평구립도서관 〈책단비〉 서비스 www.eplib.or.kr
- 성남 통합도서관 상호대차 서비스 www.snlib.net
- 인천 연수구립도서관 상호대차 서비스 www.yspubliclib.go.kr
- 부천시립도서관 상호대차 서비스 www.bcl.go.kr
- 안양시립도서관 상호대차 서비스 www.anyanglib.or.kr
- 대구 동구립도서관 상호대차 서비스 www.donggu-lib.kr
- 김해 통합도서관 〈책두레〉 서비스 lib.gimhae.go.kr

도서관 대출과 대여팁

작성자 : 예주서맘 (7세, 5세, 1세) … 현재 초3, 초1, 4세

도서관을 잘 이용하면 도서관 책들이 다 내 책이 된다는 장점 때문에 전 도서관을 좋아해요. 큰아이 5~6세 때는 창작그림책 들이면 집에서 그것만 볼까 봐 경제, 과학, 수학, 사회, 직업, 리더십, 지식책 같은 전집들을 주로 샀답니다. 창작 작품의 중요성을 잘 모르기도 했고요. 그러다 잠수네 들어오면서 '책읽기는 재미다'라는 걸 알게 되고 그 이후 창작그림책들을 찾아 도서관을 다니게 되었던 거죠.

(1) 대출하고 싶은 책 목록을 만드세요

〈잠수네 한글책나무〉에서 5~7세 베스트 목록과 초1 베스트 목록을 프린트해요. 아이와 나란히 앉아 읽어본 책 제목에 좋아하는 색을 칠해봅니다. 도서관에서 어떤 책을 빌려야 할지 목록이 나오겠죠? 그것들을 빌려 보면서 각 책들의 시리즈도 함께 보면 좋아요.

〈잠수네 한글책나무〉에서 리뷰순으로 정렬해서 베스트에 없는 책들도 읽어보시고요. 여러 군데 목록을 구해서 읽은 책을 색칠하고 안 읽은 책들은 대여해보세요. 이렇게 하면 도서관에서 빌려야 할 책이 어마어마하게 많답니다.

(2) 도서관에서 책 검색하고 찾기는 아이가 직접, 혹은 아이와 함께

대여 리스트를 가지고 가셨다면 도서관 대출실 안에 있는 컴퓨터로 검색해야겠지요. 요즘엔 도서 위치까지 출력되더라구요. 출력이 안 되면 종이에 적으세요. 그런 다음 아이와 한 권 한 권 찾아봅니다. 큰아이는 찾기를 제일 좋아라 해서 이 과정에 미션을 걸어보기도 해요. 스톱워치로 책을 찾

아오는 데 걸리는 시간도 재보고요.

(3) 그날의 테마를 정해보기

도서관도 자주 가면 식상해지지요. 우리 아이는 지루한 걸 매우 싫어하는, 굳이 이름을 붙이자면 이벤트형인지라 책읽기도 테마를 정하면 더 재미있어 하거든요. 예를 들면 좋아하는 작가의 책 모조리 읽어보기처럼요. 앤서니 브라운 같은 경우는 번역된 한글책이 10권도 넘어요. 다 찾아서 탑 쌓아 놓고 한 권씩 읽어보는 재미, 해본 사람만 알지요. 또 김장철엔 김장에 대한 책들, 겨울엔 또 그 시기에 맞는 책을 집중적으로 읽어봐도 재미납니다.

(4) 도서관 가는 길이 10분 이내라면

도서관 가는 길이 10분 이내라면 차보다는 걸어가는 편이 좋아요. 우리 집에서 도서관 가는 길에는 가로수와 조경수가 있어요. 봄에는 파릇파릇 새싹과 봄꽃들이 있어서 여유롭게 걸어가며 꽃도 따고 사진도 찍고요. 가을에는 낙엽이 떨어져서 발로 차면서 뛰어다니기도 하고, 예쁜 낙엽은 주워다 간직하거나 친구한테 편지를 쓰기도 해요. 겨울에는 눈놀이도 하고 아무도 밟지 않은 하얀 눈밭에 발자국도 내고요. 그러면 도서관에 가는 길이 즐거워지고 아이들과 좋은 추억을 만들 수 있어요. 평상시에는 잘 안 먹는 특별한 간식도 사먹고요. 하지만 집에 올 때는 아빠가 데리러와요. 책이 무겁거든요.

(5) 엄마 말고 아빠랑도

우리 집은 주로 엄마랑만 도서관에 가지만 주말에는 아빠랑 오는 집도 많더군요. 한 달에 한 번 아빠랑 도서관 가는 날을 정하면 좋을 것 같아요. 아빠와도 책을 매개로 즐거운 추억을 만들 기회를 주세요. 처음엔 마지못해 가겠지만 아빠도 뜻밖에 좋은 시간을 가지고 돌아와서는 이런저런 이야기를 들려준답니다.

● J1단계 100권

[J1] Piggies 🎧
[JK2] 꼬마 돼지

[J1] Hooray for
Fish! 🎧

[J1] Rosie's Walk 🎧
[JK2] 로지의 산책

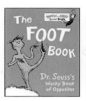

[J1] The Foot Book 🎧

[J1] Rain 🎧
[JK2] 비

[J1] Freight Train 🎧
[JK2] 화물 열차

[J1] Things I Like 🎧
[JK1] 내가 좋아하는 것

[J1] Whose Baby
am I? 🎧
[JK1] 나는 누구
아기일까요?

[J1] No, David! 🎧
[JK1] 안 돼, 데이빗!

[J1] Blue Sea 🎧

[J1] I Like Books 🎧
[JK2] 나는 책이 좋아요

[J1] School Bus 🎧

[J1] On Market
Street 🎧

[J1] Color Zoo 🎧
[JK1] 알록달록 동물원

[J1] Have You Seen
My Duckling? 🎧
[JK1] 아기 오리는
어디로 갔을까요?

[J1] Good Night,
Gorilla 🎧

[J1] Tomorrow's
Alphabet 🎧

[J1] David Gets in
Trouble
[JK2] 말썽꾸러기
데이빗

[J1] Monkey and
Me 🎧
[JK2] 원숭이랑 나랑

[J1] Have You Seen
My Cat? 🎧

영어그림책 500권 목록 J1단계

[J1] Count! 🎧

[J1] In My World 🎧

[J1] Big Fat Hen 🎧

[J1] Alphabatics 🎧
[JK2] 알파벳은
요술쟁이

[J1] 10 Minutes Till
Bedtime

[J1] One to Ten and
Back Again 🎧

[J1] The Accidental
Zucchini: An
Unexpected
Alphabet 🎧

[J1] One Mole
Digging a Hole 🎧

[J1] Yo! Yes? 🎧
[JK2] 친구는 좋아!

[J1] 1 Hunte 🎧
[JK1] 사냥꾼 하나

[J1] Hurry! Hurry! 🎧
[JK2] 서둘러요! 서둘
러!

[J1] Orange Pear
Apple Bear 🎧

[J1] First the Egg 🎧
[JK1] 무엇이 무엇이
먼저일까?

[J1] Tuesday
[JK3] 이상한 화요일

[J1] Pancakes for
Breakfast

[J1] Yes 🎧
[JK1] 좋아!

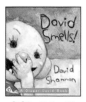

[J1] David Smells!
[JK1] 데이빗, 무슨 냄
새지?

[J1] Truck 🎧
[JK1] 트럭

[J1] Flying

[J1] Hug
[JK1] 안아 줘!

[J1] The Artist Who Painted a Blue Horse 🎧

[J1] Blue Chameleon

[J1] Susan Laughs

[J1] It's Christmas, David!

[J1] Kitten for a Day
[JK1] 야옹, 고양이 놀이

[J1] Big, Bigger, Biggest 🎧

[J1] Helen Oxenbury's Big Baby Book 🎧

[J1] Which Would You Rather be?
[JK2] 너는 뭐가 되고 싶어?

[J1] Eating Fractions

[J1] Sea Shapes 🎧

[J1] I Read Signs

[J1] Olivia's Opposites

[J1] Tell Me a Season

[J1] Good Boy, Fergus!
[JK2] 안돼, 퍼거스!

[J1] Higher! Higher!

[J1] Eric Carle's Opposites

[J1] Tall
[JK1] 난 크다!

[J1] Ghost Eats It All

[J1] Fuzzy Yellow Ducklings

[J1] Picture This…

영어그림책 500권 목록

[J1] Olivia Counts

[J1] Opposites
[JK1] 위, 아래 반대

[J1] Counting: A Bugs
Pop - Up Concept
Books

[J1] Big Hugs, Little
Hugs ∩

[J1] If Rocks Could
Sing: A Discovered
Alphabet

[J1] Me Hungry!!

[J1] Wow! School!

[J1] Alphabet Animals:
A Slide - and - Peek
Adventure ∩

[J1] Food for
Thought

[J1] Strawberries are
Red ∩

[J1] Shapes
[JK1] 세모, 네모 모양

[J1] This is Not a
Pumpkin

[J1] Lemons are
Not Red

[J1] Opposites

[J1] Maisy's Amazing
Big Book of Words

[J1] Green

[J1] Where's the
Fish?
[JK1] 금붕어가
달아나네

[J1] Museum ABC
[JK2] 미술관 ABC

[J1] The Dog from
Arf! Arf! to Zzzzzz

[J1] Run, Mouse,
Run! ∩

[J1] Trucks Trucks
Trucks
[JK2] 일하는 자동차
출동!

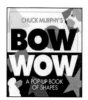

[J1] Bow Wow 🎧
[JK1] 멍멍 왈왈

[J1] Peek – a Who?

[J1] Hippopposites

[J1] Good Egg

[J1] Good News Bad
News

[J1] A is for Salad

[J1] Wow! City!

[J1] Imagine

[J1] Good Night
Pillow Fight

[J1] Chick: A Pop – up
Book

[J1] Colors: A Bugs
Pop – up
Concept Book

[J1] Blue Hat,
Green Hat 🎧

[J1] Colours
[JK1] 빨강, 파랑 색깔

[J1] Big and Little
[JK1] 크고 작고

[J1] Z Is for Moose

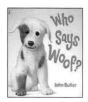

[J1] Who Says Woof?
[JK1] 멍멍, 누구
소리일까요?

[J1] Color Surprises
[JK1] 깜짝깜짝!
색깔들

[J1] Zoopa: An
Animal Alphabet

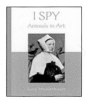

[J1] I Spy Animals
in Art
[JK2] 동물을 찾아라

● J2단계 160권

[J2] Five Little
Monkeys Jumping on
the Bed 🎧
[JK2] 꼬마 원숭이
다섯 마리가 침대에서
팔짝팔짝

[J2] Brown Bear,
Brown Bear, What Do
You See? 🎧
[JK2] 갈색 곰아, 갈색
곰아, 무엇을 보고
있니?

[J2] Today is
Monday 🎧
[JK2] 오늘은 월요일

[J2] Go Away, Big
Green Monster! 🎧

[J2] Snow 🎧

[J2] Dear Zoo 🎧
[JK1] 친구를 보내
주세요!

[J2] From Head to
Toe 🎧

[J2] Here are My
Hands 🎧
[JK2] 손, 손, 내 손은

[J2] Dinnertime! 🎧

[J2] It Looked Like
Spilt Milk 🎧
[JK2] 쏟아진 우유
같아요

[J2] Twenty - four
Robbers 🎧

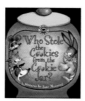

[J2] Who Stole the
Cookies from the
Cookie Jar? 🎧

[J2] What's the Time,
Mr. Wolf? 🎧

[J2] Bear Hunt 🎧

[J2] Monster,
Monster 🎧
[JK1] 괴물이다, 괴물!

[J2] Where is the
Green Sheep? 🎧
[JK2] 초록 양은
어디 갔을까?

[J2] Elephants
Cannot Dance!
[JK2] 너도 할 수 있어!

[J2] Skeleton Hiccups
[JK2] 해골이 딸꾹

[J2] Walking Through
the Jungle 🎧

[J2] Hop on Pop 🎧

[J2] Me! Me! ABC 🎧

[J2] Can You Keep a Secret? 🎧

[J2] If I Had a Dragon 🎧

[J2] Everyone Poops 🎧
[JK2] 누구나 눈다

[J2] One Gorilla: A Magical Kind Counting Book 🎧

[J2] Not Now, Bernard 🎧
[JK3] 지금은 안 돼, 버나드

[J2] Lunch 🎧

[J2] See You Later, Alligator! 🎧

[J2] Jamberry 🎧

[J2] The Chick and the Duckling 🎧

[J2] I Went Walking 🎧

[J2] Sheep in a Shop 🎧

[J2] Bear about Town 🎧

[J2] I'm the Biggest Thing in the Ocean 🎧
[JK2] 내가 세상에서 제일 커

[J2] Dinosaur Roar! 🎧
[JK2] 공룡들이 으르렁

[J2] David Goes to School
[JK2] 유치원에 간 데이빗

[J2] Five Little Ducks 🎧

[J2] Does a Kangaroo Have a Mother, Too? 🎧

[J2] Ape in a Cape 🎧

[J2] Colour Me Happy! 🎧

영어그림책 500권 목록 J2단계

[J2] The Happy Day 🎧
[JK1] 코를 킁킁

[J2] Let's Go Visiting 🎧

[J2] We All Go Traveling by 🎧

[J2] Spring is Here 🎧
[JK2] 송아지의 봄

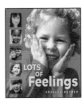

[J2] Lots of Feelings 🎧

[J2] Yes Day! 🎧

[J2] Not a Box 🎧
[JK2] 이건 상자가 아니야

[J2] Bugs! Bugs! Bugs! 🎧
[JK2] 또르르 팔랑팔랑 귀여운 곤충들!

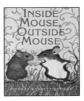

[J2] Inside Mouse, Outside Mouse 🎧
[JK2] 안에서 안녕 밖에서 안녕

[J2] Ten, Nine, Eight 🎧

[J2] Ten Fat Sausages 🎧

[J2] Snail, Where are You? 🎧

[J2] In the Small, Small Pond 🎧
[JK2] 조그맣고 조그만 연못에서

[J2] Chocolate Mousse for Greedy Goose 🎧

[J2] Faster, Faster! Nice and Slow! 🎧

[J2] Alphabet Ice Cream 🎧

[J2] Where's Spot? 🎧
[JK1] 스팟이 어디에 숨었나요?

[J2] Fish Eyes: A Book You Can Count on 🎧
[JK1] 알록달록 물고기

[J2] Eating the Alphabet 🎧

[J2] Finding Jack 🎧

[J2] Hop Jump 🎧

[J2] All the World 🎧
[JK2] 온 세상을
노래해

[J2] Whose Mouse
are You? 🎧

[J2] On My Beach
There are Many
Pebbles

[J2] The Other Day I
Met a Bear 🎧

[J2] What Do I Look
Like? 🎧

[J2] The Farmer in
the Dell 🎧

[J2] Brush Your
Teeth Please 🎧

[J2] We All Sing
with the Same
Voice 🎧

[J2] Hippo Has a
Hat 🎧

[J2] I Love You
Through and
Through 🎧
[JK1] 사랑해 사랑해
사랑해

[J2] Barnyard
Banter 🎧

[J2] Click, Clack,
Quackity – Quack:
An Alphabetical
Adventure 🎧

[J2] I Can Be
Anything 🎧
[JK2] 나는 무엇이든
될 수 있어!

[J2] Teddy Bear
Teddy Bear 🎧

[J2] Far Far Away! 🎧

[J2] I Wish I were a
Dog 🎧
[JK2] 개가 되고 싶어

[J2] Duck, Duck,
Goose!: A Coyote's
on the Loose! 🎧
[JK2] 빨간눈 도깨비가
나타났다!

[J2] Cookie's Week

[J2] We've All Got
Bellybuttons! 🎧

● 영어그림책 500권 읽어주기 프로젝트   283

[J2] Parade 🎧

[J2] Building a House 🎧

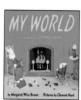

[J2] My World 🎧
[JK1] 내 세상

[J2] There were Ten in the Bed 🎧

[J2] Time to Pee!

[J2] I Want to Be an Astronaut 🎧
[JK2] 우주 비행사가 되고 싶어요

[J2] Dogs 🎧
[JK2] 네가 좋아

[J2] Ten in the Den 🎧
[JK1] 다 같이 자장자장

[J2] Let's Say Hi to Friends Who Fly!
[JK1] 누가 누가 하늘을 날 수 있지?

[J2] Five Little Men in a Flying Saucer 🎧

[J2] A Bear-y Tale 🎧
[JK3] 마술 연필을 가진 꼬마곰의 모험

[J2] Alphabet 🎧

[J2] One Bear at Bedtime 🎧

[J2] Beans on Toast 🎧

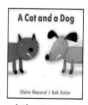

[J2] A Cat and a Dog 🎧

[J2] Time to Say Please!

[J2] Rosie's Hat 🎧

[J2] Ten in the Bed 🎧

[J2] Spots Feathers and Curly Tails 🎧

[J2] Coco Can't Wait!

[J2] The Feel
Good Book
[JK2] 기분이
좋아지는 책

[J2] Cat's Colors
[JK1] 야옹이가 제일
좋아하는 색깔은?

[J2] What's the Time,
Mr. Wolf? ⌒

[J2] Scary Party ⌒

[J2] Nighty Night,
Little Green
Monster ⌒

[J2] What's Wrong
with My Hair?
[JK2] 머리가 요랬다
조랬다!

[J2] My Mum and
Dad Make Me Laugh

[J2] LMNO peas ⌒

[J2] Blackout
[JK3] 앗, 깜깜해

[J2] Red Rockets
and Rainbow Jelly

[J2] A Splendid
Friend, Indeed
[JK2] 넌 정말 멋진
친구야!

[J2] Machines
at Work
[JK1] 기계들은 무슨
일을 하지?

[J2] One Boy

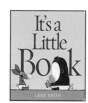

[J2] It's a Little Book
[JK1] 책이 뭐야?

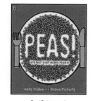

[J2] Peas!
[JK2] 콩콩콩:
접시까지 온
콩 이야기

[J2] The Crocodile
and the Dentist
[JK1] 악어도 깜짝,
치과 의사도 깜짝!

[J2] The Splendid
Spotted Snake ⌒

[J2] Gossie

[J2] All by Myself

[J2] Matilda's Cat

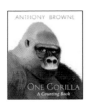

[J2] One Gorilla:
A Counting Book
[JK2] 고릴라 가족

[J2] All about You

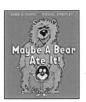

[J2] Maybe a Bear
Ate it!

[J2] Ghost Gets
Dressed!

[J2] The Little Bear
Book 🎧
[JK2] 마술 연필을
가진 꼬마곰

[J2] Penny Loves
Pink
[JK2] 핑크 공주

[J2] Reading Makes
You Feel Good
[JK2] 책을 읽으면
기분이 좋아져요

[J2] Fire Truck
[JK2] 소방차가 되었어

[J2] The Loud Book!
[JK2] 시끄러운 그림책

[J2] It's My Turn!
[JK1] 내가 탈 거야!

[J2] One is a Snail, Ten
is a Crab: A Counting by
Feet Book 🎧
[JK2] 달팽이는 한 개,
게는 열 개인 게 뭘까요?

[J2] Big and Little

[J2] The Doghouse

[J2] Stop Kissing Me!

[J2] Big Frog Can't
Fit in

[J2] Once Upon a
Time 🎧

[J2] Gallop! 🎧

[J2] Wow! Ocean!
[JK2] 우아! 바다다!

[J2] What Does a
Seed Need?

[J2] Rocket
Countdown!

[J2] Two Little Witches: A Halloween Counting Story 🎧

[J2] What Comes in 2's, 3's & 4's? 🎧

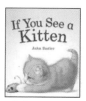

[J2] If You See a Kitten 🎧
[JK1] 아기 고양이를 만나면

[J2] 'Pardon?' Said the Giraffe 🎧

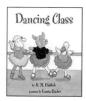

[J2] Dancing Class

[J2] I Love You as Big as the World 🎧
[JK2] 하늘만큼 땅만큼 너를 사랑해

[J2] Kakadu Jack 🎧

[J2] Dot

[J2] One Moose, Twenty Mice 🎧

[J2] Meeow and the Big Box

[J2] Ten Black Dots 🎧

[J2] My Mum's the Best
[JK2] 우리 엄마 최고

[J2] Little Monster

[J2] Grandma and Me
[JK1] 알쏭달쏭 선물 상자

[J2] The Birthday Box 🎧

[J2] Tickle the duck!

[J2] Q is for Duck: An Alphabet Guessing Game

[J2] Read Anything Good Lately? 🎧

[J2] Everyone Hide from Wibbly Pig 🎧
[JK2] 내가 숨래야

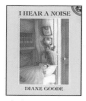

[J2] I Hear a Noise

영어그림책 500권 목록

● J3단계 240권

[J3] Silly Sally 🎧

[J3] Willy the
Dreamer 🎧
[JK3] 꿈꾸는 윌리

[J3] We're Going on
a Bear Hunt 🎧
[JK2] 곰 사냥을
떠나자

[J3] My Dad 🎧
[JK2] 우리 아빠가
최고야

[J3] Suddenly! 🎧
[JK2] 갑자기!

[J3] My Mum 🎧
[JK2] 우리 엄마

[J3] Five Little
Monkeys Sitting in a
Tree 🎧

[J3] Pants 🎧

[J3] Don't Let the Pigeon
Drive the Bus! 🎧
[JK3] 비둘기에게 버스
운전은 맡기지 마세요!

[J3] My Crayons
Talk 🎧

[J3] King Bidgood's
in the Bathtub 🎧
[JK3] 그런데 임금님이
꿈쩍도 안 해요!

[J3] Quick as a
Cricket 🎧

[J3] Tooth Fairy 🎧

[J3] My Friends 🎧
[JK2] 모두가 가르쳐
주었어요

[J3] Go Away
Mr Wolf! 🎧

[J3] Goodnight
Moon 🎧
[JK1] 잘 자요, 달님

[J3] The Wheels on
the Bus 🎧

[J3] Polar Bear, Polar
Bear, What Do You
Hear? 🎧
[JK2] 북극곰아,
북극곰아, 무슨 소리가
들리니?

[J3] Bark, George 🎧
[JK2] 짖어봐 조지야

[J3] Don't Do That! 🎧

[J3] Knuffle Bunny
Too 🎧
[JK2] 내 토끼 어딨어?

[J3] I am the Music
Man 🎧

[J3] When I was
Five 🎧
[JK2] 내가
다섯 살 때는

[J3] Balloonia 🎧

[J3] Inside Mary
Elizabeth's House 🎧
[JK2] 메리네 집에
사는 괴물

[J3] The Doorbell
Rang 🎧
[JK2] 자꾸자꾸
초인종이 울리네

[J3] Henny Penny 🎧

[J3] Dr. Seuss's
ABC 🎧

[J3] Five Little
Monkeys Bake a
Birthday Cake 🎧
[JK2] 쉿! 엄마
깨우지 마!

[J3] Handa's
Surprise 🎧

[J3] Presto
Change-O 🎧

[J3] A Dark, Dark
Tale 🎧

[J3] The Story of the Little
Mole Who Knew It was
None of His Business 🎧
[JK2] 누가 내 머리에
똥 쌌어?

[J3] Parts

[J3] Chicka Chicka
Boom Boom 🎧
[JK2] 치카치카 붐붐

[J3] When Sophie
Gets Angry – Really
Really Angry… 🎧
[JK2] 쏘피가 화나면 –
정말, 정말 화나면……

[J3] Merry Christmas,
Big Hungry Bear! 🎧
[JK2] 배고픈 큰 곰아,
메리 크리스마스!

[J3] Magic
Shoelaces 🎧

[J3] Who is the
Beast? 🎧

[J3] Knuffle Bunny: A
Cautionary Tale 🎧

[J3] Draw Me a Star 🎧

[J3] Each Peach Pear Plum 🎧

[J3] The Carrot Seed 🎧

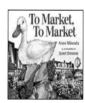
[J3] To Market, to Market 🎧

[J3] Aaaarrgghh, Spider! 🎧
[JK2] "으아아악, 거미다!"

[J3] Mouse Paint 🎧
[JK2] 퐁당퐁당 물감놀이

[J3] Joseph Had a Little Overcoat 🎧
[JK3] 요셉의 작고 낡은 오버코트가…?

[J3] Jasper's Beanstalk 🎧

[J3] Meg and Mog 🎧

[J3] The Stray Dog 🎧
[JK2] 떠돌이 개

[J3] More Pants 🎧

[J3] Down by the Station 🎧

[J3] The Odd Egg 🎧
[JK3] 오리 아빠

[J3] The Secret Birthday Message 🎧
[JK2] 수수께끼 생일 편지

[J3] The Pig in the Pond 🎧

[J3] My Cat Likes to Hide in Boxes 🎧

[J3] Mary Wore Her Red Dress and Henry Wore His Green Sneakers 🎧

[J3] The Very Busy Spider 🎧
[JK2] 아주 바쁜 거미

[J3] It's My Birthday 🎧

[J3] Clippity – Clop 🎧

[J3] Willy the Champ
[JK3] 윌리와 악당
빌렁코

[J3] There's a
Wocket in My
Pocket! 🎧

[J3] Even More
Parts 🎧

[J3] Five Little
Monkeys with
Nothing to Do 🎧

[J3] Pete's a Pizza 🎧
[JK2] 아빠랑 함께
피자 놀이를

[J3] Mr. Brown Can
Moo! Can You? 🎧

[J3] Dogs Don't Wear
Sneakers 🎧

[J3] Good – Night,
Owl! 🎧

[J3] Hondo & Fabian
[JK2] 누가 더
즐거웠을까?

[J3] Animals should
Definitely Not Wear
Clothing 🎧
[JK2] 동물들은 왜
옷을 입지 않아요?

[J3] Panda Bear,
Panda Bear, What Do
You See? 🎧
[JK2] 판다야, 판다야,
무엇을 보고 있니?

[J3] George Shrinks
[JK2] 조지가 줄었어요

[J3] Water 🎧
[JK2] 물 이야기

[J3] Little Blue and
Little Yellow 🎧
[JK2] 파랑이와
노랑이

[J3] I Got Two
Dogs 🎧

[J3] Silly Suzy
Goose 🎧
[JK2] 똑같은 건 싫어!

[J3] My Friend Rabbit
[JK2] 내 친구 깡총이

[J3] Mr Wolf's
Week 🎧

[J3] Never
Take a Shark
to the Dentist 🎧

[J3] Leo the Late
Bloomer 🎧
[JK2] 레오가 해냈어요

[J3] Little Cloud 🎧
[JK2] 요술쟁이
작은 구름

[J3] Hattie and the
Fox 🎧

[J3] Russell the
Sheep 🎧

[J3] A Dragon on the
Doorstep 🎧

[J3] Whoever
You are 🎧
[JK3] 세상의 모든
어린이들

[J3] The Foggy,
Foggy Forest 🎧

[J3] Glad Monster,
Sad Monster 🎧

[J3] Fancy Nancy 🎧
[JK3] 낸시는 멋쟁이

[J3] Tough Boris 🎧

[J3] Peanut Butter
and Jelly: A Play
Rhyme 🎧

[J3] The Comic
Adventures of Old
Mother Hubbard and
Her Dog 🎧

[J3] The Great Big
Enormous Turnip 🎧
[JK2] 커다란 순무

[J3] Don't Forget the
Bacon! 🎧

[J3] How Do
Dinosaurs Eat Their
Food? 🎧
[JK2] 아기 공룡은
밥도 잘 먹는대요!

[J3] There was an
Old Lady Who
Swallowed a Fly 🎧
[JK3] 옛날 옛날에
파리 한 마리를 꿀꺽 삼킨
할머니가 살았는데요

[J3] Egg Drop

[J3] Noah's Ark 🎧

[J3] Creepy Crawly
Calypso 🎧

[J3] Dirty Bertie 🎧
[JK2] 코딱지 대장
버티

[J3] The Jacket I
Wear in the Snow 🎧

[J3] Here We Go
Round the Mulberry
Bush 🎧

[J3] Look Out, Suzy
Goose 🎧

[J3] The Snowman
Story Book 🎧
[JK2] 눈사람 아저씨

[J3] What Mommies Do
Best / What Daddies
Do Best 🎧
[JK2] 아빠는 나를 사랑
해! 엄마는 나를 사랑해!

[J3] One Lighthouse,
One Moon 🎧

[J3] The Escape of
Marvin the Ape

[J3] Doing the Animal
BOP 🎧

[J3] Dinosaur
Encore 🎧

[J3] Cows in the
Kitchen 🎧

[J3] Spoon 🎧
[JK2] 숟가락

[J3] Penguin 🎧
[JK2] 친구가 되어 줘!

[J3] Shark in the
Park 🎧
[JK2] 큰일났다
상어다!

[J3] Bear's Magic
Pencil
[JK2] 앤서니 브라운의
마술 연필

[J3] Time for Bed 🎧
[JK1] 잘 자라,
우리 아가

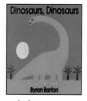

[J3] Dinosaurs,
Dinosaurs
[JK2] 옛날에 공룡들이
있었어

[J3] Baghead 🎧

[J3] Ten Little
Monkeys Jumping on
the Bed 🎧

[J3] You Can't Catch
Me! 🎧

[J3] There's a
Nightmare in My
Closet 🎧

[J3] The Ants Go
Marching! 🎧

영어그림책 500권 목록   J3단계

[J3] Willy and Hugh
[JK3] 윌리와 휴

[J3] The Shape of
Me and Other Stuff 🎧

[J3] Michael

[J3] Art & Max
[JK3] 아트 & 맥스

[J3] I Want My Hat
Back
[JK2] 내 모자 어디
갔을까?

[J3] Never Use a
Knife and Fork

[J3] How Do You
Feel? 🎧
[JK2] 기분을 말해 봐!

[J3] Madlenka
[JK3] 마들렌카: 세상
을 담은 소녀 이야기

[J3] Bee – bim Bop!

[J3] 10 Things I
Can Do to Help My
World 🎧
[JK3] 고사리손 환경책

[J3] Whole World 🎧

[J3] Sail away 🎧

[J3] Up, Up, Up! 🎧

[J3] Nine Ducks Nine

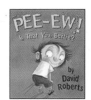

[J3] Pee – Ew! Is That
You, Bertie? 🎧
[JK2] 방귀 대장 버티
네가 뀐 거니?

[J3] Growing
Vegetable Soup 🎧

[J3] Aldo
[JK3] 알도

[J3] We're Going on
a Picnic! 🎧

[J3] Jesse Bear, What
will You Wear? 🎧

[J3] Don't You Dare,
Dragon! 🎧

[J3] Snowballs 🎧
[JK1] 함박눈이 내리면

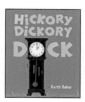

[J3] Hickory Dickory
Dock 🎧

[J3] Buz 🎧

[J3] That is Not a
Good Idea! 🎧

[J3] Naked Mole Rat
Gets Dressed 🎧

[J3] I'm the Best 🎧
[JK2] 내가 최고야

[J3] When Frank was
Four 🎧

[J3] Noisy Nora 🎧

[J3] Old MacDonald
Had a Farm 🎧

[J3] On the Way
Home

[J3] You'll Soon Grow
into Them, Titch 🎧

[J3] The Shape Song
Swingalong 🎧

[J3] Not Me, Said the
Monkey 🎧

[J3] It's Mine 🎧

[J3] Roller Coaster

[J3] Pete the Cat:
I Love My White
Shoes 🎧
[JK2] 고양이 피터 난
좋아 내 하얀 운동화

[J3] The Farmyard
Jamboree 🎧

[J3] It's a Book
[JK3] 그래, 책이야!

[J3] One Monday
Morning
[JK3] 월요일 아침에

[J3] Dog Blue
[JK2] 파랑 강아지를
원해

[J3] One Elephant
Went Out to Play 🎧

[J3] My Presents 🎧

[J3] My Lucky Day 🎧

[J3] I'm a Little
Teapot 🎧

[J3] A Mother for
Choco 🎧
[JK3] 초코 엄마 좀
찾아 주세요!

[J3] T is for
Terrible 🎧
[JK2] 나는 티라노사우
르스

[J3] Widget

[J3] Emma Kate
[JK3] 엠마, 네가
참 좋아

[J3] Mister
Magnolia 🎧

[J3] Chicka Chicka
ABC 🎧

[J3] Would You
Rather… 🎧
[JK3] 네가 만약…

[J3] I Ain't Gonna
Paint No More! 🎧

[J3] Elephant 🎧

[J3] Kiki's Blankie 🎧

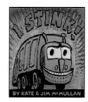

[J3] I Stink! 🎧
[JK2] 냄새차가
나가신다!

[J3] Oscar Got the
Blame 🎧
[JK2] 오스카만 야단
맞아!

[J3] Little Boat 🎧

[J3] This Is Not
My Hat 🎧
[JK2] 이건 내 모자가
아니야

[J3] The Shape of
Things 🎧

[J3] Washing Line 🎧

[J3] Baby Bear, Baby Bear, What Do You See? 🎧

[J3] Mr McGee and the Perfect Nest 🎧

[J3] Mouse Count 🎧

[J3] I Love You Because You're You 🎧

[J3] Tiger in the Snow! 🎧

[J3] Two Eggs, Please.

[J3] The Cow That Went Oink 🎧

[J3] There are Cats in This Book 🎧

[J3] Chickens to the Rescue

[J3] Falling for Rapunzel

[J3] Oink? 🎧

[J3] Ten Little Monkeys 🎧

[J3] The Magic Sky 🎧

[J3] I Spy: An Alphabet in Art
[JK2] 알파벳을 찾아라

[J3] The Wheels on the Bus

[J3] Ugly Fish 🎧

[J3] I Wish I Had a Monster 🎧

[J3] The Big Wide-Mouthed Frog 🎧

[J3] The Wide-Mouthed Frog
[JK2] 입이 큰 개구리

[J3] Chu's Day 🎧

[J3] The Fly: How a
Perfect Day Turned
into a Nightmare
[JK2] 파리의 휴가

[J3] The Water Hole
[JK2] 물웅덩이

[J3] The Cake That
Mack Ate 🎧

[J3] Penny and Her
Doll 🎧

[J3] Grumpy Bird

[J3] Little Bunny on
the Move
[JK2] 토끼야, 토끼야

[J3] Nighty Night!

[J3] Press Here

[J3] The EARTH
Book 🎧

[J3] Charlie Chick 🎧

[J3] What's in the
Witch's Kitchen?

[J3] Bootsie Barker
Bites

[J3] One 🎧

[J3] Guess What I
am 🎧

[J3] Ready for
Anything! 🎧

[J3] Mary Had a Little
Lamb 🎧

[J3] I Don't Like
Gloria!

[J3] Catch That
Kitten! 🎧

[J3] EEK! There'
s a Mouse in the
House 🎧

[J3] The Little Red
Hen 🎧
[JK2] 누가 좀
도와줄래?

[J3] Five Little Monkeys Play Hide-and-Seek 🎧

[J3] White Rabbit's Color Book

[J3] Pond Goose 🎧

[J3] Marvin Wanted More! 🎧

[J3] Pat the Bunny

[J3] This is the Bear 🎧

[J3] Stripe 🎧

[J3] Planting a Rainbow 🎧

[J3] Zed's Bread 🎧

[J3] Smile, Crocodile, Smile 🎧

[J3] Minerva the Monster 🎧

[J3] Penny and Her Song 🎧

[J3] The Loudest Roar 🎧

[J3] A House for Zebra 🎧

[J3] Chicka Chicka 123 🎧

[J3] Knick Knack Paddy Whack 🎧

[J3] Food Chain 🎧

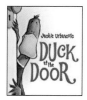

[J3] Duck at the Door 🎧

[J3] Driving My Tractor 🎧

[J3] Shark vs. Train 🎧

J **잠수네 회원만 보세요!** 잠수네 100% 활용하기 ---------------------------

〈잠수네 책벌레〉 + 〈잠수네 책벌레 앱〉

- 엄마아빠가 읽어준 책, 아이가 읽을 책을 기록해요.
- DVD 흘려듣기, 집중듣기한 것도 쉽게 입력할 수 있어요.
- 한글책 단계, 영어책 단계가 자동으로 분석되요.
- 100권/500권/1000권 〈도전! 책읽기〉 신청하면 책 읽어주는 데 힘을 받아요.
- 도서관에서 읽은 책, 바코드로 찍으면 〈잠수네 책벌레〉 등록하기 쉬워요.
- 띡! 띡! 바코드 찍는 재미에 저절로 책에 손이 가요.
- 다 읽고 상장 인쇄해주면 동기부여가 절로 돼요.

〈잠수네 책나무〉 + 〈잠수네 책나무앱〉

- 페어북(원서와 번역서)을 바로 알 수 있어요.
- 리뷰를 보면 재미있는 책인지 아닌지 알게 돼요.
- 영어책을 잘 몰라도 책 뒤의 바코드를 찍으면 단계를 바로 확인할 수 있어요.
- 도서관에서 책 빌릴 때 막막했는데 〈잠수네 책나무〉에서 검색하고 리뷰 참고해서 빌리면 대박책 보장이에요.
- 〈잠수네 책나무〉를 참조해서 책을 구입하면 엄청 편하고 시간이 절약돼요.
- 〈잠수네 책나무〉 리뷰순으로 보면 인기있는 책을 바로 알 수 있어요. 앞으로 볼 책이 많으니 신나요.

〈잠수네 포트폴리오〉

- 매일 하루 일과를 기록하다 보면 한글책 읽고, 영어하는 습관을 잡아줘요.
- 〈잠수네 책벌레〉에 입력해둔 '한글책·영어책 읽은 기록, 흘려듣기·집중듣기 기록'을 클릭 한 번으로 갖고 올 수 있어요.
- 월별/월간 진행시간이 자동분석돼서 좋아요.
- 아이의 성장기록을 한눈에 볼 수 있어요.
- 다른 집은 어떻게 하나 살펴볼 수 있어요.

〈잠수네 프리스쿨 영어교실〉

- 매월 진행글을 쓰려니 꾸준히 하게 돼요.
- 느슨해질 때 마음을 다잡는 계기가 돼요.
- 정성껏 진행기를 쓸수록 더 열심히 할 수 있어요.
- 아이의 진행상황을 올리면 조언을 얻을 수 있어요.

〈잠수네 함께하는 팀〉

- 또래 엄마들끼리 고민을 나눌 수 있어요.
- 다른 집에서 하는 것을 보며 진행팁을 얻을 수 있어요.
- 다른 아이들이 재미있게 보는 책을 바로 알 수 있어요.
- 잠수네 책나무에서 재미있는 책을 추천해줘요.

〈잠수네 프린트 센터〉 활용하기

〈잠수네 앱〉의 바코드로 찍어보세요. 바로가기 링크가 됩니다(인쇄는 PC만 가능).

북트리	영어학습 진행 표 + 1000권 읽기표	영어책 단계 스티커	잠수네 칭찬쿠폰	숫자쓰기	한글 자음
한글 모음	한글쓰기	한글깨치기 플래시 카드	내가 만드는 한글단어쓰기	(예비초등) 국어교과서 1-1	알파벳 대문자 쓰기
알파벳 소문자 쓰기	알파벳 대문자+소문자 쓰기	파닉스 - 알파벳 음가 A~Z	파닉스 - 알파벳 단모음	파닉스 - 알파벳 장모음	

> ### 책벌레 앱, 바코드 찍고 그래프 늘어가는 재미에 혼자 8권 읽네요
> 작성자 : 자연보호 (초2, 7세) … 현재 초3, 초1
>

두 아들 모시고 다니느라 컴퓨터 켤 시간도 없어서 이렇게 틈틈이 휴대전화로 잠수네 들어와 정보도 찾아보고 익숙해지기 위해 노력 중입니다.^^
저희 작은애가 큰 변화(?)를 보이고 있네요. 큰애는 초2, 작은애는 7살인데 큰애는 책을 좋아하는 편이라서 걱정하지 않았지만 작은아이는 책 읽자고 하면 "왜 또!" 소리부터 했었지요. 그러던 녀석이 요즘 〈잠수네 책벌레〉가 입하고 한 권 읽을 때마다 스마트폰에서 바코드 찍고 그래프 늘어가는 모습을 보더니 책에 욕심을 보이기 시작했어요. 어제는 혼자 8권을 읽더라고요. 진작 가입할 걸.^^
아직 제가 뭐부터 시작해야 할지 몰라 당분간은 〈잠수네 책벌레〉에만 집중하려고 합니다. 책 읽기 싫어하던 작은아이의 변화가 저에게는 큰 기쁨이고 감사네요.

> ### 〈책나무〉 덕분에 능력자가 됐습니다
> 작성자 : 감성짱 (7세, 6세) … 현재 초1, 7세
>

2012년 9월에 잠수네 가입해서 〈잠수네 책나무〉를 애용하고 있는 7세, 6세 엄마입니다. 어렸을 때 책을 많이 접하지 못한 저로서는 〈잠수네 책나무〉를 통해 만난 베스트 책들이 감동으로 다가옵니다. 아이들에게 책을 읽어주면서 아름다운 그림에 감동하고 재미있는 내용에 같이 울고 웃습니다. 도서관에서도 무슨 책을 빌려야 할지 망설였는데 이제는 목록을 작성해가서 여유롭게 책을 한아름 안고 오는 능력자가 됐습니다. 이렇게 괜찮은 단

행본이 많은지도 잠수를 통해서 알게 됐습니다.

애들 어렸을 때 방문 판매자한테 전집 많이 샀는데 잠수네를 진작 알았으면 그러지 않았을 텐데 하는 후회도 했습니다. 좋은 책정보를 주시는 잠수네에 깊은 감사를 드립니다. 더 많은 사람에게 잠수네를 알리고 싶습니다.

책벌레, 포트폴리오를 꼭 작성해보세요
작성자 : 진우민우맘 (7세, 6세) … 현재 초2, 초1

저도 이제 한 달 조금 넘은 초보인데요. 처음에 가입하고 뭐가 뭔지 몰라 우선 〈잠수네 책벌레〉에만 열심히 등록했어요. 그리고 보름 정도 지나고 〈잠수네 포트폴리오〉를 작성해봤는데 확실히 그걸 쓰고 나니까 더 열심히 하게 되네요. 누군가 〈잠수네 포트폴리오〉가 잠수네의 꽃이라고 한 말이 조금 이해가 돼요.^^

우리 아들은 어린이집에서 영어를 4년 했는데 그동안 영어가 어려워서 싫다고 하더니 요즘은 영어가 재미있다고 합니다. DVD 틀어주면 거기 나오는 노래 따라 부르고, 대사까지 외워서 술술 이야기합니다. 꾸준히 하면 많이 달라진 모습을 볼 것 같은 기대감이 들어요.

그리고 처음에는 영어 때문에 가입했는데 막상 가입하고 나니 〈잠수네 책벌레〉 때문에 한글책도 더 많이 읽고, 수학까지 도움을 받습니다. 이제 큰애가 초등 1학년이 되는데 여러 가지 정보도 얻을 수 있으니 잠수네 가입한 게 마치 보물을 찾은 기분이에요.^^

등록 안 하셨으면 우선 〈잠수네 책벌레〉부터 등록하고, 오늘부터 당장 〈잠수네 포트폴리오〉 작성해보세요.

4부

잠수네 추천!
프리스쿨
영어책 & DVD

프리스쿨 영어교재 목록이 나오기까지

여기에 소개된 영어책과 DVD는 〈잠수네 책벌레〉와 〈잠수네 책나무〉의 데이터를 기초로 뽑은 목록입니다.

잠수네 아이들에게 좋은 반응을 얻은 영어책과 DVD들만 선별했지만 워낙 방대한 데이터에서 추려내다 보니 생각 외로 분량이 많아졌습니다. 이것들을 다 보여주어야 한다는 마음은 버려주세요. 이 목록은 아이가 좋아할 만한 영어책과 DVD를 찾거나, 도서관과 서점에서 잠수네 베스트 책 여부를 확인할 때, 잠수네 단계를 확인할 때 활용했으면 합니다.

이 목록 중에는 국내에서 구하기 어렵거나 품절된 책도 간혹 들어 있습니다. 이런 책들을 굳이 빼지 않은 것은 도서관이나 중고도서 판매서점에서 언제든 구할 수 있기 때문입니다. 꼭 보고 싶은 책은 도서관의 〈상호대차서비스〉를 이용해보세요(자세한 내용은 271~272쪽 참조).

프리스쿨용

영어그림책

보드북은 만 3세 이하 영유아를 위해 나온 책이지만 5~7세라도 놀러가거나 여행갈 때 챙기면 좋습니다. 책이 튼튼해서 쉽게 구겨지거나 찢어지지 않으니까요. 영어책을 낯설어하는 아이에게 재미를 붙이는 용도로 활용하면 좋습니다.

보드북

David Shannon의 Diaper David 보드북 시리즈 (3권)

[J1] David Smells!
[J1] Oops!
[J1] Oh, David!

Charlie and Lola 보드북 시리즈 (8권)

[J1] Charlie and Lola's Numbers
[J1] Charlie and Lola's Opposites
[J3] Charlie and Lola's Clothes
[J3] Sizzles is Completely Not Here

Petr Horacek 보드북 시리즈 (8권)

[J1] Strawberries are Red
[J1] Run, Mouse, Run!
[J2] Beep Beep
[J2] What is Black and White

How Do Dinosaurs 보드북 시리즈 (11권)

[J3] How Do Dinosaurs Play with Their Friends?
[J3] How Do Dinosaurs Clean Their Rooms?
[J3] How Do Dinosaurs Count to Ten?
[J3] How Do Dinosaurs Learn Their Colors?

Sandra Boynton 보드북 시리즈 (17권)

[J1] Blue Hat, Green Hat
[J1] Opposites
[J2] Moo, Baa, La La La!
[J3] The Going to Bed Book

Todd Parr 보드북 시리즈 (16권)

[J2] The Feel Good Book
[J2] The Daddy Book
[J2] The Family Book
[J3] The EARTH Book

Byron Barton의 탈것 보드북 시리즈 (7권)

[J2] My Car
[J2] Airport
[J2] Trains
[J2] Boats

Karen Katz의 Manner 보드북 시리즈 (5권)

[J2] Excuse Me!: A Little Book of Manners
[J2] I Can Share
[J2] No Hitting!
[J2] No Biting!

Judy Schachner의 Skippyjon Jones 보드북 시리즈 (4권)

[J2] Skippyjon Jones: Up & Down
[J2] Skippyjon Jones: Color Crazy
[J2] Skippyjon Jones 1-2-3
[J2] Skippyjon Jones: Shape Up

Rosemary Wells의 Max and Ruby 보드북 시리즈 (14권)

[J3] Max's Toys
[J3] Max's Bedtime
[J3] Max Drives Away
[J3] Ruby's Rainy Day

보드북 / 플랩북 / 팝업북 베스트

플랩북 (시리즈)

Robert Crowther의 플랩북 시리즈 (3권)

[J1] Opposites
[J1] Shapes
[J1] Colours

Karen Katz의 Lift-the-Flap 보드북 시리즈 (16권)

[J2] Where is Baby's Mommy?
[J2] Grandpa and Me
[J2] Where is Baby's Belly Button?
[J2] Daddy and Me

Eric Hill의 Spot Lift-the-Flap 시리즈 (24권)

[J2] Where's Spot?
[J2] Spot Goes to School
[J2] Spot Goes to the Park
[J2] Spot Goes to the Farm

Lucy Cousins의 Maisy Lift-the-Flap 시리즈 (20권)

[J2] Happy Birthday, Maisy
[J2] Maisy Goes to the Playground
[J2] Maisy Goes Swimming
[J2] Maisy at the Farm

플랩북 (낱권)

[J1] Big, Bigger, Biggest ♩
[J2] Who Stole the Cookies from the Cookie Jar? ♩
[J2] Monster, Monster ♩
[J2] Dear Zoo ♩
[J2] Snail, Where are You? ♩
[J2] What Do I Look Like? ♩
[J3] Go Away Mr Wolf! ♩
[J3] There are Cats in This Book ♩
[J3] My Presents ♩
[J3] 10 Things I Can Do to Help My World ♩
[J3] My Dog, My Cat, My Mum and Me! ♩
[J3] What's in the Witch's Kitchen?

팝업북 (시리즈)

Chuck Murphy의 팝업북 시리즈 (3권)

[J1] Bow Wow
[J1] Color Surprises
[J1] Black Cat White Cat

David A. Carter의 Bugs 팝업북 시리즈 (18권)

[J2] Beach Bugs
[J2] Birthday Bugs
[J2] Jingle Bugs
[J3] Alpha Bugs

Scanimation Picture Books 시리즈 (5권)

[J2] Gallop!
[J2] Swing! 🎧
[J2] Waddle! 🎧
[J3] Dancing Dreams

Sam's 팝업북 시리즈 (5권)

[J4] Sam's Sandwich
[J4] Sam's Pizza: Your Pizza to Go
[J4] Sam's Surprise
[J4] The Sensational Samburger

팝업북 (낱권)

[J2] Big Frog Can't Fit in
[J2] Rocket Countdown!
[J2] Little Monster
[J3] The Wide-Mouthed Frog
[J3] Charlie Chick 🎧
[J3] Winter in White: A Mini Pop-up Treat
[J3] I'm Looking for a Monster!
[J3] Takeaway Monsters
[J3] Cookie Count
[J3] Elephant Wellyphant
[J3] Lots of Bots!: A Counting Pop-Up
[J4] Haunted House

노래가 좋은 그림책

어릴 때 영어를 시작한다면 첫걸음은 '영어노래'입니다. 부담 없이 흥얼흥얼 따라 하다 보면 가사가 절로 외워지기 때문입니다. 영어책을 노래로 만들었다면 어느 순간 책 내용을 외워서라도 읽을 수 있게 되는 놀라운 경험을 하기도 합니다. 그러나 노래로 녹음된 영어책이라고 모든 아이가 열광하는 것은 아닙니다. 아이의 연령이나 저마다의 기호에 맞아야 하니까요. 무엇보다 그림책에 담긴 이야기가 재미있어야 노래도 오랫동안 들을 수 있다는 것이 변함없는 진실이고요.

〈노래가 좋은 영어그림책〉은 '국내 출판사에서 녹음 라이센스를 맺어 낸 책'과 '외국 출판사에서 자체적으로 녹음한 책'이 있습니다. 〈노래가 좋은 영어그림책〉은 지극히 주관적인 판단입니다. 국내출판사에서 묶은 베스트 상품이라도 나이나 성향에 따라 선호도가 갈리므로, 오디오CD와 패키지로 묶인 영어그림책을 구입할 때는 가급적 직접 음원 샘플을 듣고 결정하시기 바랍니다. 외국 출판사에서 녹음한 책은 아마존에서 평점과 리뷰수를 찾아보면 판단하기 쉽습니다.

코믹한 줄거리의 〈노래그림책〉

[J2] Twenty – four Robbers 🎧

[J3] Pants 🎧

[J3] Silly Sally 🎧

[J3] To Market, to Market 🎧

[J3] Magic Shoelaces 🎧

요일, 색깔, 반대말 등 다양한 어휘를 배울 수 있는 〈노래그림책〉

[J1] The Foot Book 🎧

[J1] Piggies 🎧
[JK2] 꼬마 돼지

[J2] Today is Monday 🎧
[JK2] 오늘은 월요일

[J3] My Crayons Talk 🎧

[J3] Up, Up, Up! 🎧

동물이 나오는 신나는 〈노래그림책〉

[J1] Hooray for Fish! 🎧

[J2] Walking Through the Jungle 🎧

[J2] Bear Hunt 🎧

[J2] A Bear–y Tale 🎧
[JK3] 마술 연필을 가진 꼬마곰의 모험

[J3] I'm the Best 🎧

동물이 나오는 정감 있는 〈노래그림책〉

[J1] Color Zoo 🎧
[JK1] 알록달록 동물원

[J1] Rosie's Walk 🎧
[JK2] 로지의 산책

[J2] Dear Zoo 🎧
[JK1] 친구를 보내 주세요!

[J2] One Gorilla: A Magical Kind Counting Book 🎧

[J3] Henny Penny 🎧

● 프리스쿨용 영어그림책

313

늑대가 나오는 〈노래그림책〉

[J2] Dinnertime! 🎧

[J2] What's the Time, Mr. Wolf? 🎧

[J2] What's the Time, Mr. Wolf? 🎧

[J3] Mr Wolf's Week 🎧

[J3] Go Away Mr Wolf! 🎧

공룡이 나오는 〈노래그림책〉

[J2] Dinosaur Roar! 🎧
[JK2] 공룡들이 으르렁

[J2] If I Had a Dragon 🎧

[J3] Dinosaur Encore 🎧

[J3] A Dragon on the Doorstep 🎧

[J4] If the Dinosaurs Came Back 🎧

강아지, 고양이가 주인공인 〈노래그림책〉

[J2] A Cat and a Dog 🎧

[J3] Bark, George 🎧
[JK2] 짖어봐 조지야

[J3] Pete the Cat: I Love My White Shoes 🎧
[JK2] 고양이 피터 1: 난 좋아 내 하얀 운동화

[J3] I Got Two Dogs 🎧

[J3] Jasper's Beanstalk 🎧

장난감처럼 갖고 놀 수 있는 〈노래그림책〉

[J2] Brush Your Teeth Please 🎧

[J2] The Splendid Spotted Snake 🎧

[J2] See You Later, Alligator! 🎧

[J2] Who Stole the Cookies from the Cookie Jar? 🎧

[J3] Frog in the Kitchen Sink 🎧

괴물이 나오는 〈노래그림책〉

[J2] Go Away, Big
Green Monster! 🎧

[J2] Monster,
Monster 🎧
[JK1] 괴물이다, 괴물!

[J3] Inside Mary
Elizabeth's House 🎧
[JK2] 메리네 집에
사는 괴물

[J4] The Gruffalo 🎧
[JK2] 괴물 그루팔로

기차, 버스가 나오는 〈노래그림책〉

[J1] Freight Train 🎧
[JK2] 화물 열차

[J1] School Bus 🎧

[J2] We All Go
Traveling by 🎧

[J4] Magic Train
Ride 🎧

감동적인 〈노래그림책〉

[J2] Snow 🎧

[J3] I am the Music
Man 🎧

[J3] Willy the
Dreamer 🎧
[JK3] 꿈꾸는 윌리

[J4] Owl Babies

[J4] PaPa, Please
Get the Moon
for Me 🎧
[JK2] 아빠, 달님을
따 주세요

기상 Song

[J4] Waking Up is
Hard to Do 🎧

유튜브 바로가기

좋아하는 그림책 작가를 찾아서

아이가 특별히 좋아하는 그림책이 있다면 유심히 살펴보세요. 재미있는 이야기 때문이라면 글작가를, 독특한 그림체를 좋아한다면 그림작가의 이름을 잘 기억했다가 그 작가의 다른 책을 찾아보세요. 재미있는 책을 만날 확률이 높아집니다.

좋아하는 시리즈를 찾아서

좋아하는 그림책의 뒷장에 같은 주인공이나 등장인물이 나오는 시리즈가 있는지 확인해보세요. 아이가 재미있게 볼 가능성이 높은 책들입니다. 영어책의 재미를 아는 아이라면 부모가 찾아보기 전에 먼저 '이 책'을 구해달라고 할 거예요.

Anthony Browne 앤서니 브라운

Willy 시리즈 (6권)

[J3] Willy the Dreamer 🎧
[J3] Willy and Hugh
[J3] Willy the Champ
[J4] Willy's Pictures 🎧
[J4] Willy the Wimp
[J5] Willy the Wizard 🎧

가족 시리즈 (5권)

[J3] My Dad 🎧
[J3] My Mum 🎧
[J4] My Brother 🎧
[J4] PiggyBook 🎧
[J4] Gorilla 🎧

Magic Pencil 시리즈(4권)

[J2] Bear Hunt 🎧
[J2] The Little Bear Book 🎧
[J2] A Bear-y Tale 🎧
[J3] Bear's Magic Pencil

베스트 그림책 1 (5권)

[J1] Things I Like 🎧
[J1] I Like Books 🎧
[J2] One Gorilla 🎧
[J3] How Do You Feel? 🎧
[J4] Knock Knock Who's There?

베스트 그림책 2 (5권)

[J4] Little Beauty 🎧
[J4] Silly Billy 🎧
[J4] Look What I've Got! 🎧
[J4] Into the Forest 🎧
[J4] The Tunnel

Byron Barton 바이런 바튼

탈것 그림책 시리즈 (8권)

[J2] My Car
[J2] Planes
[J2] Trains
[J2] Trucks
[J2] Boats
[J2] Airport 🎧
[J2] Machines at Work
[J2] I Want to Be an Astronaut 🎧

베스트 그림책 (5권)

[J2] Building a House
[J3] The Three Bears 🎧
[J3] The Little Red Hen 🎧
[J3] Dinosaurs, Dinosaurs
[J3] Bones, Bones, Dinosaur Bones

● 프리스쿨용 영어그림책

좋아하는 그림책 작가 & 시리즈

Audrey Wood & Don Wood 오드리 우드 & 돈 우드

Audrey Wood(글) & Don Wood(그림) 부부 베스트 그림책 1 (8권)

[J1] Piggies 🎧
[J3] Quick as a Cricket 🎧
[J3] Piggy Pie Po 🎧
[J3] Merry Christmas, Big Hungry Bear! 🎧
[J3] King Bidgood's in the Bathtub 🎧
[J4] The Little Mouse, the Red Ripe Strawberry,
　　and the Big Hungry Bear 🎧
[J4] The Napping House 🎧
[J5] Heckedy Peg 🎧

Audrey Wood(글, 그림) 베스트 그림책 2 (8권)

[J2] Twenty – four Robbers 🎧
[J3] Silly Sally 🎧
[J3] Tooth Fairy 🎧
[J3] Balloonia 🎧
[J3] Presto Change – O 🎧
[J3] Magic Shoelaces 🎧
[J4] The Princess and the Dragon 🎧
[J4] Scaredy Cats 🎧

Alphabet 시리즈 (3권)

[J4] Alphabet Adventure
[J4] Alphabet Rescue
[J4] Alphabet Mystery

Colin McNaughton 콜린 맥노튼

Preston Pig 시리즈 (8권)

[J2] Shh!(Don't Tell Mister Wolf)
[J3] Suddenly! 🎧
[J3] Preston's Goal!
[J3] Oomph!
[J4] S.W.A.L.K
[J4] Boo!
[J4] Oops!
[J4] Yum!

David Shannon 데이빗 섀논

David 그림책 시리즈 (4권)

[J1] No, David!
[J1] David Gets in Trouble
[J1] It's Christmas, David!
[J2] David Goes to School

베스트 그림책 (5권)

[J1] Good Boy, Fergus!
[J4] The Rain Came Down 🎧
[J4] Duck on a Bike 🎧
[J4] Alice the Fairy 🎧
[J5] A Bad Case of Stripes 🎧

Diaper David 보드북 시리즈 (3권)

[J1] Oops!
[J1] David Smells!
[J1] Oh, David!

David Wiesner 데이비드 위즈너

무한한 상상, Wordless 그림책 (3권)

[J0] Flotsam
[J0] Sector 7
[J0] Free Fall

베스트 그림책 (5권)

[J1] Tuesday
[J3] Art & Max
[J4] The Three Pigs
[J5] Hurricane
[J5] June 29, 1999

좋아하는 그림책 작가 & 시리즈

Donald Crews 도널드 크루즈

탈것 그림책 (7권)

[J1] School Bus 🎧
[J1] Truck 🎧
[J1] Flying
[J1] Freight Train 🎧
[J3] Sail away 🎧
[J3] Harbor
[J4] Inside Freight Train 🎧

베스트 그림책 (6권)

[J1] Blue Sea 🎧
[J1] Tomorrow's
     Alphabet 🎧
[J1] Rain 🎧
[J2] Parade 🎧
[J2] Ten Black Dots 🎧
[J3] How Many Snails?

Doreen Cronin 도린 크로닌

Diary of a 시리즈 (3권)

[J4] Diary of a Worm 🎧
[J4] Diary of a Fly 🎧
[J4] Diary of a Spider 🎧

Farm Animal 시리즈 (6권)

[J4] Click, Clack, Moo: Cows That Type 🎧
[J4] Giggle, Giggle, Quack 🎧
[J4] Dooby Dooby Moo 🎧
[J4] Thump, Quack, Moo
[J4] Click, Clack, Boo!: A Tricky Treat 🎧
[J5] Duck for President 🎧

Dr. Seuss 닥터 수스

정감있는 노래 그림책 (8권)
[J1] The Foot Book 🎧
[J2] Hop on Pop 🎧
[J3] Dr. Seuss's ABC 🎧
[J3] Mr. Brown Can Moo! Can You? 🎧
[J3] There's a Wocket in My Pocket! 🎧
[J3] The Shape of Me and Other Stuff 🎧
[J3] Oh, the Thinks You Can Think! 🎧
[J4] Fox in Socks 🎧

베스트 그림책 (4권)
[J4] Green Eggs and Ham 🎧
[J4] The Cat in the Hat 🎧
[J4] The Cat in the Hat Comes Back 🎧
[J4] One Fish, Two Fish, Red Fish, Blue Fish 🎧

Eileen Christelow 에일린 크리스텔로우

Five Little Monkeys 시리즈 (8권)
[J2] Five Little Monkeys Jumping on the Bed 🎧
[J3] Five Little Monkeys Sitting in a Tree 🎧
[J3] Five Little Monkeys Bake a Birthday Cake 🎧
[J3] Five Little Monkeys with Nothing to Do 🎧

Emily Gravett 에밀리 그래빗

베스트 그림책 1 (5권)
[J1] Monkey and Me 🎧
[J1] Orange Pear Apple Bear 🎧
[J1] Blue Chameleon
[J2] Dogs 🎧
[J2] Matilda's Cat

베스트 그림책 2 (5권)
[J3] The Odd Egg 🎧
[J3] Wolf Won't Bite!
[J4] Cave Baby 🎧
[J4] Spells
[J5] Again!

좋아하는 그림책 작가 & 시리즈

Eric Carle 에릭 칼

Bear 시리즈 (4권)

[J2] Brown Bear, Brown Bear, What Do You See? 🎧
[J3] Polar Bear, Polar Bear, What Do You Hear? 🎧
[J3] Panda Bear, Panda Bear, What Do You See? 🎧
[J3] Baby Bear, Baby Bear, What Do You See? 🎧

곤충 시리즈 (5권)

[J3] The Very Busy Spider 🎧
[J3] The Very Lonely Firefly 🎧
[J4] The Very Hungry Caterpillar 🎧
[J4] The Very Quiet Cricket 🎧
[J4] The Grouchy Ladybug 🎧

베스트 그림책 1 (5권)

[J2] Today is Monday 🎧
[J2] From Head to Toe 🎧
[J2] Does a Kangaroo Have a Mother, Too? 🎧
[J3] Draw Me a Star 🎧
[J3] Little Cloud 🎧

베스트 그림책 2 (5권)

[J3] The Secret Birthday Message 🎧
[J4] Papa, Please Get the Moon for Me 🎧
[J4] The Mixed – Up Chameleon 🎧
[J4] Hello, Red Fox 🎧
[J4] Rooster's Off to See the World 🎧

베스트 그림책 3 (5권)

[J4] 10 Little Rubber Ducks 🎧
[J4] Pancakes, Pancakes! 🎧
[J4] The Tiny Seed 🎧
[J4] Dream Snow 🎧
[J4] Mister Seahorse 🎧

Ezra Jack Keats 에즈라 잭 키츠

Peter 시리즈 (5권)

[J4] The Snowy Day 🎧
[J4] Peter's Chair 🎧
[J4] A Letter to Amy 🎧
[J4] Goggles! 🎧
[J4] Whistle for Willie 🎧

베스트 그림책 (5권)

[J1] Kitten for a Day
[J3] The Little Drummer Boy
[J4] Pet Show! 🎧
[J4] Jennie's Hat
[J4] Dreams

Gene Zion & Margaret Bloy Graham   G. 자이언 & M. 그래엄

Harry the Dirty Dog 시리즈 (4권)

[J4] Harry the Dirty Dog 🎧
[J4] Harry and the Lady Next Door 🎧
[J4] Harry by the Sea 🎧
[J4] No Roses for Harry! 🎧

Helen Nicoll & Jan Pienkowski   헬렌 니콜 & 얀 피엔코프스키

Meg and Mog 시리즈 (19권)

[J3] Meg and Mog 🎧
[J3] Meg on the Moon
[J3] Meg up the Creek
[J3] Meg's Car
[J3] Meg's Castle
[J3] Meg's Veg
[J3] Mog at the Zoo
[J3] Meg, Mog & Og

좋아하는 그림책 작가 & 시리즈

Helen Oxenbury 헬렌 옥슨버리

베스트 그림책 (8권)

[J3] We're Going on a Bear Hunt 🎧
[J3] The Great Big Enormous Turnip 🎧
[J3] It's My Birthday 🎧
[J4] Farmer Duck 🎧
[J4] The Quangle Wangle's Hat 🎧
[J4] King Jack and the Dragon 🎧
[J5] The Three Little Wolves and the Big Bad Pig 🎧
[J5] Big Momma Makes the World

Ian Falconer 이안 포크너

Olivia 시리즈 (8권)

[J3] Olivia 🎧
[J4] Olivia and the Missing Toy 🎧
[J4] Olivia Forms a Band 🎧
[J4] Olivia Saves the Circus 🎧
[J4] Olivia Helps with Christmas 🎧

James Marshall 제임스 마셜

George and Martha 시리즈 (11권)

[J3] George and Martha Back in Town 🎧
[J3] George and Martha: One More Time
[J3] George and Martha Rise and Shine
[J4] George and Martha 🎧
[J4] George and Martha One Fine Day

명작 그림책 시리즈 (5권)

[J4] Goldilocks and the Three Bears
[J4] Red Riding Hood
[J5] The Three Little Pigs 🎧
[J5] Hansel and Gretel
[J5] Cinderella

Miss Nelson 시리즈 (3권)

[J4] Miss Nelson is Missing! 🎧
[J4] Miss Nelson is Back 🎧
[J4] Miss Nelson has a Field Day

Jan Brett 잰 브렛

베스트 그림책 (5권)

[J4] The Hat
[J4] Gingerbread Baby
[J4] The Three Snow Bears 🎧
[J5] The Mitten
[J5] Gingerbread Friends

Jane O'Connor & Robin Preiss Glasser 제인 오코너 & 로빈 프레이스 글래서

Fancy Nancy 그림책 시리즈 (13권)

[J3] Fancy Nancy 🎧
[J4] Fancy Nancy and the Posh Puppy 🎧
[J4] Fancy Nancy: Bonjour, Butterfly 🎧
[J4] Fancy Nancy: Poet Extraordinaire! 🎧

Fancy Nancy 시리즈 (13권)

[J3] Fancy Nancy: Heart to Heart 🎧
[J3] Fancy Nancy and the Sensational Babysitter 🎧
[J3] Fancy Nancy: Halloween⋯or Bust! 🎧
[J3] Fancy Nancy's Elegant Easter

Jez Alborough 재즈 앨버로우

Little Chimp 그림책 시리즈 (3권)

[J1] Hug
[J1] Yes
[J1] Tall

Bear 시리즈 (3권)

[J3] It's the Bear! 🎧
[J4] Where's My Teddy? 🎧
[J4] My Friend Bear 🎧

Duck 시리즈 (5권)

[J3] Fix-it Duck 🎧
[J3] Captain Duck 🎧
[J3] Super Duck 🎧
[J4] Duck in the Truck 🎧
[J4] Hit the Ball Duck 🎧

좋아하는 그림책 작가 & 시리즈

John Burningham   존 버닝햄

베스트 그림책 1 (5권)

[J3] Aldo
[J3] Would You Rather…
[J4] Mr. Gumpy's Outing 🎧
[J4] Mr. Gumpy's Motor Car 🎧
[J4] Hey! Get Off Our Train 🎧

베스트 그림책 2 (5권)

[J4] Avocado Baby
[J4] Borka
[J4] The Shopping Basket
[J4] Come Away from the Water, Shirley
[J4] Time to Get Out of the Bath, Shirley

베스트 그림책 3 (5권)

[J4] Granpa
[J4] Husherbye
[J5] John Patrick Norman McHennessy,
    The Boy Who was Always Later 🎧
[J5] Harvey Slumfenburger's Christmas
    Presentr 🎧
[J5] Cloudland

John Butler   존 버틀러

Baby 그림책 시리즈 (7권)

[J1] Whose Baby am I? 🎧
[J1] Who Says Woof? 🎧
[J1] Whose Nose and Toes?
[J2] If You See a Kitten 🎧
[J2] Ten in the Den 🎧

Judith Kerr   주디스 커

Mog 시리즈 (11권)

[J3] Mog and Bunny
[J3] Mog's ABC 🎧
[J3] Mog's Christmas 🎧
[J4] Mog and the Baby 🎧
[J4] Goodbye Mog 🎧

Lois Ehlert 로이스 엘러트

베스트 그림책 (8권)

[J1] Color Zoo
[J1] In My World
[J2] Eating the Alphabet
[J2] Fish Eyes
[J3] Growing Vegetable Soup
[J3] Chicka Chicka Boom Boom
[J3] Chicka Chicka ABC
[J3] Chicka Chicka 123

Kevin Henkes 케빈 행크스

Lilly and Her Friends 시리즈 (11권)

[J3] Penny and Her Doll
[J3] Penny and Her Song
[J4] A Weekend with Wendell
[J4] Julius: The Baby of the World
[J4] Owen
[J4] Lilly's Purple Plastic Purse
[J4] Sheila Rae, the Brave
[J4] Chester's Way
[J4] Wemberly Worried
[J4] Lilly's Big Day
[J5] Chrysanthemum

Lilly and Her Friends 보드북 시리즈 (5권)

[J3] Sheila Rae's Peppermint Stick
[J3] Owen's Marshmallow Chick
[J3] Lilly's Chocolate Heart
[J3] Julius's Candy Corn
[J3] Wemberly's Ice–Cream Star

Penny 시리즈 (3권)

[J3] Penny and Her Doll
[J3] Penny and Her Song
[J3] Penny and Her Marble

Judith Koppens 주디스 코펜스

Little Bear 시리즈 (6권)

[J3] Little Bear and the Snow
[J3] Little Bear is ill
[J3] Little Bear is One Year Old
[J3] Little Bear Wants to Be Big

Lucy Cousins 루시 커진즈

Maisy Lift-the-Flap 시리즈 (20권)

[J2] Happy Birthday, Maisy
[J2] Maisy at the Farm
[J2] Where is Maisy's Panda?
[J2] Maisy Goes Swimming

Maisy First Experiences 시리즈 (9권)

[J2] Maisy Goes to Playschool
[J3] Maisy Goes Camping 🎧
[J3] Maisy Goes to the Hospital 🎧
[J3] Maisy Goes to the Library 🎧

Maisy TV 시리즈 (16권)

[J3] Maisy's Bedtime 🎧
[J3] Maisy Makes Gingerbread 🎧
[J3] Maisy Makes Lemonade 🎧
[J3] Maisy's Bathtime 🎧

베스트 그림책 (3권)

[J1] Hooray for Fish! 🎧
[J1] Hooray for Fish! 🎧
[J3] I'm the Best 🎧

Matthew Van Fleet 매슈 밴 플리트

Animal 시리즈 (7권)

[J1] Fuzzy Yellow Ducklings
[J2] Cat
[J2] Alphabet 🎧
[J2] Dog

Margret Rey & H. A. Rey 마그렛 레이 & 한스 아우구스토 레이

Curious George 그림책 시리즈 (8권)

[J4] Curious George 🎧
[J4] Curious George Takes a Job 🎧
[J4] Curious George Goes to the Hospital 🎧
[J4] Curious George Flies a Kite 🎧

Curious George 시리즈 (46권)

[J4] Curious George Makes Pancakes 🎧
[J4] Curious George Feeds the Animals 🎧
[J4] Curious George and the Puppies 🎧
[J4] Curious George's First Day of School 🎧

Mo Willems 모 윌렘스

Knuffle Bunny 시리즈 (3권)

[J3] Knuffle Bunny: A Cautionary Tale 🎧
[J3] Knuffle Bunny Too 🎧
[J4] Knuffle Bunny Free: An Unexpected Diversion

Pigeon 시리즈 (7권)

[J3] Don't Let the Pigeon Drive the Bus! 🎧
[J3] The Pigeon Wants a Puppy!
[J3] The Pigeon Finds a Hot Dog! 🎧
[J3] Don't Let the Pigeon Stay Up Late! 🎧

Elephant and Piggie 시리즈 (20권)

[J2] There is a Bird on Your Head!
[J2] We are in a Book!
[J2] Elephants Cannot Dance! 🎧
[J2] I Love My New Toy!

Cat the Cat 시리즈 (4권)

[J2] Time to Sleep, Sheep the Sheep!
[J2] Cat the Cat Who is That?
[J2] What's Your Sound, Hound the Hound?
[J2] Let's Say Hi to Friends Who Fly!

좋아하는 그림책 작가 & 시리즈

Nancy Shaw 낸시 쇼

Sheep 그림책 시리즈 (7권)

[J2] Sheep in a Shop 🎧
[J2] Sheep in a Jeep 🎧
[J3] Sheep Trick or Treat
[J3] Sheep Take a Hike
[J3] Sheep on a Ship

Nick Sharratt 닉 샤렛

Daisy 그림책 시리즈 (10권)

[J4] Eat Your Peas 🎧
[J4] Really, Really 🎧
[J4] You Do! 🎧
[J4] 006 and a Bit
[J4] Yuk!

Nick and Sue 시리즈 (3권)

[J2] Alphabet Ice Cream 🎧
[J2] Faster, Faster! Nice and Slow! 🎧
[J2] Red Rockets and Rainbow Jelly

베스트 그림책 1 (5권)

[J1] One Mole Digging a Hole 🎧
[J1] One to Ten and Back Again 🎧
[J2] Chocolate Mousse for Greedy Goose 🎧
[J2] Hippo Has a Hat 🎧
[J2] What Do I Look Like? 🎧

베스트 그림책 2 (5권)

[J2] My Mum and Dad Make Me Laugh
[J3] Pants 🎧
[J3] More Pants 🎧
[J3] The Foggy, Foggy Forest 🎧
[J3] Shark in the Park 🎧

베스트 그림책 3 (5권)

[J3] You Choose!
[J3] Once Upon a Time…
[J3] Octopus Socktopus
[J3] Never Use a Knife and Fork
[J3] Never Shake a Rattlesnake

Pamela Allen 파멜라 엘렌

Mr McGee 시리즈 (7권)

[J2] Mr McGee and the Perfect Nest 🎧
[J3] Mr McGee and the Elephants
[J3] Mr Mcgee Goes to Sea
[J3] Mr McGee and the Biting Flea
[J4] Mr Mcgee

베스트 그림책 1 (5권)

[J2] Can You Keep a Secret? 🎧
[J3] Inside Mary Elizabeth's House 🎧
[J3] Clippity – Clop 🎧
[J4] Who Sank the Boat? 🎧
[J4] The Pear in the Pear Tree 🎧

베스트 그림책 2 (5권)

[J4] A Lion in the Night 🎧
[J4] The Bear's Lunch 🎧
[J4] I Wish I Had a Pirate Suit 🎧
[J4] Bertie and the Bear 🎧
[J4] Mr. Archimedes' Bath 🎧

Pat Hutchins 팻 허친스

Titch 시리즈 (4권)

[J2] Titch 🎧
[J3] You'll Soon Grow into Them, Titch 🎧
[J3] Titch and Daisy
[J4] Tidy Titch

베스트 그림책 1 (5권)

[J1] Rosie's Walk 🎧
[J1] 1 Hunter 🎧
[J3] Good – Night, Owl! 🎧
[J3] The Doorbell Rang 🎧
[J3] Don't Forget the Bacon! 🎧

베스트 그림책 2 (5권)

[J3] What Game Shall We Play? 🎧
[J4] Clocks and More Clocks
[J4] The Surprise Party 🎧
[J4] We're Going on a Picnic! 🎧
[J4] The Wind Blew 🎧

좋아하는 그림책 작가 & 시리즈

Petr Horacek 뻬뜨르 호라체크

Suzy Goose 시리즈 (3권)

[J3] Silly Suzy Goose 🎧
[J3] Look Out, Suzy Goose 🎧
[J3] Suzy Goose and the Christmas Star 🎧

Rob Scotton 롭 스코튼

Splat the Cat 시리즈 (12권)

[J4] Splat the Cat 🎧
[J4] Love, Splat 🎧
[J4] Merry Christmas, Splat 🎧
[J4] Scaredy – Cat, Splat! 🎧
[J4] Secret Agent Splat! 🎧

Russell the Sheep 시리즈 (4권)

[J3] Russell the Sheep 🎧
[J4] Russell and the Lost Treasure 🎧
[J4] Russell's Christmas Magic 🎧
[J4] Go to Sleep, Russell the Sheep

Robert Kraus 로버트 크라우스

베스트 그림책 (4권)

[J2] Whose Mouse are You? 🎧
[J2] Herman the Helper
[J2] Where are You Going, Little Mouse?
[J3] Leo the Late Bloomer 🎧

Roslyn Schwartz 로슬린 스왈츠

Mole Sisters 시리즈 (10권)

[J2] The Mole Sisters and the Fairy Ring
[J2] The Mole Sisters and the Blue Egg
[J2] The Mole Sisters and the Wavy Wheat
[J3] The Mole Sisters and the Piece of Moss

Rosemary Wells 로즈마리 웰스

Max and Ruby 그림책 시리즈 (16권)

[J3] Ruby's Beauty Shop
[J3] Max's Chocolate Chicken 🎧
[J3] Max Counts His Chickens
[J4] Bunny Cakes

베스트 그림책 (5권)

[J3] Noisy Nora 🎧
[J3] Timothy goes to School 🎧
[J4] The Gulps
[J4] Hazel's Amazing Mother
[J5] My Very First Mother Goose

Yoko 시리즈 (4권)

[J4] Yoko
[J4] Yoko's World of Kindness
[J4] Yoko Writes Her Name
[J4] Yoko's Paper Cranes

McDuff 시리즈 (8권)

[J4] McDuff Moves in
[J4] McDuff Saves the Day
[J4] McDuff and the Baby
[J4] McDuff Goes to School

Simms Taback 심스 태백

베스트 그림책 (4권)

[J2] Two Little Witches
[J3] Joseph Had a Little Overcoat
[J3] There was an Old Lady Who Swallowed a Fly
[J3] I Miss You Every Day

Aninimal 시리즈 (10권)

[J1] Where is My Friend?
[J1] Where is My House?
[J2] Zoo Parade!
[J2] Simms Taback's Safari Animals

좋아하는 그림책 작가 & 시리즈

Stella Blackstone 스텔라 블랙스톤

Bear 시리즈 (8권)

[J2] Bear about Town 🎧
[J2] Bear's Busy Family 🎧
[J2] Bear in a Square 🎧
[J3] Bear in Sunshine 🎧
[J3] Bear at Home 🎧
[J3] Bear at Work 🎧
[J3] Bear's Birthday 🎧
[J4] Bear on a Bike 🎧

Susan Meddaugh 수잔 매도우

Martha Speaks 시리즈 (6권)

[J4] Martha Speaks 🎧
[J4] Martha Blah Blah 🎧
[J4] Martha Calling 🎧
[J4] Martha Walks the Dog 🎧
[J4] Perfectly Martha 🎧

Tedd Arnold 테드 아널드

Parts 시리즈 (3권)

[J4] Parts
[J4] More Parts
[J4] Even More Parts

Fly Guy 시리즈 (13권)

[J3] Hi! Fly Guy 🎧
[J3] Fly High, Fly Guy!
[J3] Fly Guy Meets Fly Girl
[J3] I Spy Fly Guy! 🎧
[J3] Shoo, Fly Guy! 🎧

Huggly 시리즈 (11권)

[J3] Huggly Gets Dressed
[J3] Huggly's Halloween
[J3] Huggly Takes a Bath
[J4] Huggly Goes to School
[J4] Huggly's Snow Day

Tony Ross 토니 로스

베스트 그림책 1 (5권)

[J1] Susan Laughs
[J3] Michael
[J3] Don't Do That! 🎧
[J3] Oscar Got the Blame 🎧
[J3] Dozy Mare

베스트 그림책 2 (5권)

[J3] The Boy Who Cried Wolf
[J3] The Boy Who Lost His Bellybutton
[J4] I Want a Cat
[J4] Badness for Beginners
[J4] Big Bad Bun

베스트 그림책 3 (5권)

[J4] Daft Bat
[J4] Grill Pan Eddy
[J4] I'm Coming to Get You!
[J4] Killer Gorilla
[J4] Why?

Little Princess 시리즈 (21권)

[J3] I Want My Potty 🎧
[J3] I Want My Dummy 🎧
[J3] I Want My Tooth 🎧
[J3] I Don't Want to Wash My Hands 🎧
[J3] I Want My Dinner 🎧

Little Princess TV시리즈 (14권)

[J4] I Don't Want a Cold! 🎧
[J4] I Want a Shop! 🎧
[J4] I Want a Trumpet! 🎧
[J4] I Want My Puppets! 🎧
[J4] I Want to Be a Pirate! 🎧

Virginia Lee Burton 버지니아 리 버튼

탈것 그림책 (4권)

[J4] Katy and the Big Snow 🎧
[J4] Choo Choo
[J5] Mike Mulligan and His Steam Shovel 🎧
[J5] Maybelle: The Cable Car 🎧

주제별로 좋아하는 그림책 ┤ 인성 · 예절

콕 집어서 좋아하는 주제가 있으면 재미있는 영어책을 찾는 것이 비교적 쉽습 니다. 딱히 좋아하는 분야가 떠오르지 않으면 한글그림책 중 좋아하는 책들을 하나씩 떠올리며 공통점을 찾아보세요. 흥미롭게 볼 만한 영어책을 찾을 수 있 습니다.

인성 · 예절 베스트 그림책

[J2] See You Later, Alligator! 🎧

[J2] Time to Pee!

[J2] Brush Your Teeth Please 🎧

[J3] When Sophie Gets Angry – Really Really Angry… 🎧
[JK2] 쏘피가 화나면, 정말 정말 화나면

[J3] I'm Sorry
[JK2] 미안해

인성 · 예절 그림책

[J2] The Feel Good Book
[JK2] 기분이 좋아지는 책

[J2] Do's and Don'ts

[J2] Karen Katz: Manner 보드북 시리즈 (5권)

[J2] Best Behavior 보 드북 시리즈 (6권)
[JK1] 예쁜 습관 & 행 동지능 계발 시리즈

[J3] It's Okay to Be Different
[JK2] 괜찮아요

[J4] The Bad Good Manners Book
[JK2] 말썽꾸러기를 위한 바른생활 그림책

[J4] Pigsty 🎧

[J4] Martha Doesn't Say Sorry! 🎧
[JK2] 미안하다고 안 할래!

[J5] A Bad Case of Stripes 🎧
[JK3] 줄무늬가 생겼어요

[J5] The Elephant and the Bad Baby 🎧

알파벳 베스트 그림책

[J1] On Market Street 🎧

[J1] Tomorrow's Alphabet 🎧

[J2] Me! Me! ABC 🎧

[J3] Dr. Seuss's ABC 🎧

[J3] Chicka Chicka Boom Boom 🎧
[JK2] 치카치카 붐붐

알파벳 그림책

[J1] Alphabatics 🎧
[JK2] 알파벳은 요술쟁이

[J1] The Accidental Zucchini: An Unexpected Alphabet 🎧

[J1] Z Is for Moose

[J1] The Dog from Arf! Arf! to Zzzzzz

[J2] Ape in a Cape 🎧

[J2] Eating the Alphabet 🎧

[J2] Click, Clack, Quackity – Quack: An Alphabetical Adventure 🎧

[J2] Cleo's Alphabet Book 🎧

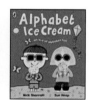
[J2] Alphabet Ice Cream: An a – z of Alphabet Fun 🎧

[J2] LMNO peas 🎧

[J2] Animal Parade: A Wildlife Alphabet 🎧

[J2] Q is for Duck: An Alphabet Guessing Game

[J3] Chicka Chicka ABC 🎧

[J3] I Spy: An Alphabet in Art

[J4] Audrey Wood: Alphabet 시리즈 (3권)

주제별로 좋아하는 그림책 수세기

수세기 베스트 그림책

[J1] Big Fat Hen 🎧

[J1] One to Ten and Back Again 🎧

[J1] Count! 🎧

[J2] Who Stole the Cookies from the Cookie Jar? 🎧

[J2] One Gorilla: A Magical Kind Counting Book 🎧

수세기 그림책

[J1] One Mole Digging a Hole 🎧

[J1] 1 Hunter
[JK1] 사냥꾼 하나

[J1] Olivia Counts

[J2] Let's Go Visiting 🎧

[J2] Ten, Nine, Eight 🎧

[J2] Two Little Witches: A Counting Story 🎧

[J2] One Bear at Bedtime 🎧

[J2] Ten Black Dots 🎧

[J2] Rocket Countdown!

[J2] One is a Snail, Ten is a Crab: A Counting by Feet Book 🎧
[JK2] 달팽이는 한 개, 게는 열 개인 게 뭘까요?

[J2] One Gorilla: A Counting Book
[JK2] 고릴라 가족

[J3] The Water Hole
[JK2] 물웅덩이

[J3] Nine Ducks Nine

[J3] Ten Terrible Dinosaurs
[JK2] 못 말리는 공룡 열 마리

[J4] Rooster's Off to See the World 🎧

공룡 베스트 그림책

[J2] Dinosaur Roar! 🎧
[JK2] 공룡들이 으르렁

[J4] If the Dinosaurs
Came Back 🎧

[J3] How Do Dinosaurs
Eat Their Food? 🎧
[JK2] 아기 공룡은 밥도
잘 먹는대요!

[J3] How Do dinosaurs
Get Well Soon? 🎧
[JK2] 아기 공룡이
감기에 걸렸대요!

[J4] Harry and
the Bucketful of
Dinosaurs 🎧

공룡 그림책

[J3] Dinosaurs,
Dinosaurs
[JK2] 옛날에 공룡들이
있었어

[J3] Dinosaur
Encore 🎧

[J3] T is for
Terrible 🎧
[JK2] 나는
티라노사우르스

[J3] The Ravenous
Beast

[J3] Ten Terrible
Dinosaurs
[JK2] 못 말리는
공룡 열 마리

[J4] When Dinosaurs
Came with Everything
[JK3] 공룡이 공짜!

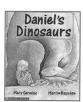

[J4] Daniel's
Dinosaurs 🎧

[J4] Edwina: The
Dinosaur
Who Didn't Know
She was Extinct

[J4] Little Grunt and
the Big Egg
[JK3] 꼬맹이 툴툴이와
공룡 알

[J4] T. Rex and the
Mother's Day Hug

[J4] Captain Flinn
and the Pirate
Dinosaurs

[J4] Tiny –
Rannosaurus and the
Neversaurus!

[J5] Dinosaurs Love
Underpants
[JK2] 공룡은 팬티를
좋아해

[J5] Katie and the
Dinosaurs

[J5] Dazzle the
Dinosaur
[JK3] 반짝반짝
꼬마 공룡 디노

● 프리스쿨용 영어그림책

주제별로 좋아하는 그림책 몬스터

몬스터 베스트 그림책

[J2] Go Away, Big
Green Monster! ∩

[J2] Monster,
Monster ∩
[JK1] 괴물이다, 괴물!

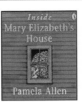

[J3] Inside Mary
Elizabeth's House ∩
[JK2] 메리네 집에
사는 괴물

[J3] Glad Monster,
Sad Monster ∩

[J4] Little Monster Did
it! ∩

몬스터 그림책

[J2] Nighty Night,
Little Green
Monster ∩

[J2] Scary Party ∩

[J3] Ten Little
Dinosaurs ∩

[J3] Mess Monsters
시리즈 (3권)

[J3] I'm Looking for a
Monster!

[J3] Takeaway
Monsters
[JK2] 괴물들의
뺄셈 놀이

[J3] There's
Something in My Attic

[J3] The Monster
Pet ∩

[J3] Jeremy Draws a
Monster
[JK2] 몬스터를
그렸어요

[J4] Where the Wild
Things are ∩
[JK3] 괴물들이
사는 나라

[J4] Big Scary
Monster ∩
[JK2] 까꿍 괴물

[J4] Jumpy Jack &
Googily
[JK2] 괴물이 무서워

[J4] When a Monster
is Born
[JK2] 괴물이
태어나면…

[J4] Leonardo, the
Terrible Monster ∩
[JK2] 정말 정말
한심한 괴물,
레오나르도

[J4] The Troll ∩
[JK2] 괴물 트롤

드래곤 베스트 그림책

[J4] The Knight and the Dragon

[J2] If I Had a Dragon 🎧

[J3] A Dragon on the Doorstep 🎧

[J4] The Princess and the Dragon 🎧

[J4] The Paper Bag Princess 🎧
[JK3] 종이 봉지 공주

드래곤 그림책

[J4] Winnie's Midnight Dragon 🎧
[JK3] 마녀 위니와 아기 용

[J4] George and the Dragon 시리즈 (2권) 🎧

[J4] King Jack and the Dragon 🎧
[JK3] 나는 용감한 잭 임금님

[J4] The Pet Dragon

[J4] The Winter Dragon

[J4] Zoe and the Dragon

[J4] There's No Such Thing as a Dragon
[JK3] 용 같은 건 없어

[J4] Zog
[JK3] 드래곤 조그

[J4] George and the Dragon 🎧

[J4] You've Got Dragons
[JK3] 무서운 용이 나타났어요!

[J4] Guess What I Found in Dragon Wood

[J5] Puff, the Magic Dragon 🎧
[JK2] 마법 용 퍼프 이야기

[J5] Again!
[JK3] 또 읽어 줘!

[J5] M. P. Robertson: Dragon 그림책 시리즈 (4권)

[J5] The Dragon Machine 🎧
[JK2] 용의 나라

주제별로 좋아하는 그림책 → 탈것

탈것 베스트 그림책

[J1] Freight Train 🎧
[JK2] 화물 열차

[J1] School Bus 🎧

[J2] Faster, Faster!
Nice and Slow! 🎧

[J3] I Stink! 🎧
[JK2] 냄새차가
나가신다!

[J3] Roller Coaster

탈것 그림책

[J1] Truck 🎧
[JK1] 트럭

[J1] Flying

[J1] Trucks Trucks
Trucks
[JK2] 일하는 자동차
출동!

[J2] I Want to Be an
Astronaut 🎧
[JK2] 우주 비행사가
되고 싶어요

[J2] Fire Truck
[JK2] 소방차가 되었어

[J2] Trucks
[JK1] 트럭은
부지런해요

[J2] The Big Red Bus

[J3] Sail away 🎧

[J3] Driving My
Tractor 🎧

[J4] Flashing Fire
Engines 🎧
[JK2] 애앵애앵
불자동차

[J4] The Runaway
Train 🎧

[J4] Amazing
Airplanes 🎧
[JK2] 부웅부웅 비행기

[J4] Cars Trucks and
Things That Go

[J4] Katy and the Big
Snow 🎧
[JK3] 케이티와 폭설

[J4] Choo Choo
[JK3] 말괄량이 기관차
치치

코믹 · 유머 베스트 그림책

[J2] Elephant and
Piggie 시리즈 (19권)

[J2] Twenty – four
Robbers 🎧

[J3] Pants 🎧

[J3] Suddenly!
[JK2] 갑자기!

[J3] King Bidgood's in
the Bathtub 🎧
[JK3] 그런데요 임금님이
꼼짝도 안 해요!

코믹 · 유머 그림책

[J1] David 그림책 시
리즈 (4권)
[JK2] 데이빗 그림책
시리즈

[J1] Good Night,
Gorilla 🎧

[J1] 10 Minutes Till
Bedtime

[J2] Skeleton Hiccups
[JK2] 해골이 딸꾹

[J2] Lunch 🎧

[J3] Knuffle Bunny
Too 🎧
[JK2] 내 토끼 어딨어?

[J3] Don't Do That! 🎧

[J3] Clippity – Clop 🎧

[J3] I Got Two
Dogs 🎧

[J3] Aaaarrgghh,
Spider! 🎧
[JK2] "으아아악, 거미
다!"

[J4] The Napping
House 🎧
[JK2] 낮잠 자는 집

[J4] Winnie the Witch
시리즈 (17권) 🎧
[JK3] 마녀 위니
그림책 시리즈

[J4] Dog Breath
[JK3] 입 냄새 나는 개:
찰리의 심각한 문제

[J4] Diary of a
Worm 🎧
[JK3] 아기 지렁이
꼬물이의 일기

[J4] Green Eggs and
Ham 🎧

주제별로 좋아하는 그림책 — 공주

공주 베스트 그림책

[J2] Penny Loves Pink
[JK2] 핑크 공주

[J3] The Foggy,
Foggy Forest 🎧

[J4] The Paper Bag
Princess 🎧
[JK3] 종이 봉지 공주

[J4] The Pea and the
Princess

[J4] Pinkalicious 🎧
[JK2] 핑크 공주

공주 그림책

[J3] Princess Baby
[JK3] 나는 꼬마 공주

[J3] Twenty – six
Princesses

[J4] Princess
Hyacinth
[JK3] 하늘을 날고
싶은 공주

[J4] Purplicious 🎧
[JK2] 보라 공주

[J4] The Balloon
Tree 🎧

[J4] Goldilicious 🎧
[JK2] 황금 공주

[J4] Princess,
Princess

[J4] Waking Beauty

[J4] The Princess
and the Pea 🎧

[J5] Princess
Smartypants
[JK3] 내 멋대로 공주

[J5] Princess
Smartypants Breaks
the Rules!
[JK3] 내 멋대로 공주
학교에 가다

[J5] The Princess
and the Wizard 🎧

[J5] The Princess
and the Pizza
[JK3] 피자 공주

[J4] Princess Justina
Albertina
[JK3] 말괄량이
저스티나 공주

[J6] Snow – White and
the Seven Dwarfs
[JK3] 백설 공주와
일곱 난쟁이

마녀 베스트 그림책

[J3] Meg and Mog 🎧

[J3] What's in the Witch's Kitchen?

[J4] Winnie's New Computer 🎧
[JK3] 마녀 위니의 새 컴퓨터

[J4] The Trouble with Mum
[JK3] 우리 엄마는 못 말리는 마법사

[J5] Heckedy Peg 🎧

마녀 그림책

[J2] Two Little Witches: A Counting Story 🎧

[J3] Meg's Car

[J3] A Very Brave Witch 🎧

[J4] Winnie Flies Again 🎧
[JK3] 마녀 위니, 다시 날다

[J4] Happy Birthday, Winnie! 🎧
[JK3] 마녀 위니의 생일 파티

[J4] The Witch's Children 🎧

[J4] Big Pumpkin 🎧

[J4] The Witches' Supermarket

[J5] Strega Nona

[J5] Room on the Broom 🎧
[JK3] 빗자루 타고 씽씽씽

[J5] The Princess and the Wizard 🎧

[J5] Alice and Greta: Tale of Two Witches
[JK3] 호호 마녀와 낄낄 마녀

[J5] The Witch Who Wanted to Be a Princess

[J5] Trixie: The Witch's Cat

[J5] Me and My Cat?
[JK3] 나야? 고양이야?

주제별로 좋아하는 그림책 — 판타지·상상

판타지·상상 베스트 그림책

[J2] Not a Box 🎧
[JK2] 이건 상자가
아니야

[J3] Balloonia 🎧

[J3] George Shrinks
[JK2] 조지가 줄었어요

[J4] In the Night
Kitchen 🎧
[JK2] 깊은 밤
부엌에서

[J4] Lost and
Found 🎧
[JK3] 다시 만난
내 친구

판타지·상상 그림책

[J1] Tuesday
[JK3] 이상한 화요일

[J3] The Snowman
Story Book 🎧
[JK2] 눈사람 아저씨

[J3] On the Way
Home

[J3] Spider School 🎧
[JK2] 거미 학교

[J3] Would You
Rather
[JK3] 네가 만약…….

[J3] The Wicked Big
Toddlah

[J3] Where's My
Hug?

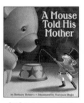

[J3] A Mouse Told
His Mother

[J4] Rain Makes
Applesauce
[JK2] 비는 사과
소스를 만들어요

[J4] The Way Back
Home 🎧

[J4] Millie's
Marvellous Hat
[JK3] 밀리의 특별한
모자

[J4] Andy and the
Lion 🎧
[JK3] 앤디와 사자

[J4] The Blue
Balloon 🎧
[JK2] 파란 풍선

[J4] The Pencil
[JK3] 연필 하나

[J4] Whatever
Next! 🎧
[JK2] 그래서 어떻게
됐니?

전래 · 명작 베스트 그림책

[J3] The Boy Who
Cried Wolf

[J3] Too Much Noise
[JK3] 우리 집은 시끌
시끌해

[J4] Goldilocks and
the Three Bears

[J4] Stone Soup 🎧
[JK3] 돌멩이 수프

[J4] Zomo the
Rabbit 🎧
[JK3] 꾀주머니
토끼 조모: 서아프리카
옛이야기

전래 · 명작 그림책

[J3] The Three
Bears 🎧
[JK2] 곰 세 마리

[J3] The Great Big
Enormous Turnip 🎧
[JK2] 커다란 순무

[J3] Noah's Ark 🎧

[J4] The Empty Pot
[JK3] 빈 화분

[J4] The Nutcracker

[J4] Anansi the
Spider
[JK3] 거미 아난시

[J4] Red Riding
Hood 🎧

[J4] The Gingerbread
Man 🎧

[J4] The Three Billy
Goats Gruff 🎧
[JK3] 우락부락 염소
세 형제 이야기

[J5] The Mitten
[JK2] 털장갑

[J5] Tikki Tikki
Tembo 🎧
[JK3] 티키 티키 템보

[J5] The Five
Chinese Brothers 🎧

[J5] The Story of
Little Babaji 🎧

[J5] Goldilocks Three
Bears
[JK2] 금발머리와
곰 세 마리

[J5] Little Red Riding
Hood
[JK3] 빨간 모자

크리스마스 · 산타 베스트 그림책

[J1] It's Christmas, David!

[J3] Merry Christmas, Big Hungry Bear! ∩
[JK2] 배고픈 큰 곰아, 메리 크리스마스!

[J3] Father Christmas
[JK3] 산타 할아버지

[J4] Olivia Helps with Christmas ∩
[JK3] 올리비아 신나는 크리스마스

[J4] Merry Christmas, Splat ∩
[JK2] 고양이 스플랫은 큰 선물이 좋아!

크리스마스 · 산타 그림책

[J2] Jingle Bugs (팝업북)

[J3] Suzy Goose and the Christmas Star ∩

[J3] Mog's Christmas ∩

[J4] Madeline's Christmas ∩
[JK3] 마들린느의 크리스마스

[J4] Stick Man
[JK3] 막대기 아빠

[J4] The Jolly Christmas Postman
[JK3] 우체부 아저씨와 크리스마스

[J4] Russell's Christmas Magic ∩

[J4] How the Grinch Stole Christmas ∩

[J4] Father Christmas Goes on Holiday
[JK3] 산타 할아버지의 휴가

[J4] I'll Be Home for Christmas

[J4] How Santa Got His Job

[J5] The Amazing Christmas Extravaganza

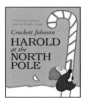

[J5] Harold at the North Pole
[JK3] 해럴드와 크리스마스

[J5] Harvey Slumfenburger's Christmas Present ∩
[JK3] 크리스마스 선물

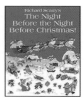

[J5] The Night Before the Night Before Christmas!

가족 · 성장 베스트 그림책

[J2] Not Now,
Bernard 🎧
[JK3] 지금은 안 돼,
버나드

[J3] Willy the
Dreamer 🎧
[JK3] 꿈꾸는 윌리

[J3] My Dad 🎧
[JK2] 우리 아빠가
최고야

[J3] When I was
Five 🎧
[JK2] 내가 다섯 살
때는

[J3] Olivia 🎧
[JK3] 그래도 엄마는
너를 사랑한단다

가족 · 성장 그림책

[J2] All the World 🎧
[JK2] 온 세상을
노래해

[J3] Michael

[J3] My Mum 🎧
[JK2] 우리 엄마

[J3] Pete's a Pizza 🎧
[JK2] 아빠랑 함께
피자 놀이를

[J4] PiggyBook 🎧
[JK3] 돼지책

[J4] Love You
Forever (미국판) 🎧

[J4] Owl Babies 🎧

[J4] PaPa, Please Get
the Moon for Me 🎧
[JK2] 아빠, 달님을
따 주세요

[J4] Gorilla 🎧
[JK3] 고릴라

[J4] Silly Billy 🎧
[JK3] 겁쟁이 빌리

[J4] Look What I've
Got! 🎧
[JK3] 너도 갖고 싶니?

[J4] The Gruffalo's
Child 🎧
[JK3] 용감한 꼬마
그루팔로

[J4] Scaredy Cats 🎧

[J4] Monkey
Puzzle 🎧

[J4] Imogene's
Antlers 🎧
[JK3] 머리에 뿔이
났어요

주제별로 좋아하는 그림책 → 동물

동물 베스트 그림책

[J1] Blue Sea 🎧

[J2] Where is the Green Sheep? 🎧

[J2] Can You Keep a Secret? 🎧

[J2] The Chick and the Duckling 🎧

[J4] The Very Hungry Caterpillar 🎧
[JK2] 배고픈 애벌레

동물 그림책

[J1] Have You Seen My Duckling? 🎧
[JK1] 아기 오리는 어디로 갔을까요?

[J1] Monkey and Me 🎧
[JK2] 원숭이랑 나랑

[J1] John Butler: Baby 그림책 시리즈 🎧
[JK1] 존 버틀러 그림책 시리즈

[J1] Orange Pear Apple Bear 🎧

[J1] Hurry! Hurry! 🎧
[JK2] 서둘러요! 서둘러!

[J2] I Went Walking 🎧

[J2] Does a Kangaroo Have a Mother, Too? 🎧

[J2] The Happy Day 🎧
[JK1] 코를 킁킁

[J2] Colour Me Happy! 🎧

[J2] Dogs 🎧
[JK2] 네가 좋아

[J2] In the Small, Small Pond 🎧
[JK2] 조그맣고 조그만 연못에서

[J2] Finding Jack 🎧

[J2] Hop Jump 🎧

[J2] I Wish I were a Dog 🎧
[JK2] 개가 되고 싶어

[J3] Good – Night, Owl! 🎧

[J3] Mouse Paint 🎧
[JK2] 퐁당퐁당
물감놀이

[J3] Who is the
Beast? 🎧

[J3] The Stray Dog 🎧
[JK2] 떠돌이 개

[J3] My Cat Likes to
Hide in Boxes 🎧

[J3] Hondo & Fabian
[JK2] 바둑이와 야옹이

[J3] Silly Suzy
Goose 🎧
[JK2] 똑같은 건 싫어!

[J3] Russell the
Sheep 🎧

[J3] The Escape of
Marvin the Ape 🎧

[J3] I'm the Best 🎧
[JK2] 내가 최고야

[J3] Bear's Magic
Pencil
[JK2] 앤서니 브라운의
마술 연필

[J3] Washing Line 🎧

[J4] Little Beauty 🎧
[JK2] 우리는 친구

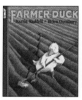

[J4] Farmer Duck 🎧
[JK3] 옛날에 오리
한 마리가 살았는데

[J4] We're Going on
a Picnic! 🎧

[J4] Harry the Dirty
Dog 🎧
[JK2] 목욕은 정말
싫어요

[J4] The Mixed–Up
Chameleon 🎧

[J4] Kitten's First Full
Moon 🎧
[JK2] 달을 먹은
아기 고양이

[J4] Where's My
Teddy? 🎧
[JK2] 내 곰 인형
어디 있어?

[J4] The Bear's
Lunch 🎧

[J4] Little Penguin's
Tale 🎧

주제별로 좋아하는 그림책 ── 음식 · 요리

음식 · 요리 베스트 그림책

[J1] Pancakes for Breakfast

[J2] Bread Bread Bread 🎧

[J3] Five Little Monkeys Bake a Birthday Cake 🎧
[JK2] 쉿! 엄마 깨우지 마!

[J3] Pete's a Pizza 🎧
[JK2] 아빠랑 함께 피자 놀이를

[J4] I will Not Ever Never Eat a Tomato
[JK3] 난 토마토 절대 안 먹어

음식 · 요리 그림책

[J2] Ketchup on Your Cornflakes?

[J3] Peanut Butter and Jelly 🎧

[J3] Two Eggs, Please.

[J3] Apple Farmer Annie

[J3] Mr. Cookie Baker

[J3] Zed's Bread 🎧

[J3] Cake Girl

[J3] The Cake That Mack Ate 🎧

[J4] Pancakes, Pancakes! 🎧
[JK2] 팬케이크, 팬케이크

[J4] Arnie, the Doughnut

[J4] Bread and Jam for Frances 🎧
[JK2] 프란시스는 잼만 좋아해

[J4] The Little Red Hen

[J5] Cook – a – Doodle – Doo!

[J5] How to Make an Apple Pie and See the World

[J5] Fannie in the Kitchen

수학 베스트 그림책

[J1] Big, Bigger,
Biggest 🎧

[J1] Eating Fractions

[J3] MathStart 시리즈:
Level 1 🎧

[J4] How Much is a
Million? 🎧
[JK3] 백만은 얼마나
클까요?

[J4] One Hundred
Hungry Ants
[JK3] 배고픈 개미 100
마리가 발발발

수학 그림책

[J1] Sea Shapes 🎧

[J2] Time to…

[J3] When Sheep
Cannot Sleep
[JK2] 아기양 울리의
저녁 산책

[J3] The Shape of
Things 🎧

[J3] How Many
Snails?

[J3] Mouse Shapes

[J3] 12 Ways to Get
to 11

[J4] Me Counting
Time: From Seconds
to Centuries
[JK3] 시간: 1초에서
1000년까지

[J4] Mission: Addition
[JK3] 덧셈놀이

[J4] Subtraction
Action
[JK3] 뺄셈놀이

[J3] Adding Animals

[J3] Takeaway
Monsters

[J4] Each Orange
Had 8 Slices

[J4] Clocks and More
Clocks

[J4] Apple Fractions
[JK4] 사과는 분수를
좋아해

주제별로 좋아하는 그림책 과학

과학 베스트 그림책

[J2] Bugs! Bugs!
Bugs! ∩
[JK2] 또르르 팔랑팔랑
귀여운 곤충들!

[J3] Water ∩
[JK2] 물 이야기

[J4] Let's Read and
Find Out 시리즈:
Level 1 (54권) ∩

[J4] Mommy Laid an
Egg ∩
[JK3] 엄마가 알을 낳
았대!

[J5] Magic School
Bus TV 시리즈
(33권) ∩
[JK4] 신기한 스쿨 버
스 키즈 시리즈

과학 그림책

[J2] Wow! Ocean!
[JK2] 우아! 바다다!

[J3] An Island Grows
[JK2] 섬 하나가 쑤욱:
섬이 생겨난 이야기

[J3] Food Chain ∩

[J3] Elephants Swim
[JK2] 코끼리가
수영을 해요

[J3] Round Like
a Ball!

[J4] Stars! Stars!
Stars! ∩

[J4] Wonderwise 시리
즈 (20권)
[JK3] WONDERWISE
시리즈 ∩

[J4] Lights Out,
Night's Out

[J4] Where Does
Pepper Come From?:
and Other Fun Facts
[JK2] 달팽이는 왜
집을 지고 다닐까요?

[J4] The Beeman
[JK2] 벌 할아버지

[J4] Wiggle and
Waggle

[J4] ZigZag 과학그림
책 시리즈 (6권)
[JK3] 지그재그 호기심
과학 시리즈

[J5] The Cloud Book
[JK3] 엉뚱하고 재미있
는 구름 이야기

[J5] The Gas We
Pass
[JK2] 왜 방귀가
나올까?

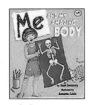

[J5] Me and My
Amazing Body
[JK3] 몸

미술 베스트 그림책

[J1] Museum ABC
[JK2] 미술관 ABC

[J2] Cat's Colors
[JK1] 야옹이가 제일
좋아하는 색깔은?

[J3] Little Blue and
Little Yellow ∩
[JK2] 파랑이와 노랑이

[J4] Willy's Pictures ∩
[JK3] 미술관에 간
윌리

[J5] When Pigasso
Met Mootisse
[JK3] 피가소와
무티스가 만났을 때

미술 그림책

[J1] I Spy Shapes in
Art
[JK2] 모양을 찾아라

[J2] Museum 123
[JK2] 미술관 123

[J3] Art & Max
[JK3] 아트 & 맥스

[J3] No One Saw ∩

[J3] I Spy: An
Alphabet in Art
[JK2] 알파벳을 찾아라

[J3] Monet's
Impressions

[J3] I Can Draw
People

[J3] Artful Reading

[J4] The Dot
[JK3] 점

[J4] Emily's Art
[JK3] 네 그림은
특별해

[J4] Luke's Way of
Looking ∩

[J4] Frida
[JK3] 프리다

[J4] A Book About
Design: Complicated
Doesn't Make It Good

[J5] The Shape
Game
[JK3] 앤서니 브라운의
행복한 미술관

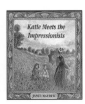
[J5] Katie Meets the
Impressionists
[JK3] 미술관 여행

[J1] Alphabatics 🎧
[JK2] 알파벳은
요술쟁이

[J1] Color Zoo 🎧
[JK1] 알록달록 동물원

[J1] First the Egg 🎧
[JK1] 무엇이 무엇이
먼저일까?

[J1] Freight Train 🎧
[JK2] 화물 열차

[J1] Have You Seen
My Duckling? 🎧
[JK1] 아기 오리는
어디로 갔을까요?

[J1] No, David! 🎧
[JK1] 안 돼, 데이빗!

[J1] On Market
Street 🎧

[J1] Truck 🎧
[JK1] 트럭

[J1] Tuesday 🎧
[JK3] 이상한 화요일

[J1] Yo! Yes! 🎧
[JK2] 친구는 좋아!

[J2] Ape in a Cape 🎧

[J2] Blackout
[JK3] 앗, 깜깜해

[J2] Snow 🎧

[J2] Ten, Nine,
Eight 🎧

[J2] The Happy
Day 🎧
[JK1] 코를 킁킁

[J3] 1 is One
[JK3] 1은 하나

[J3] Don't Let the
Pigeon Drive the Bus! 🎧
[JK3] 비둘기에게 버스
운전은 맡기지 마세요!

[J3] Frog Went
A-Courtin' 🎧

[J3] Hondo &
Fabian 🎧
[JK2] 누가 더
즐거웠을까?

[J3] In the Small,
Small Pond 🎧
[JK2] 조그맣고 조그만
연못에서

[J3] Joseph Had a
Little Overcoat 🎧
[JK3] 요셉의 작고
낡은 오버코트가…?

[J3] King Bidgood's
in the Bathtub 🎧
[JK3] 그런데 임금님이
꿈쩍도 안 해요!

[J3] Knuffle Bunny
Too 🎧
[JK2] 내 토끼 어딨어?

[J4] More More More
Said the Baby 🎧
[JK2] 또, 또, 또
해주세요

[J3] My Friend
Rabbit 🎧
[JK2] 내 친구 깡총이

[J3] Olivia 🎧
[JK3] 그래도 엄마는
너를 사랑한단다

[J3] The Stray Dog 🎧
[JK2] 떠돌이 개

[J3] There was an Old Lady
Who Swallowed a Fly 🎧
[JK3] 옛날 옛날에 파리 한
마리를 꿀꺽 삼킨 할머니가
살았는데요

[J3] When Sophie
Gets Angry – Really
Really Angry… 🎧
[JK2] 쏘피가 화나면 –
정말, 정말 화나면…

[J4] In the Night
Kitchen 🎧
[JK2] 깊은 밤
부엌에서

[J4] A Child's Good
Night Book 🎧
[JK1] 모두 잠이
들어요

[J4] Click, Clack, Moo:
Cows That Type 🎧
[JK3] 탁탁 톡톡 음매~
젖소가 편지를 쓴대요

[J4] Creepy Carrots!
[JK3] 오싹오싹 당근

[J4] Just Me 🎧
[JK2] 바로 나처럼

[J4] Owen 🎧
[JK3] 내 사랑 뿌뿌

[J4] Madeline 🎧
[JK3] 씩씩한 마들린느

[J4] Officer Buckle
and Gloria 🎧

[J4] Where the Wild
Things are 🎧
[JK3] 괴물들이 사는
나라

[J4] The Snowy
Day 🎧
[JK2] 눈 오는 날

[J4] Play with Me 🎧
[JK2] 나랑 같이 놀자

수상작의 허와 실

어떤 그림책을 고를지 막막할 때 상을 받은 책이라면 어느 정도 신뢰가 가겠지요? 그림책과 관련된 상은 크게 3가지가 있습니다.

1. 칼데콧 상(Caldecott Medal)

미국어린이도서관 협회에서 전년도 미국에서 출간된 창작그림책 중 가장 뛰어난 작품에 수여하는 상입니다. 칼데콧 상(Caldecott Medal)을 받는 그림책은 오직 1권이고, 후보에 오른 1~5권 정도의 그림책은 칼데콧 아너(Caldecott Honor)를 받습니다. 이 상을 받은 책은 표지에 금색(Medel), 은색(Honor)의 동그란 메달 그림이 있어 쉽게 구분할 수 있습니다. 단, 이 상은 미국 국적자나 미국에 거주하는 사람에게만 줍니다. 그래서 수상 작가 중 영국작가는 별로 없지요.

칼데콧 상 수상작 중에는 유아용 한글그림책으로 번역된 책들이 많습니다.

그러나 어휘나 글이 쉽더라도 유아용 책이라고 단정짓기는 어려운 책들도 적지 않습니다. 조금 더 커야 이해할 수 있는 그림책도 있거든요. 일부 책들은 우리나라 아이들의 정서에 맞지 않기도 하고요. 글자가 없는 그림책도 꽤 됩니다. 그러므로 칼데콧 상을 받은 책이라고 덥석 집지 말고 영어 글밥이나 아이들의 정서를 감안해서 보여주세요.

특히 한글로 번역본을 재미있게 읽었다고 영어책도 잘 읽을 수 있다고 생각하면 낭패를 볼 수 있습니다. 아이가 재미있게 볼 만한 영어책인가 판단하려면 한글 번역본의 잠수네 단계를 보세요. JK1단계는 1~4세, JK2단계는 5~7세, JK3단계는 초1, JK4단계는 초2가 주로 보는 책입니다. 영어책 단계는 높은데 한글책 단계가 낮다면 영어원문을 쉽게 번역해서 어린 아이들용으로 낸 책이라 보면 됩니다.

2. 케이트 그린어웨이 상(Kate Greenaway Medal)

영국도서관협회에서 영국에서 출판된 그림책 중 가장 뛰어난 그림책을 쓴 작가에게 주는 상입니다. 케이트 그린어웨이 상은 1년에 1권의 책에만 주기 때문에 여러 권에 상을 주는 칼데콧 상에 비해 수상작이 많지 않습니다.

대신 이 상을 받은 작가는 영국의 대표적인 작가라는 것을 기억해두면 여러 모로 도움이 됩니다. 수상 작가로는 존 버닝햄(John Burningham), 앤서니 브라운(Anthony Browne), 팻 허친스(Pat Hutchins), 레이몬드 브릭스

(Raymond Briggs), 마틴 워델(Martin Waddell), 브라이언 와일드스미스(Brian Wildsmith), 미니 그레이(Mini Grey), 앨런 앨버그(Allan Ahlberg), 헬렌 쿠퍼(Helen Cooper), 셜리 휴즈(Shirley Hughes), 에밀리 그래빗(Emily Gravett) 등이 있습니다.

3. 한스 크리스천 안데르센 상(Hans Christan Andersen Awards)

국제아동도서협의회(International Board on Books for Young People, IBBY)에서 주는 상입니다. 위의 두 상이 작품에 주는 상인데 비해 이 상은 하나의 작품이 아니라 평생 펴낸 모든 작품을 심사해서 좋은 그림책을 낸 작가에게 줍니다. 격년으로 시상하기 때문에 이 상을 받은 작가가 많지 않습니다. 일러스트레이터 부분의 수상자 중 우리가 잘 아는 작가는 1970년 모리스 샌닥(Maurice Sendak), 1998년 토미 웅거러(Tomie Ungerer), 2000년 앤서니 브라운(Anthony Browne), 2012년 피터 시스(Peter Sis) 등이 있습니다.

노부영과 베오영, 문진영어동화의
장점과 문제점, 그리고 대안

노부영과 베오영, 문진영어동화 시리즈의 장점

유아영어에 관심 있는 부모라면 노부영(노래로 부르는 영어동화), 베오영(베스트셀링 오디오 영어동화), 문진영어동화(My Little Library, MLL)에 대해 여러 번 들어보셨을 겁니다. 아이들 영어교육에 많은 도움이 되는 영어그림책들이지요. 이들 시리즈의 장점을 꼽아보자면,

- 온, 오프 서점 어디에서나 쉽게 살 수 있다.
- 오디오CD가 있어 발음에 자신 없는 부모에게 자신감을 갖게 해준다.
- 흥겨운 노래가 함께 녹음된 제품이 많아 어린아이들이 영어책에 재미있고 쉽게 접근할 수 있다.
- 영미권에서 유명한 그림책들이 다수 포함되어 있다.
- 한글 번역본으로 나온 그림책의 원서가 많이 들어 있어 아이들에게 친숙하다.
- 좋은 그림책을 모았기 때문에 영어그림책에 문외한인 부모도 선뜻 살 수 있다.
- 초등 때까지 오래오래 볼 수 있는 책들도 꽤 있다.
- 일부 책은 해외에서 구입하는 것보다 저렴하다.

그러나 장점에 가려진 문제점도 꽤 있습니다. 잠수네 시각에서 본 문제점과 대안을 정리해봤습니다.

노부영과 베오영, 문진영어동화 시리즈의 문제점과 대안

❶ 지나치게 활용을 강조한다 ……▶ 편안하게 읽어주고 듣기만 해도 충분해요

이들 시리즈를 낸 회사의 홈페이지에 들어가면 책을 매개로 한 다양한 교육계획이 올라와 있습니다. 독후활동을 위한 자료들도 많고요. 영어교사나 영어를 잘하고 에너지와 시간이 넘치는 부모라면 이런 자료가 도움이 될 수도 있겠지요. 그러나 집에서 매일 아이들과 부대끼는 평범한 부모들은 꾸준히 따라 하기에 벅찬 내용들입니다. 아무리 여러 가지 영어교육 이론에 근거한 효과적인 방법론이라 한들 부모들이 실천하기 어렵다면 무용지물일 뿐입니다.

잠수네 고참 회원들에게 영어책 활용이 필요한가 물어보면 당장 "그런 거 왜 해요?" 또는 "하면 나쁘지 않겠지만 난 안 해도 괜찮던걸요?" 하는 답변이 돌아옵니다. 단순하게 '영어책 듣고 읽기'만으로도 영어를 전공한 대학생을 뛰어넘는 실력을 갖춘 초등학생, 중고생으로 키운 경험이 있거든요. 영어책 활용을 어떻게 하면 좋을까 고민하지 마세요. '영어책+CD 세트'에 들어 있는 워크북 역시 안 해도 그만입니다. '재미있는 책'으로 접근해도 충분하다는 것을 수많은 잠수네 아이들이 검증해주고 있습니다.

❷ 난이도, 연령대 차이가 많이 난다 ……▶ 잠수네 영어책 단계를 참조, 적기에 구입하세요

많은 분들이 처음에 어떤 영어그림책을 보여주면 좋을지 고민합니다. 가급적 아이가 재미있어하고 공감할 만한 책을 찾고 싶기 때문이지요. 그러나 일명 '대박책'을 만나기가 쉽지 않은 것은 '영어 글의 수준, 정서(공감), 성향'의 3요소가 일치해야 하기 때문입니다.

영어책을 많이 접해보지 않은 부모들은 영어그림책이라면 유아용이라 생각하기 쉽습니다. 그러나 영미권에서는 유아용이라도 외국인인 우리가 보기에는 어휘나 문장 수준이 높은 책이 많습니다. 한글 번역본만 보고 유아용이라 생각했던 책이 원서로는 J4, J5단계(미국 초등 2~3학년) 수준인 경우도 있습니다. 초등학생만 되어도 그림책을 구입하지 않는 국내시장 여건상 유아 대상으로 쉽게 번역해서 내기 때문입니다. 또한 원문은 쉬워도 내용 자체는 초등학생 이상은 되어야 공감되는 것도 꽤 섞여 있습니다.

다음은 잠수네 영어책 단계를 기준으로 정리한 표입니다(가장 많은 권수에 빨간색 표기).

J단계	노부영	베오영	문진영어동화
J1	16	1	15
J2	42	2	43
J3	75	14	64
J4	49	51	53
J5	23	29	16
J6	3	3	2
계	208	100	193

위의 표를 보면 J3~J4단계 책들이 제일 많습니다. J5, J6단계도 몇 권 되는군요. J4단계부터는 문장이 많이 어려워집니다. J5단계 이상은 웬만큼 영어를 한다는 부모라도 모르는 어휘가 많이 나옵니다. J5~J6단계 책 중에는 초등 3학년 이상은 되어야 이해되는 책들이 꽤 있습니다.

한글책의 경우 아이가 이해하기 어려운 내용이라면 쉽게 풀이해주거나, 중간중간 쉬운 문장을 연결해서 읽어주는 분이 많을 겁니다. 영어를 잘하는 부모라면 영어책을 이와 같은 방식으로 읽어줄 수도 있겠지요. 그러나 영어에 자신 없는 부모라면 아이의 정서도 중요하지만 영어책의 난이도도 무시할 수 없습니다.

❸ 아이마다 선호도가 많이 다르다 ……▶ **아이가 좋아할 만한 영어책을 연구해야 해요**
한글그림책 선호도를 보면 유아기 남자아이들은 공룡이나 탈것을, 여자아이들은 공주나 요정이 나오는 책을 좋아하는 경향이 있습니다. 영어책도 한글책 선호도와 거의 일치합니다. 한글그림책을 읽어줄 때는 내용을 알아듣기라도 하지만, 영어그림책은 처음부터 알아들을 수 없으므로 더더욱 아이가 좋아하는 영역을 찾으려 노력해야 합니다. 억지로 공부해야 하는 교재라면 아이가 별로 좋아하지 않더라도 일일이 단어를 인지시키고, 문장 내용을 이해하도록 해야 겠지요. 그러나 영어그림책을 보여주는 이유가 재미있게 영어를 접하기 위해서라면, 최우선으로 둘 것이 '재미있는 책 찾기'입니다. 그림이 아기자기하고, 줄거리가 흥미진진하다면 좀 어려워도 아이들은 계속해서 듣고 보려고 합니다. 그런 책을 찾는 것이 가장 중요해요.

❹ 모든 책에 오디오CD가 있을 필요는 없다 ……▶ **유튜브, 인터넷서점에서 검색해 보세요**
간혹 굳이 오디오CD로 들을 필요성이 없거나 별로 도움이 안 되는 워크북까지 구입하기 아까울 때가 있습니다. 영어 전래동요(Mother Goose & Nursery Rhyme)는 유튜브를 검색하면 간단한 애니메이션 동영상부터 아이들이 부르는 노래, TV에서 방영된 동요 프로그램까지 수두룩하게 뜹니다. 오디오CD가

있는 마더구스 합본 책을 사거나, 위싱 DVD 시리즈 한두 개를 사도 되지요. 영어책 역시 쉽거나 재미없게 녹음된 책이라면 낱권을 사면 됩니다. 국내 서점에서 중고책으로 싸게 살 수도 있고, 해외에서 저렴한 가격에 구입할 수 있으니까요. 국내에서 녹음 라이센스를 해서 낸 신간인 경우, 구입하기 전 먼저 아마존 등 해외 사이트의 평점이나 리뷰 개수를 확인해보세요. 신간은 해외에서도 아이들의 반응이 어떤지 검증되지 않은 경우가 많습니다.

노부영, 베오영, 문진영어동화 단계별 보기

노부영 (노래로 부르는 영어동화)

[J1] Alphabatics

[J1] Big Hugs, Little Hugs

[J1] Count!

[J1] Freight Train

[J1] Go, Go, Grapes!: A Fruit Chant

[J1] Helen Oxenbury's Big Baby Book

[J1] In My World

[J1] On Market Street

[J1] Piggies

[J1] Rain

[J1] Rosie's Walk

[J1] School Bus

[J1] The Accidental Zucchini

[J1] The Artist Who Painted a Blue Horse

[J1] Tomorrow's Alphabet

[J1] Who Says Woof?

[J2] All the World

[J2] Animal Parade: A Wildlife Alphabet

[J2] Ape in a Cape

[J2] Barnyard Banter

[J2] Bear Hunt

[J2] Bread Bread Bread

[J2] Bugs! Bugs! Bugs!

[J2] Click, Clack, Quackity-Quack: An Alphabetical Adventure

[J2] Does a Kangaroo Have a Mother, Too?

[J2] Duck, Duck, Goose!

[J2] Eating the Alphabet

[J2] Everyone Poops

[J2] Fish Eyes: A Book You Can Count on

[J2] Five Little Ducks

[J2] Five Little Men in a Flying Saucer

[J2] Here Are My Hands

[J2] I Went Walking

[J2] If You See a Kitten

[J2] In the Small, Small Pond

[J2] Lots of Feelings

[J2] Lunch

[J2] Monster, Monster

[J2] Not a Box

[J2] One Gorilla

[J2] Read Anything Good Lately?

[J2] See You Later, Alligator!

베오영 (베스트셀링 오디오 영어동화)

[J4] Big Sister and Little Sister

[J4] Can't You Sleep, Little Bear?

[J4] Charlie Needs a Cloak

[J4] Curious George

[J4] Curious George Flies a Kite

[J4] Curious George Goes to the Hospital

[J4] Curious George Takes a Job

[J4] Diary of a Fly

[J4] Diary of a Spider

[J4] Diary of a Worm

[J4] Dooby Dooby Moo

[J4] Duck in the Truck

[J4] Five Little Monkeys Wash the Car

[J4] Happy Birthday, Moon

[J4] Hit the Ball Duck

[J4] How to Catch a Star

[J4] Husherbye

[J4] Into the Forest

[J4] Little Monster Did it!

[J4] Lost and Found

[J4] Love, Splat

[J4] Madeline

[J4] Madeline's Christmas

[J4] Mommy Laid an Egg

[J4] Mushroom in the Rain

[J4] Peace at Last

[J4] Pet Show!

[J4] Russell and the Lost Treasure

[J4] Russell's Christmas Magic

[J4] Stone Soup

[J4] Tell Me Something Happy Before I Go to Sleep

[J4] The Balloon Tree

[J4] The Bear Under the Stairs

[J4] The Cat in the Hat Comes Back

[J4] The Incredible Book Eating Boy

[J4] The Night Pirates

[J4] The Rabbits' Wedding

[J4] The Surprise Party

[J4] The Three Robbers

[J4] The Way Back Home

[J4] The Wind Blew

[J4] Tops & Bottoms

[J4] Whatever Next!

[J4] Willy's Pictures

[J4] Winnie Flies Again

[J4] Winnie in Winter

[J4] Winnie's Magic Wand

[J4] Winnie's New Computer

[J5] A Pocket for Corduroy

[J5] Aliens Love Underpants!

[J5] Amazing Grace

[J5] Chrysanthemum

[J5] Corduroy

[J5] Curious George Gets a Medal

[J5] Curious George Rides a Bike

[J5] Dr. Dog

[J5] Earthdance

[J5] Have You Seen Bugs?

[J5] I Have a Sister My Sister is Deaf

[J5] Miss Rumphius

[J5] Pumpkin Soup

[J5] The Cat Who Wanted to Go Home

[J5] The Composer is Dead

[J5] The Dragon Machine

[J5] The Gardener

[J5] The Paper Crane

[J5] The Polar Express
[J5] The Sneetches and Other Stories
[J5] The Story about Ping
[J5] The Story of Ferdinand
[J5] The Story of Little Babaji
[J5] The Tin Forest
[J5] The Treasure

[J5] Voices in the Park
[J5] When the Wind Stops
[J5] Who is the World For?
[J5] Frederick and His Friends
[J6] A Story, a Story
[J6] The Velveteen Rabbit
[J6] Unwitting Wisdom

문진영어동화 (My Little Library)

[J1] 1 Hunter
[J1] Alphabet Animals
[J1] Big Fat Hen
[J1] Big, Bigger, Biggest
[J1] Blue Sea (49)
[J1] First the Egg
[J1] Have You Seen My Cat?
[J1] Hurry! Hurry!
[J1] Monkey and Me
[J1] One Mole Digging a Hole
[J1] One to Ten and Back Again
[J1] Orange Pear Apple Bear
[J1] Run, Mouse, Run!
[J1] Strawberries are Red
[J1] Things I Like
[J2] Alphabet
[J2] Alphabet Ice Cream
[J2] Baby ABC
[J2] Bear about Town
[J2] Bear in a Square
[J2] Bear's Busy Family
[J2] Beep Beep
[J2] Brown Bear, Brown Bear, What Do
     You See?

[J2] Brush Your Teeth Please
[J2] Can You Keep a Secret?
[J2] Chocolate Mousse for Greedy
     Goose
[J2] Choo Choo
[J2] Colour Me Happy!
[J2] Dinnertime!
[J2] Far Far Away!
[J2] Faster, Faster! Nice and Slow!
[J2] Finding Jack
[J2] Fire Engine
[J2] Flutter by, Butterfly
[J2] From Head to Toe
[J2] Hello, Little Bird
[J2] Here are My Hands
[J2] Hippo Has a Hat
[J2] Hop Jump
[J2] I Can Be Anything
[J2] If I Had a Dragon
[J2] I'm the Biggest Thing in the Ocean
[J2] It Looked Like Spilt Milk
[J2] Jamberry
[J2] Let's Go Visiting
[J2] Mr McGee and the Perfect Nest

프리스쿨용

리더스북
그림책 같은 리더스북
컬러판 챕터북

리더스북 베스트

리더스북은 '단어와 문장 수준에 따라 단계로 된 시리즈'와 '같은 단계의 책만
으로 된 시리즈'가 있습니다. 리더스북은 읽기 연습용입니다. 쉬운 집중듣기와
읽기용으로 활용해주세요.

단계별로 된 리더스북

Oxford Reading Tree 시리즈

[J1] Oxford Reading Tree 시리즈: Stage 1+ 🎧
[J1] Oxford Reading Tree 시리즈: Stage 2 🎧
[J2] Oxford Reading Tree 시리즈: Stage 3 🎧
[J2] Oxford Reading Tree 시리즈: Stage 4 🎧
[J3] Oxford Reading Tree 시리즈: Stage 5 🎧
[J3] Oxford Reading Tree 시리즈: Stage 6~7 🎧
[J2] Read at Home 시리즈: Level 1~2 🎧
[J3] Read at Home 시리즈: Level 3~5 🎧

I Can Read Book 시리즈

[J2] I Can Read Book 시리즈: My First 🎧
[J3] I Can Read Book 시리즈: Level 1 🎧
[J4] I Can Read Book 시리즈: Level 2 🎧
[J4] I Can Read Book 시리즈: Level 3 🎧
[J2] I Can Read Book 시리즈: Biscuit 🎧
[J3] I Can Read Book 시리즈: Fancy Nancy 🎧
[J3] I Can Read Book 시리즈: Pinkalicious 🎧
[J3] I Can Read Book 시리즈: Splat the Cat 🎧

Scholastic Reader 시리즈

[J2] Scholastic Reader 시리즈: My First 🎧
[J2] Scholastic Reader 시리즈: Level 1 🎧
[J3] Scholastic Reader 시리즈: Level 2 🎧
[J4] Scholastic Reader 시리즈: Level 3 🎧
[J2] Scholastic Reader 시리즈: Noodles 🎧
[J2] Scholastic Reader 시리즈: Math (Level 1) 🎧
[J2] Scholastic Reader 시리즈: Clifford 🎧
[J2] Scholastic Reader 시리즈: I Spy

Learn to Read 시리즈

[J1] Learn to Read 시리즈: Level 1 🎧
[J2] Learn to Read 시리즈: Level 2 🎧
[J2] Learn to Read 시리즈: Level 3 🎧

Ready to Read 시리즈

[J2] Ready to Read 시리즈: Level 1 🎧
[J4] Ready to Read 시리즈: Level 2 🎧
[J2] Ready to Read 시리즈: Eloise 🎧
[J2] Ready to Read 시리즈: Dora 🎧
[J2] Ready to Read 시리즈: Robin Hill School 🎧
[J2] Ready to Read 시리즈: Olivia 🎧
[J3] Ready to Read 시리즈: Henry and Mudge 🎧
[J3] Ready to Read 시리즈: Spongebob Squarepants 🎧

Step into Reading 시리즈

[J1] Step into Reading 시리즈: Step 1 🎧
[J2] Step into Reading 시리즈: Step 2 🎧
[J3] Step into Reading 시리즈: Step 3 🎧
[J4] Step into Reading 시리즈: Step 4 🎧
[J2] Step into Reading 시리즈: Richard Scarry 🎧
[J2] Step into Reading 시리즈: Thomas 🎧
[J3] Step into Reading 시리즈: Berenstain Bears 🎧
[J3] Step into Reading 시리즈: Frozen 🎧

All Aboard Reading 시리즈

[J2] All Aboard Reading 시리즈: Level 1 🎧
[J3] All Aboard Reading 시리즈: Level 2 🎧
[J4] All Aboard Reading 시리즈: Level 3 🎧
[J2] All Aboard Reading 시리즈: Max and Ruby
[J3] All Aboard Reading 시리즈: Strawberry Shortcake
[J3] All Aboard Reading 시리즈: Angelina ballerina
[J3] All Aboard Reading 시리즈: Nina Ballerina
[J3] All Aboard Reading 시리즈: Super Why!

Puffin Easy–to–Read 시리즈

[J2] Puffin Easy–to–Read 시리즈: Level 1
[J3] Puffin Easy–to–Read 시리즈: Level 2
[J4] Puffin Easy–to–Read 시리즈: Level 3
[J2] Puffin Easy–to–Read 시리즈: Tiny
[J2] Puffin Easy–to–Read 시리즈: Harry
[J3] Puffin Easy–to–Read 시리즈: James Marshall
[J3] Puffin Easy–to–Read 시리즈: Fox
[J4] Young Cam Jansen 시리즈

Little Critter First Readers 시리즈

[J2] Little Critter First Readers 시리즈: Level 1 🎧
[J3] Little Critter First Readers 시리즈: Level 2 🎧
[J3] Little Critter First Readers 시리즈: Level 3 🎧

Usborne First Reading 시리즈

[J2] Usborne First Reading 시리즈: Level 1~2 🎧
[J3] Usborne First Reading 시리즈: Level 3~4 🎧
[J3] Usborne Very First Reading 시리즈 🎧

Cambridge Storybooks 시리즈

[J1] Cambridge Storybooks 시리즈: Level 1 🎧
[J2] Cambridge Storybooks 시리즈: Level 2 🎧
[J3] Cambridge Storybooks 시리즈: Level 3~4 🎧

Reading adventure 시리즈

[J1] Reading Adventures 시리즈: Winnie the Pooh
[J2] Reading Adventures 시리즈: Cars
[J2] Reading Adventures 시리즈: Disney Princess

Red Nose Readers 시리즈

[J1] Red Nose Readers: Red
[J2] Red Nose Readers: Yellow
[J3] Red Nose Readers: blue

First Little Readers 시리즈

[J2] First Little Readers 시리즈: Level A 🎧
[J2] First Little Readers 시리즈: Level B 🎧
[J2] First Little Readers 시리즈: Level C 🎧

하나의 단계로 된 리더스북

[J1] Potato Pals
시리즈: 세트1, 2 🎧

[J2] Wishy Washy
Readers 시리즈 🎧

[J2] Bright and Early
Books 시리즈 🎧

[J2] Zig Zag
시리즈 🎧

[J2] Toopy and Binoo
시리즈 🎧

[J2] My Books
시리즈 🎧

[J3] Curious George
TV Readers 시리즈 🎧

[J3] Iris and Walter
시리즈

[J3] Folk & Fairy Tale
Easy Readers
시리즈 🎧

[J3] Usborne
Farmyard Tales
시리즈 🎧

[J3] Poppy and Max
시리즈 🎧

[J4] Happy Families
시리즈 🎧

● 프리스쿨용 리더스북, 그림책 같은 리더스북, 컬러판 챕터북

파닉스 리더스북 베스트 & 학습서·사전

〈파닉스 리더스북〉은 리더스북 중에서도 파닉스를 쉽게 습득할 수 있도록 나
온 8~12쪽의 얇은 책입니다. 대부분 10~12권의 세트로 구성되어 있습니다. 읽
기 첫걸음으로 좋은 책입니다.

파닉스 리더스북 베스트

[J1] Sight Word
Readers 시리즈
(25권) 🎧

[J2] Clifford Phonics
Fun 시리즈 (74권) 🎧

[J1~3] Floppy'
s Phonics 시리즈:
Stage 1~6 (66권) 🎧

[J2] I Can Read!: My
Little Pony Phonics
Fun시리즈 (12권)

[J2] I Can Read!:
Biscuit Phonics Fun
시리즈 (12권)

파닉스 리더스북

[J1] Brand New
Readers 시리즈
(59권)

[J1~2] Bob Books
시리즈: Set 1~4
(40권)

[J2] Curious George
Phonics 시리즈 (13권)

[J2] Usborne Phonics
Readers 시리즈
(12권) 🎧

[J2] I Can Read!:
Little Critter Phonics
Fun 시리즈 (12권)

[J2] I Spy Phonics
Fun 시리즈 (12권)

[J2] I Can Read!:
Fancy Nancy Phonics
시리즈 (12권) 🎧

[J2] I Can Read!:
Berenstain Bears
Phonics Fun 시리즈
(12권)

[J3] Superhero
Phonic Readers
시리즈 (10권)

[J3] I Can Read!:
Batman Phonics Fun
시리즈 (12권)

파닉스 · 어휘 학습서

Steck – Vaughn
Phonics 시리즈
(Level K, A)

PEARSON Phonics
시리즈 (Level K, A)

Scholastic Phonics
시리즈 (Level K, A)

Spectrum Phonics
시리즈 (Grade K,
Grade 1)

Scholastic 100 Words
Kids Need to Know
시리즈 (Grade 1)

영어그림사전

[J1] My First Word
Book

[J1] Maisy's Amazing
Big Book of Words

[J1] Longman Young
Children's Picture
Dictionary ∩

[J2] Scholastic First
Picture Dictionary

[J3] The Cat in the
Hat: Beginner Book
Dictionary

[J3] Oxford Reading
Tree Dictionary ∩

[J3] Curious George'
s Dictionary

[J3] Longman
Children's Picture
Dictionary ∩

[J3] Little Critter's
Picture Dictionary

[J3] Clifford's Big
Dictionary

그림책 같은 리더스북 베스트

〈그림책 같은 리더스북〉은 〈그림책〉과 〈리더스북〉의 중간 지점에 있는 책으로, TV캐릭터나 아이들이 좋아하는 동물들을 주인공으로 한 시리즈가 많습니다. 글밥이 많아 처음에는 쉽게 읽기 어려우나 그림이 예뻐 자꾸 들춰보게 되는 이점이 있습니다.

Biscuit 시리즈 (36권)

[J2] Biscuit Loves Mother's Day ∩
[J2] Biscuit Loves Father's Day ∩
[J2] Happy Easter, Biscuit! ∩
[J2] Happy Halloween, Biscuit! ∩

I Can Read Book 시리즈: Little Critter (13권)

[J2] Going to the Firehouse
[J2] To the Rescue!
[J2] Snowball Soup
[J2] Going to the Sea Park

Bright and Early Books 시리즈: Berenstain Bears (11권)

[J1] Old Hat New Hat ∩
[J1] Inside Outside Upside Down ∩
[J2] The Spooky Old Tree ∩
[J3] Bears in the Night ∩

My First Reader 시리즈 (48권)

[J2] My Birthday Cake ∩
[J2] A Bear for You ∩
[J2] My New Town ∩
[J2] Zoom, Zoom, Zoom ∩

Fly Guy 시리즈 (13권)

[J3] Hi! Fly Guy 🎧
[J3] Fly High, Fly Guy!
[J3] Fly Guy Meets Fly Girl
[J3] I Spy Fly Guy 🎧

Froggy 시리즈 (25권)

[J3] Froggy Goes to School 🎧
[J3] Froggy Plays Soccer 🎧
[J3] Froggy's Baby Sister 🎧
[J3] Froggy Learns to Swim 🎧

Arthur Starter 시리즈 (16권)

[J3] Arthur Tells a Story 🎧
[J3] Arthur and the Big Snow 🎧
[J3] Arthur's Mystery Babysitter 🎧
[J3] Good Night, D.W. 🎧

Little Critter 시리즈 (87권)

[J3] All by Myself 🎧
[J3] Me Too! 🎧
[J3] The New Baby 🎧
[J3] Just Grandma and Me 🎧

Little Princess 시리즈 (21권)

[J3] I Want My Potty 🎧
[J3] I Want My Dummy 🎧
[J3] I Want My Mum! 🎧
[J3] I Want My Dinner 🎧

D.W. 시리즈(Arthur) (9권)

[J3] D.W. Flips! 🎧
[J3] D.W. All Wet 🎧
[J3] D.W.'s Library Card 🎧
[J3] D.W., Go to Your Room 🎧

그림책 같은 리더스북 베스트

Max and Ruby TV 시리즈 (15권)

[J3] Max's Easter Surprise
[J3] Ruby's Falling Leaves
[J3] Ruby's Cupcakes
[J3] Max Makes a Friend

Clifford 시리즈 (50권)

[J3] Clifford's Happy Easter 🎧
[J3] Clifford at the Circus 🎧
[J3] Clifford's Good Deeds 🎧
[J3] Clifford the Big Red Dog 🎧

Peppa Pig 시리즈 (21권)

[J3] Daddy Pig's Office
[J3] Dentist Trip
[J3] Peppa Plays Football
[J3] Peppa Goes Camping

Poppleton 시리즈 (8권)

[J4] Poppleton
[J3] Poppleton Everyday
[J3] Poppleton in Spring
[J3] Poppleton in Winter

Caillou 시리즈 (33권)

[J3] What's That Funny Noise? 🎧
[J3] Caillou Goes Birdwatching 🎧
[J3] Caillou Learns to Skate 🎧
[J3] Caillou: The Circus Parade 🎧

Titchy Witch 시리즈 (8권)

[J3] Titchy Witch and the Disappearing Baby
[J3] Titchy Witch and the Wobbly Fang
[J3] Titchy Witch and the Bully Boggarts
[J3] Titchy Witch and the Birthday Broomstick

Dinofours 시리즈 (25권)

[J3] I'm Having a Bad Day! 🎧
[J3] I'm Not Your Friend! 🎧
[J3] I'm Super Dino! 🎧
[J3] It's Apple Picking Day! 🎧

Fancy Nancy 시리즈 (13권)

[J3] Fancy Nancy's Elegant Easter
[J3] Fancy Nancy and the Sensational Babysitter 🎧
[J3] Fancy Nancy: Heart to Heart 🎧
[J3] Fancy Nancy: There's No Day Like a Snow Day 🎧

Maisy TV 시리즈 (16권)

[J3] Maisy Makes Gingerbread 🎧
[J3] Maisy Makes Lemonade 🎧
[J3] Maisy's Bathtime 🎧
[J3] Maisy Dresses Up

I Can Read Book 시리즈: Danny the Dinosaur (3권)

[J3] Danny and the Dinosaur 🎧
[J3] Danny and the Dinosaur Go to Camp 🎧
[J3] Happy Birthday, Danny and the Dinosaur! 🎧

Dav Pilkey: Dragon Tales 시리즈 (5권)

[J4] Dragon Gets By
[J4] Dragon's Merry Christmas
[J4] Dragon's Fat Cat
[J4] A Friend for Dragon

Curious George 시리즈 (46권)

[J4] Curious George Makes Pancakes 🎧
[J4] Curious George Goes Camping 🎧
[J4] Curious George Goes to a Chocolate Factory 🎧
[J4] Curious George's First Day of School 🎧

프리스쿨 시기에는 〈그림책〉이나 〈리더스북〉〈그림책 같은 리더스북〉만 읽어
도 충분합니다. 그러나 아이의 영어실력이 올라가서 좀 더 두꺼운 영어책을 원
한다면, 그림이 많고 컬러풀한 챕터북 시리즈부터 보여주길 권합니다.

컬러판 챕터북 베스트

[J3] Mr. Putter &
Tabby
시리즈 (21권) ∩

[J4] Seriously Silly
Colour
시리즈 (8권) ∩

[J4] Mercy Watson
시리즈 (6권) ∩

[J4] Nate the Great
시리즈 (26권) ∩

[J4] Horrid Henry
Early Reader
시리즈 (22권) ∩

[J4] Chameleons
시리즈 (20권) ∩

[J4] Usborne Young
Reading 시리즈:
Level 1 (59권) ∩

[J4] Starters
시리즈 (16권) ∩

[J4] Mr. Dunfilling
시리즈 (4권) ∩

[J4] Sally Gardner:
Early Reader
시리즈 (6권) ∩

동전의 양면,
전자펜의 장점 뒤에 가려진 한계는?

유아들이 들을 만한 영어책은 그림책이든 리더스북이든 모두 10~30쪽 내외로
얇습니다. 오디오CD로 듣자면 참 허무하지요. 노래, 리딩, 챈트까지 합치면 분
량이 좀 되지만, 달랑 책 본문만 읽는 것은 몇 분이면 끝나니 오디오CD를 넣고
뺄 때마다 번거로울 수밖에 없습니다. 컴퓨터를 잘 다루는 분들은 오디오CD
를 MP3로 변환해서 컴퓨터나 스마트폰이나 태블릿, USB에 저장해서 들려주
기라도 하지만 보통 엄마라면 쉽게 엄두가 나지 않지요.

부모들의 답답한 마음을 한 방에 해결해준 제품이 볼펜형 MP3 플레이어인
전자펜입니다. 글자나 그림에 전자펜을 갖다 대면 단어나 문장을 줄줄 읽어주
는 기계지요. 어린아이를 둔 부모라면 이미 한두 개 구입했거나 주변에서 들어
본 제품일 겁니다. 전자펜은 세이펜을 위시해서 리딩펜, 사운드펜, 소리펜, 토
킹펜 등 다양한 제품명으로 끊임없이 나오고 있습니다.

전자펜의 가장 큰 장점은 다음 2가지입니다.

• 기기 자체가 신기해 아이가 호기심을 갖고 영어책을 듣게 된다.
• 오디오CD를 갈아 끼우는 번거로움이 없어 편하다.

그러나 이 장점이 단점으로 바뀌는 데는 그리 오랜 시간이 걸리지 않습니다.

1. 너무 어릴 때부터 영어를 학습적으로 진행하게 된다 ……▶ 질리지 않게 조심하세요
전자펜에 찍지 않고 영어책 전체를 담아 한 번에 듣는 형식으로 오디오CD의 불편함을 극복하는 분도 있습니다. 전자펜을 휴대용 MP3플레이어처럼 활용하는 것이죠. 그러나 전자펜이 인기를 얻자 구입자가 마음대로 음원을 조절할 수 있는 제품보다 음원이 내장된 제품이 훨씬 더 많아졌습니다. 영어책과 전자펜을 묶어서 판매해야 장사가 잘되기 때문입니다.

음원이 내장된 세이펜은 글자나 문장 단위로 찍어서 읽게 하는 경우가 대부분입니다. 이렇게 전자펜으로 영어책의 글자를 찍으며 듣는 것은 일종의 집중듣기입니다. '집중듣기=글자를 짚어가며 소리를 듣는 것'이니까요. 처음 몇 번은 호기심에 집중해서 들을 수 있습니다. 그러나 더 이상 재미를 느끼지 못하는데도 억지로 반복해서 들으라고 하면 어떤 아이가 좋아할까요? 글자를 찍어서 소리를 듣는 것은 읽기 연습을 전제로 한 과정입니다. 아이가 한글을 뗐는지 먼저 점검해보세요. 한글도 못 읽는다면 영어 글자를 듣고 읽을 수 없으니까요.

전자펜으로 듣고 따라 말하게 하면서, 완벽하게 읽을 때까지 반복시킨다는 분도 많더군요. 잠수네에서는 한 문장씩 듣고 따라 하는 것을 '정따(정확하게 따라 말하기)'라고 합니다. 정따는 초등학생도 지겨워서 몸을 비비 꼬는 방법입니다. 이 때문에 잠수네에서는 일시적으로 정따를 시도해볼 수는 있지만 오래하지 말라고 조언합니다. 정따를 하든 안 하든 영어실력이 향상되는 데 그리 영향을 미치지 않거든요. 전자펜으로 듣고 따라 말하게 하는 것은 정따입니다. 초등학생도 잘 안 하는 과정을 유아가, 며칠도 아닌 몇 달씩 하다가는 초등학교 입학하기도 전에 영어라면 치를 떠는 상황이 올 수 있습니다.

2. 전자펜에 길들여지면 오디오CD 듣기를 귀찮아한다 ……▸ **전자펜에 지나치게 의존하지 마세요**

앉으면 눕고 싶은 것이 사람 심리입니다. 부모 입장에서는 매번 오디오CD를 갈아 넣지 않아도 전자펜을 갖다 대기만 하면 읽어주니 편리하다고 느끼는 것이 당연합니다. 그러나 모든 영어책을 전자펜으로 들을 수는 없습니다. 언젠가는 오디오CD로 전환해야 할 시점이 반드시 옵니다. 그러나 바로 이 점이 아이 입장에서는 문제가 됩니다. 처음부터 전자펜으로 편하게 듣다가 갑자기 오디오CD로 바꾸면 산업사회에서 구석기 시대로 간 듯 불편합니다. 귀찮다는 마음이 불쑥 솟아오르는 것이 인지상정입니다. 좀 더 심해지면 CD 바꿔 끼우는 게 귀찮아 영어도 하기 싫어지는 상황이 되기도 합니다. 아무리 편해도 모든 영어책을 전자펜으로 듣게 하지 마세요. 습관은 참 무서운 것이랍니다.

3. 영어책보다 전자펜으로 무게중심이 쏠린다 ……▸ **어떤 영어책인가를 먼저 살피세요**

주객전도(主客顛倒)란 말이 있습니다. 주인과 객이 바뀌었다는 이 말이 영어책과 전자펜의 관계에서도 적용되는 것을 종종 봅니다. 전자펜의 편리함에 익숙해져, 전자펜으로 들을 수 있으면 영어책의 질은 그리 개의치 않는 상황으로 바뀌고 있습니다. 영어책을 잘 아는 부모라면 구입하지 않을 전집, 도서관에서 빌려봐도 충분한 영어책을 단지 전자펜이 붙었다는 이유만으로 덥석 사들이는 쪽으로요. 영어책은 구입하기 전에 꼭! 구글에서 검색해보세요. 우리나라 사이트에서만 검색되는 영어책은 구입할 가치가 없습니다.

4. 부모가 영어책 읽어주기에서 손을 놓기 쉽다 ……▸ **편리함보다 정서적 교감이 더 중요**

전자펜이 부모를 대신해 영어책을 술술 읽어주니 부모가 읽어주는 것을 중단하는 분들이 늘어나고 있습니다. 발음이 안 좋아서, 모르는 단어가 많아서, 편해서 등의 이유로요. 아이들에게 책을 읽어주는 것도 습관입니다. 한글책에도 전자펜이 붙은 제품이 많아지면서 아예 책을 읽어주는 것을 중단하는 상황이 될까 매우 걱정스럽습니다. 아이에게 책을 읽어주는 시간은 무엇보다 소중합니다. 전자펜으로 듣더라도 한글책, 영어책 읽어주기는 절대 손놓지 마세요.

프리스쿨용

DVD

JD1단계의 〈그림책DVD〉는 영어그림책의 내용을 그대로 동영상으로 만든 DVD입니다. JD2~JD4단계의 DVD는 유아용 〈TV애니메이션〉입니다. 시중에서 구하기 어려운 DVD는 유튜브에서 검색해보세요. 상당히 많은 분량의 에피소드를 볼 수 있습니다.

JD1단계 (그림책DVD)

[JD1] The Very Hungry Caterpillar and Other Stories
배고픈 애벌레

[JD1] Where the Wild Things Are… and 5 More Stories
괴물들이 사는 나라

[JD1] The Little Mouse, the Red Ripe Strawberry, and the Big Hungry Bear
생쥐와 딸기와 배고픈 큰 곰

[JD1] The Snowman
스노우맨

[JD1] Rosie's Walk & Others
로지의 산책

[JD1] The Rainbow Fish and Dazzle the Dinosaur
무지개 물고기와 아기 공룡 디노

[JD1] Bark, George

[JD1] Chicka Chicka Boom Boom and Lots More Learning Fun!

[JD1] Harry the Dirty Dog… and More Playful Puppy Stories
개구쟁이 해리

[JD1] Scholastic Storybook Treasures: Treasury of 100 Storybook Classics
스칼라스틱 그림책DVD

[JD1] Make Way for
Ducklings… and
More Delightful Duck
Stories

[JD1] Mama, Do you
love me?
엄마, 나를
사랑하세요?

[JD1] Officer Buckle
and Gloria & Others
버클 경장과
글로리아

[JD1] Noisy Nora…
and More Stories
About Mischief

[JD1] I Stink!… and
more stories on
wheels

[JD1] How Do
Dinosaurs Say
Goodnight?… and
more classic dinosaur
tales

[JD1] Granpa
우리 할아버지

[JD1] Father
Christmas
산타 할아버지의 휴가

[JD1] The Wheels on
the Bus… and More
Musical Stories

[JD1] Five Little
Monkeys Jumping on
the Bed… and More
Favorite Children's
Stories

[JD1] Spot 시리즈
스팟

[JD1] The Snowy
day & Others
눈 오는 날

[JD1] Pete's a Pizza…
and More William
Steig Stories

[JD1] Owen & Others
내 사랑 뿌뿌

[JD1] Goodnight
Moon & Other
Sleepytime Tales

[JD1] Chicka Chicka
123… and more
counting fun!

[JD1] Click, Clack,
Moo: Cows that Type
… and More Amusing
Animal Tales

[JD1] The Three
Robbers & Others
세 강도

[JD1] Goldilocks and
the Three Bears &
Others

[JD1] Raymond Briggs'
The Bear
레이몬드 브릭스의 곰

단계별 DVD 베스트 — JD2

JD2단계 (TV애니메이션)

[JD2] Caillou 시리즈
까이유

[JD2] Max & Ruby 시리즈
토끼네 집으로 오세요

[JD2] Dora the Explorer 시리즈
도라도라 영어나라

[JD2] Timothy Goes To School 시리즈
티모시네 유치원

[JD2] Thomas & Friends 시리즈
토마스와 친구들

[JD2] Wee Sing 시리즈
위씽

[JD2] Little Einsteins 시리즈
리틀 아인슈타인

[JD2] Maisy 시리즈
메이지

[JD2] Bob the Builder 시리즈
뚝딱뚝딱 밥아저씨

[JD2] Barney & Friends 시리즈
바니와 친구들

[JD2] Blue's Clues 시리즈
블루스 클루스

[JD2] Clifford's Puppy Days 시리즈
클리포드 퍼피 데이

[JD2] Numberjacks 시리즈
넘버잭스

[JD2] Chloe's Closet 시리즈
클로이의 요술옷장

[JD2] Peep and the Big Wide World 시리즈

[JD2] Toopy and Binoo 시리즈
투피와 비누

[JD2] Meg and Mog 시리즈
메그와 모그

[JD2] Tickety Toc 시리즈
시계마을 티키톡!

[JD2] Wibbly Pig 시리즈

[JD2] Tilly and Friends 시리즈
틸리와 친구들

[JD2] Peppa Pig 시리즈
꿀꿀 페파는 즐거워

[JD2] Sesame
Street 시리즈
세사미 스트리트

[JD2] Winnie the
Witch
마녀 위니

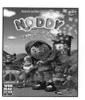

[JD2] Noddy 시리즈
노디야 놀자

[JD2] Kipper 시리즈
키퍼

[JD2] Wonder
Pets 시리즈
원더펫

[JD2] The Gruffalo

[JD2] The Adventures
of Curious George
클레이 애니메이션
호기심 많은 원숭이 조지

[JD2] BaBar: King of
the Elephants 시리즈
코끼리왕 바바

[JD2] Knuffle Bunny

[JD2] ALPHABLOCKS
시리즈
알파블록

[JD2] Daniel Tiger's
Neighborhood 시리즈
대니얼 타이거의
네이버후드

[JD2] Maggie and the
Ferocious Beast
시리즈
매기의 모험

[JD2] The Baby
Triplets 시리즈
우리는 세 쌍둥이

[JD2] Pocoyo 시리즈
포코요

[JD2] Ben and Holly's
Little Kingdom 시리즈
벤과 홀리의 작은 왕국

[JD2] Harry and
his Bucket Full of
Dinosaurs 시리즈
해리와 공룡 친구들

[JD2] Oswald 시리즈
오스왈드

[JD2] The Adventures
of Spot 시리즈
스팟

[JD2] Titch 시리즈
티치

JD3단계 (TV애니메이션)

[JD3] Berenstain
Bears 시리즈
우리는 곰돌이 가족

[JD3] Little Bear
시리즈
리틀베어

[JD3] The Magic Key
시리즈
매직키

[JD3] Charlie and
Lola 시리즈
찰리와 롤라

[JD3] Clifford 시리즈
클리포드

[JD3] Super WHY
시리즈
슈퍼 와이

[JD3] Little Princess
시리즈
리틀 프린세스

[JD3] Go Diego Go!
시리즈
고 디에고 고!

[JD3] Between the
Lions 시리즈
비트윈 더 라이온스

[JD3] Olivia 시리즈
올리비아

[JD3] Winnie the
Pooh 시리즈
곰돌이 푸

[JD3] WordWorld
시리즈
워드월드

[JD3] Strawberry
Shortcake 시리즈
스트로베리 숏케익

[JD3] Madeline TV
시리즈

[JD3] Fireman Sam
시리즈

[JD3] Angelina
Ballerina TV 시리즈

[JD3] Dragon Tales
시리즈
용용나라

[JD3] Franklin 시리즈
꼬마 거북 프랭클린

[JD3] Miss Spider's
Sunny Patch Friends
시리즈
**미스 스파이더와
개구쟁이들**

[JD3] Bigfoot
Presents Meteor and
the Mighty Monster
Trucks 시리즈
몬스터 트럭 메테오

[JD3] Veggie Tales
시리즈
야채극장 베지테일

[JD3] Handy Manny
시리즈
만능수리공 매니

[JD3] Dr. Seuss
시리즈

[JD3] LeapFrog:
Word 시리즈
립프로그

[JD3] Backyardigans
시리즈
꾸러기 상상여행

[JD3] Jakers! 시리즈
꼬마돼지 피글리의
모험

[JD3] The Paperbag
Princess
종이봉지 공주

[JD3] Moomin 시리즈
무민

[JD3] Tractor Tom
시리즈
빨간 트랙터 통통

[JD3] Strawberry
Shortcake: Berry
Fairy Tales 시리즈

[JD3] Care Bears:
Adventures in Care-
A-Lot 시리즈
케어 베어

[JD3] Richard Scarry
시리즈

[JD3] Doc McStuffins
시리즈
꼬마의사 맥스터핀스

[JD3] Angelina
Ballerina (3D)
TV시리즈
안젤리나 발레리나

[JD3] Special Agent
Oso 시리즈
특수요원 오소

[JD3] LeapFrog: Let's
Go to School

[JD3] Team Umizoomi
시리즈
우미주미

[JD3] Octonauts
시리즈
옥터놋

[JD3] Rolie Polie
시리즈
롤리폴리

[JD3] Ozie Boo!
시리즈
꽁꽁나라 오지부

주제별 DVD 베스트

일상

[JD2] Max & Ruby 시리즈
토끼네 집으로 오세요

[JD2] Caillou 시리즈
까이유

[JD2] Timothy Goes To School 시리즈
티모시네 유치원

[JD2] Thomas & Friends 시리즈
토마스와 친구들

[JD2] Maisy 시리즈
메이지

[JD2] Bob the Builder 시리즈
뚝딱뚝딱 밥아저씨

[JD2] Barney & Friends 시리즈
바니와 친구들

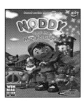
[JD2] Noddy 시리즈
노디야 놀자

[JD3] Berenstain Bears 시리즈
우리는 곰돌이 가족

[JD3] Charlie and Lola 시리즈
찰리와 롤라

[JD3] Little Bear 시리즈
리틀베어

[JD3] Clifford 시리즈
클리포드

[JD3] Doc McStuffins 시리즈
꼬마의사 맥스터핀스

[JD3] Olivia 시리즈
올리비아

[JD3] Fireman Sam 시리즈

[JD3] Madeline TV 시리즈

[JD3] Franklin 시리즈
꼬마 거북 프랭클린

[JD3] Veggie Tales 시리즈
야채극장 베지테일

[JD4] Arthur 시리즈
아서

[JD4] Eloise TV 시리즈
엘로이즈

동물

[JD2] Peppa Pig
시리즈
꿀꿀 페파는 즐거워

[JD2] Meg and Mog
시리즈
메그와 모그

[JD2] The Gruffalo
시리즈

[JD2] Kipper 시리즈
키퍼

[JD2] Wonder
Pets 시리즈
원더펫

[JD2] BaBar: King of
the Elephants 시리즈
코끼리왕 바바

[JD2] Toopy and
Binoo 시리즈
투피와 비누

[JD2] Oswald 시리즈
오스왈드

[JD2] Wibbly Pig
시리즈

[JD2] Harry and
his Bucket Full of
Dinosaurs 시리즈
해리와 공룡 친구들

[JD2] Blue's Clues
시리즈
블루스 클루스

[JD2] Clifford's Puppy
Days 시리즈
클리포드 퍼피 데이

[JD2] Maggie and the
Ferocious Beast
시리즈
매기의 모험

[JD2] Tilly and
Friends 시리즈
틸라와 친구들

[JD3] Moomin 시리즈
무민

[JD3] Richard Scarry
시리즈

[JD3] Backyardigans
시리즈
꾸러기 상상여행

[JD3] Winnie the
Pooh 시리즈
곰돌이 푸

[JD3] Octonauts
시리즈
옥터놋

[JD4] Dinosaur Train
시리즈
아기공룡 버디

주제별 DVD 베스트

공주

[JD3] Little Princess
시리즈
리틀 프린세스

[JD3] Strawberry
Shortcake 시리즈
스트로베리 숏케익

[JD3] Angelina
Ballerina TV 시리즈

[JD3] Angelina
Ballerina (3D)
TV시리즈
안젤리나 발레리나

[JD4] My Little Pony
시리즈
마이 리틀 포니

[JD4] Sofia the First
시리즈
리틀 프린세스 소피아

[JD4] The Little
Mermaid 시리즈
인어공주

[JD4] Cinderella
시리즈
신데렐라

[JD4] Snow White and
the Seven Dwarfs
백설공주와
일곱 난쟁이

[JD4] Sleeping
Beauty
잠자는 숲속의 공주

모험

[JD2] Dora the
Explorer 시리즈
도라도라 영어나라

[JD2] Chloe's Closet
시리즈
클로이의 요술옷장

[JD3] The Magic Key
시리즈
매직키

[JD3] Go Diego Go!
시리즈
고 디에고 고!

[JD3] Dragon Tales
시리즈
용용나라

[JD3] Bigfoot
Presents Meteor and
the Mighty Monster
Trucks 시리즈
몬스터 트럭 메테오

[JD3] Jakers! 시리즈
꼬마돼지
피글리의 모험

[JD4] Arthur's Missing
Pal

[JD4] George Shrinks
시리즈
조지가 줄었어요

[JD4] Jake and the
Neverland Pirates
시리즈
제이크와 네버랜드
해적들

단어 · 파닉스

[JD3] Super WHY
시리즈
슈퍼 와이

[JD3] WordWorld
시리즈
워드월드

[JD3] Between the
Lions 시리즈
비트윈 더 라이온스

ALPHABLOCKS
시리즈
알파블록

[JD3] LeapFrog:
Word 시리즈
립프로그

수학 · 과학

[JD2] Peep and the
Big Wide
World 시리즈

[JD2] Numberjacks
시리즈
넘버잭스

[JD3] Miss Spider's
Sunny Patch
Friends 시리즈
**미스 스파이더와
개구쟁이들**

[JD3] LeapFrog:
Math 시리즈
립프로그 수학

[JD3] Ozie Boo!
시리즈
꽁꽁나라 오지부

음악

[JD2] Little Einsteins
시리즈
리틀 아인슈타인

[JD2] Baby Genius
시리즈

DVD + 그림책 한 축에 꿰기

한글책-DVD-영어책을 연계해서 보여주면 여러모로 효과적입니다. 한글책으로 재미있게 봤던 캐릭터가 나오는 DVD를 찾아보세요. DVD를 재미있게 보고 나면 나중에 영어책으로 접근하기 쉽습니다.

※ 스마트폰으로 QR마크를 찍으면 유튜브 동영상 바로보기가 됩니다.

■ BaBar

DVD　　　　영어책　　　　　　　한글책

DVD　[JD2] BaBar: King of the Elephants 시리즈 (코끼리왕 바바)

영어책　[J5] Babar 시리즈 (10권)
　　　　[J3] Babar and the Ghost

한글책　[JK3] 코끼리왕 바바 그림책 시리즈 (시공주니어, 4권)
　　　　[JK3] 바바 왕 시리즈 (현북스, 4권)

■ Clifford

DVD　　　　　　　　영어책

DVD　[JD2] Clifford's Puppy Days 시리즈 (클리포드 퍼피 데이)
　　　[JD3] Clifford 시리즈 (클리포드)

영어책　[J2] Clifford Phonics Fun 시리즈 (74권)
　　　　[J2] Scholastic Reader 시리즈: Clifford (9권)
　　　　[J3] Clifford's Puppy Days 시리즈 (12권)
　　　　[J3] Clifford 시리즈 (50권)

■ Curious George

DVD 　　　　　　　　 영어책 　　　　　　　　　　　　　　　　　　　 한글책

DVD　　[JD2] The Adventures of Curious George (클레이 애니메이션) (호기심 많은 원숭이 조지)
　　　　[JD4] Curious George (2006년 개봉작) (큐어리어스 조지)
　　　　[JD4] Curious George TV 시리즈 (호기심 많은 조지)
　　　　[JD4] Curious George: A Very Monkey Christmas (큐어리어스 조지)

영어책　[J2] Curious George Phonics 시리즈 (13권)
　　　　[J3] Curious George TV Readers 시리즈 (13권)
　　　　[J4] Curious George 시리즈 (44권)
　　　　[J4] Curious George 그림책 시리즈 (9권)
　　　　[J4] Curious George TV 시리즈 (11권)

한글책　[JK2] 호기심 많은 조지 시리즈 (지양어린이, 13권)
　　　　[JK3] 개구쟁이 꼬마 원숭이 조지 시리즈 (시공주니어, 4권)

■ Maisy

DVD 　　　　　　　　 영어책

DVD　　[JD2] Maisy 시리즈 (메이지)
영어책　[J2] Maisy Lift-the-Flap 시리즈 (20권)
　　　　[J3] Maisy TV 시리즈 (16권)
　　　　[J3] Maisy First Experiences 시리즈 (9권)

■ Rolie Polie

DVD 　　　　　　　　 영어책 　　　　　　　　 한글책

DVD　　[JD3] Rolie Polie 시리즈 (롤리폴리)
영어책　[J3] Rolie Polie 시리즈 (6권)
한글책　[JK2] 롤리 폴리 올리 (중앙출판사)

DVD + 그림책 한 축에 꿰기

■ Max & Ruby

DVD　　　　　　　　　　영어책　　　　　　　　　　　　　　　　　　　한글책

DVD　　[JD2] Max & Ruby 시리즈 (토끼네 집으로 오세요)
　　　　[JD2] Timothy Goes To School 시리즈 (티모시네 유치원)

영어책　[J2] All Aboard Reading 시리즈: Max and Ruby (6권)
　　　　[J3] Max and Ruby 보드북 시리즈 (14권)
　　　　[J3] Max and Ruby 그림책 시리즈 (16권)

한글책　[JK2] 맥스랑 루비랑 시리즈 (달리, 8권)

■ Winnie the Witch

DVD　　　　영어책　　　　　　　　　　　　　　한글책

DVD　　[JD2] Winnie the Witch (마녀 위니)

영어책　[J4] Winnie the Witch 시리즈 (17권)
　　　　[J5] Winnie the Witch 챕터북 시리즈 (13권)

한글책　[JK3] 마녀 위니 그림책 시리즈 (비룡소, 13권)
　　　　[JK4] 마녀 위니 동화 시리즈 (비룡소, 9권)

■ Dora

DVD　　　　영어책

DVD　　[JD2] Dora the Explorer 시리즈 (도라도라 영어나라)

영어책　[J2] Ready to Read 시리즈: Dora (24권)
　　　　[J4] Dora the Explorer 시리즈 (41권)

■ Arthur

DVD

 영어책

DVD   [JD4] Arthur 시리즈 (아서)
       [JD4] Arthur's Missing Pal
영어책   [J3] Step into Reading 시리즈: Arthur (20권)
       [J3] D.W. 시리즈(Arthur) (9권)
       [J3] Arthur Starter 시리즈 (16권)
       [J3] Arthur's Family Value 시리즈 (18권)
       [J4] Arthur Adventure 시리즈 (32권)
       [J4] Arthur 챕터북 시리즈 (33권)
       [J4] Postcards from Buster 시리즈: Level 1~2 (8권)
       [J5] Postcards from Buster 시리즈: Level 3 (4권)
       [J5] Arthur Good Sports 시리즈 (6권)

■ Wibbly Pig

DVD   영어책   한글책

DVD   [JD2] Wibbly Pig 시리즈
영어책   [J2] Wibbly Pig 시리즈 (11권)
한글책   [JK1] 아기 돼지 토실이 시리즈 (비룡소, 10권)

■ Little Bear

DVD   영어책   한글책

DVD   [JD3] Little Bear 시리즈 (리틀베어)
영어책   [J4] I Can Read Book 시리즈: Little Bear (6권)
한글책   [JK3] 꼬마 곰 시리즈 (비룡소, 5권)

DVD + 그림책 한 축에 꿰기

■ Berenstain Bears

DVD   영어책   한글책

DVD   [JD3] Berenstain Bears 시리즈 (우리는 곰돌이 가족)

영어책   [J2] Bright and Early Books 시리즈: Berenstain Bears (11권)
        [J3] Step into Reading 시리즈: Berenstain Bears (11권)
        [J3] I Can Read Book 시리즈: Berenstain Bears (23권)
        [J3] Beginner Books 시리즈: Berenstain Bears (11권)
        [J4] Berenstain Bears: Living Lights 시리즈 (25권)
        [J4] Stepping Stone 시리즈: Berenstain Bears (6권)
        [J5] Berenstain Bears 시리즈 (92권)

한글책   [JK4] 베렌스타인 곰가족 시리즈 (도토리창고, 5권)

■ Charlie and Lola

DVD   영어책   한글책

DVD   [JD3] Charlie and Lola 시리즈 (찰리와 롤라)

영어책   [J1] Charlie and Lola 보드북 시리즈 (8권)
        [J4] Charlie and Lola 그림책 시리즈 (7권)
        [J4] Charlie and Lola 시리즈 (33권)

한글책   [JK3] 찰리와 롤라 그림책 시리즈 (국민서관, 24권)

■ Backyardigans

DVD   영어책

DVD   [JD3] Backyardigans 시리즈 (꾸러기 상상여행)

영어책   [J2] The Backyardigans Phonics 시리즈 (12권)
        [J3] Ready to Read 시리즈: Backyardigans (16권)

■ Angelina Ballerina

DVD

영어책

DVD   [JD3] Angelina Ballerina TV 시리즈
         [JD3] Angelina Ballerina (3D) TV시리즈 (안젤리나 발레리나)

영어책 [J3] All Aboard Reading 시리즈: Angelina Ballerina (4권)
         [J4] Angelina Ballerina 시리즈 (20권)
         [J5] Angelina Ballerina 그림책 시리즈 (17권)

■ Dr. Seuss

DVD

영어책

한글책

DVD   [JD3] Dr. Seuss 시리즈
         [JD4] The Cat in the Hat 시리즈 (닥터수스의 캣 인 더 햇)
         [JD5] Horton Hears a Who! (호튼)
         [JD5] How the Grinch Stole Christmas (그린치는 어떻게 크리스마스를 훔쳤는가!)

영어책 [J3] Step into Reading 시리즈: Dr. Seuss (4권)
         [J3] The Cat in the Hat Knows a Lot About That! 시리즈 (5권)
         [J3] The Cat in the Hat: Beginner Book Dictionary (사전)
         [J4] Dr. Seuss 시리즈 (43권)
         [J5] The Cat in the Hat's Learning Library 시리즈 (25권)

한글책 [JK3] 호튼 (대교출판)

■ Kipper

DVD

영어책

한글책

DVD   [JD2] Kipper 시리즈 (키퍼)
영어책 [J4] Mick Inkpen: Kipper 시리즈 (11권)
한글책 [JK2] 키퍼의 바구니 침대 (아가월드)

DVD + 그림책 한 축에 꿰기

■ Little Princess

DVD   영어책   한글책

DVD   [JD3] Little Princess 시리즈 (리틀 프린세스)

영어책   [J3] Little Princess 시리즈 (21권)
         [J4] Little Princess TV 시리즈 (14권)

한글책   [JK2] 엄마, 엄마, 엄마! (베틀북)
         [JK2] 난 잠자기 싫어 (삐아제어린이)

■ Olivia

DVD   영어책   한글책

DVD   [JD3] Olivia 시리즈 (올리비아)

영어책   [J2] Ready to Read 시리즈: Olivia (12권)
         [J4] Olivia TV 시리즈 (27권)
         [J4] Olivia 시리즈 (8권)

한글책   [JK2] 올리비아 TV 시리즈 (효리원, 6권)
         [JK3] 올리비아 그림책 시리즈 (중앙출판사, 5권)

■ Richard Scarry

DVD   영어책   한글책

DVD   [JD3] Richard Scarry 시리즈

영어책   [J2] Step into Reading 시리즈: Richard Scarry (5권)
         [J4] Richard Scarry 시리즈 (11권)
         [J4] Busytown Mysteries 시리즈 (5권)
         [J4] Richard Scarry's Best Picture Dictionary Ever (사전)
         [J5] Richard Scarry 그림책 시리즈 (13권)

한글책   [JK2] 리처드 스캐리 보물창고 시리즈 (보물창고, 8권)

■ Strawberry Shortcake

DVD   영어책

DVD   [JD3] Strawberry Shortcake 시리즈 (스트로베리 숏케익)
          [JD3] Strawberry Shortcake: Berry Fairy Tales 시리즈

영어책   [J3] All Aboard Reading 시리즈: Strawberry Shortcake (12권)
          [J4] Strawberry Shortcake 시리즈 (18권)

■ Madeline

DVD   영어책   한글책

DVD   [JD3] Madeline TV 시리즈
          [JD6] Madeline (매들린)

영어책   [J4] Madeline 시리즈 (11권)

한글책   [JK3] 마들린느 시리즈 (시공주니어, 4권)

■ Spot

DVD   영어책   한글책

DVD   [JD1] Spot 시리즈 (스팟)

영어책   [J2] Spot Lift – the – Flap 시리즈 (24권)

한글책   [JK1] 스팟의 날개책 시리즈 (베틀북, 16권)

DVD + 그림책 한 축에 꿰기

■ My Little Pony

DVD   영어책

DVD   [JD4] My Little Pony 시리즈 (마이 리틀 포니)
         [JD5] My Little Pony: Equestria Girls (마이 리틀 포니: 이퀘스트리아 걸스)

영어책   [J2] I Can Read!: My Little Pony Phonics Fun시리즈 (12권)
         [J3] My Little Pony 시리즈 (18권)
         [J3] I Can Read Book 시리즈: My Little Pony (11권)

■ Sofia the First

DVD   영어책

DVD   [JD4] Sofia the First 시리즈 (리틀 프린세스 소피아)

영어책   [J3] World of Reading 시리즈: Sofia the First (2권)
         [J4] Sofia the First 시리즈 (7권)

■ Martha Speaks

DVD   영어책

DVD   [JD4] Martha Speaks 시리즈

영어책   [J3] Martha Speaks 리더스북 시리즈 (12권)
         [J4] Martha Speaks 그림책 시리즈 (6권)
         [J4] Martha Speaks: Picture Reader 시리즈 (4권)
         [J4] Martha Speaks 챕터북 시리즈 (6권)

■ Eloise

DVD

영어책

한글책

DVD   [JD4] Eloise TV 시리즈 (엘로이즈)
         [JD6] Eloise 시리즈 (엘로이즈)

영어책 [J2] Ready to Read 시리즈: Eloise (16권)
         [J4] Eloise 리더스북 시리즈 (6권)
         [J6] Eloise 그림책 시리즈 (9권)

한글책 [JK3] 엘로이즈 TV 시리즈 (예꿈, 4권)
         [JK4] 엘로이즈 그림책 시리즈 (예꿈, 5권)

■ George Shrinks

DVD   영어책   한글책

DVD   [JD4] George Shrinks 시리즈 (조지가 줄었어요)

영어책 [J3] George Shrinks

한글책 [JK2] 조지가 줄었어요 (문학동네)

■ Mr. Men and Little Miss

DVD   영어책   한글책

DVD   [JD4] Mr. Men and Little Miss 시리즈 (EQ의 천재들)

영어책 [J4] Mr. Men 시리즈 (76권)
         [J4] Little Miss 시리즈 (57권)

한글책 [JK3] New EQ의 천재들 시리즈 (나비북스, 81권)

DVD + 그림책 한 축에 꿰기

■ Thomas

DVD 　　　　 영어책

DVD 　　[JD2] Thomas & Friends
　　　　시리즈 (토마스와 친구들)

영어책 　[J2] Step into Reading
　　　　시리즈: Thomas 시리즈 (20권)

■ Toopy and Binoo

DVD 　　　　 영어책

DVD 　　[JD2] Toopy and Binoo
　　　　시리즈 (투피와 비누)

영어책 　[J2] Toopy and Binoo
　　　　시리즈 (20권)

■ Caillou

DVD 　　　　 영어책

DVD 　　[JD2] Caillou 시리즈
　　　　(까이유)

영어책 　[J3] Caillou 시리즈 (33권)

■ Peppa Pig

DVD 　　　　 영어책

DVD 　　[JD2] Peppa Pig 시리즈
　　　　(꿀꿀 페파는 즐거워)

영어책 　[J3] Peppa Pig시리즈 (18권)

■ Blue's Clues

DVD 　　　　 영어책

DVD 　　[JD2] Blue's Clues
　　　　시리즈 (블루스 클루스)

영어책 　[J2] Ready to Read
　　　　시리즈: Blue's Clue (10권)

■ Bob the Builder

DVD 　　　　 영어책

DVD 　　[JD2] Bob the Builder
　　　　시리즈 (뚝딱뚝딱 밥아저씨)

영어책 　[J2] Ready to Read
　　　　시리즈: Bob the Builder (9권)

■ Meg and Mog

DVD   영어책

DVD   [JD2] Meg and Mog 시리즈
(메그와 모그)

영어책   [J3] Meg and Mog 시리즈
(19권)

■ Tilly & Friends

DVD   영어책

DVD   [JD2] Tilly and Friends
시리즈 (틸리와 친구들)

영어책   [J3] Tilly & Friends
시리즈 (10권)

■ Harry and Dinosaurs

DVD   영어책

DVD   [JD2] Harry and his Bucket
Full of Dinosaurs 시리즈
(해리와 공룡 친구들)

영어책   [J4] Ian Whybrow: Harry
시리즈 (17권)

■ Magic Key

DVD   영어책

DVD   [JD3] The Magic Key
시리즈 (매직키)

영어책   [J3] Oxford Reading Tree
시리즈 (40권)

■ Doc McStuffins

DVD   영어책

DVD   [JD3] Doc McStuffins
시리즈 (꼬마의사 맥스터핀스)

영어책   [J3] Word of Reading
시리즈: Doc McStuffins (5권)

■ Franklin

DVD   영어책

DVD   [JD3] Franklin 시리즈
(꼬마 거북 프랭클린)

영어책   [J4] Franklin TV 시리즈
(29권)

5부

—

영어 잘하는 아이, 한글책이 만든다

영어를 잘하려면
한글그림책을
읽어주세요

영어를 잘 하려면 한글그림책이 먼저입니다.
그 이유는?

1. 어휘, 배경지식, 사고력, 독해력이 늘어난다 ······▶ **영어실력은 모국어 수준과 정확하게 비례합니다**

한글을 뗐어도 한글그림책을 계속 읽어주라고 권하는 이유는 어릴수록 듣기 능력이 읽기 능력에 비해 훨씬 뛰어나기 때문입니다. 같은 시간 동안 듣기와 읽기를 한다면 듣는 쪽이 더 많은 것을 습득할 수 있다는 의미입니다. 초등학교 1학년 아이가 수학을 풀다 틀린 문제를 옆에서 읽어주면 정답을 맞추는 일이 종종 있습니다. 국어문제 역시 혼자 풀라고 하면 틀리는데 읽어주면 맞춘다며 왜 이런 현상이 생기는지 갸우뚱하는 분이 많습니다. 듣기가 읽기보다 더 또렷하게 이해되기 때문입니다.

그림책에는 다양한 우리말 어휘가 나옵니다. 과학, 사회, 수학 지식도 곳곳에 숨어 있지요. 따라서 그림책을 읽어준다는 것은 아이의 귀에 많은 어휘와 배경지식을 전달한다는 의미입니다. 한글 지식어휘를 많이 아는 아이는 영어 지식어휘를 금방 습득합니다. 반대로 배경지식과 한글 어휘가 부족하면 아무리 영어단어를 외우게 해도 어휘가 쉽게 늘지 않습니다.

엄마아빠가 읽어주는 소리를 들으며 그림책의 그림을 유심히 살펴보는 아이는 유추능력이 향상됩니다. '아, 이래서 이런 일이 벌어졌구나! 애가 슬퍼하는 것은 저것 때문이야!' 하고 글로는 표현되지 않은 숨은 이야기까지 파악하게 됩니다. 아직 한글을 몰라도 부모가 읽어주는 이야기에 깊이 빠지면 '왜 이렇게 끝나는 거지? 왜 이 친구는 이렇게 한 거야?' 하고 생각하게 됩니다. 이런 과정을 거치면서 사고력, 독해력이 자란 아이들은 나중에 혼자 영어책을 읽을 때도 깊이 생각하며 한 장 한 장 넘기게 됩니다.

2. 아이와 좀 더 가까워진다 ‥‥‥▶ 아이와 관계가 좋아야 영어진행이 순조롭습니다

그림책을 읽어주는 시간은 아이들과 엄마아빠가 친밀함을 쌓는 시간입니다. 아이를 꼭 끌어안고 그림책을 읽어줄 때 아이의 얼굴을 보세요. 행복한 표정이 가득합니다. 눈이 마주치면 활짝 웃습니다. 그림책은 아이들에게 치유와 카타르시스를 줍니다. 주인공이나 등장인물의 행동에 같이 속상해하고 기뻐하기도 하고, "그래, 맞아!" 하며 공감하기도 합니다. 아이들과 무엇을 하며 놀까 고민된다면 그림책을 보세요. 미처 생각지 못한 다양한 놀이 방법이 나와 있습니다. 그 놀이를 직접 따라 하는 것만으로도 아이는 즐거워합니다. 훌륭한 독후활동도 되고요.

그림책은 아이의 마음을 이해하는 창구입니다. 그림책을 읽어줄 때면 아이들은 여러 가지 반응을 보입니다. 같이 책을 보며 이야기하는 사이 아이가 어떤 생각을 하는지 잘 알 수 있습니다. 뿐만 아니라 그림책은 훌륭한 육아교육서이기도 합니다. 그림책 속 엄마아빠가 아이와 나누는 대화는 부모교육 실천 매뉴얼이라 봐도 손색없습니다. 이론만 나열된 육아책을 보며 고개를 끄덕이지 말고, 그림책에 나오는 엄마들이 아이한테 하는 말을 그대로 따라 해보세요. 아이와 관계가 좋아지는 것은 시간문제입니다.

그림책 읽어주는 시간은 아이의 마음에 부모의 사랑을 듬뿍 담아줍니다. 사랑받고 있다는 마음이 들 때 아이도 엄마아빠가 이끄는 길로 기분 좋게 갑니다. 이렇게 아이와의 관계가 좋아야 즐겁게 영어를 진행할 수 있습니다.

3. 책 자체를 좋아하게 된다 ······▶ 한글책을 좋아해야 영어책도 좋아합니다

영어책을 많이 읽어야 영어실력이 올라간다는 것은 누구나 다 아는 상식이죠. 그러나 책 자체를 싫어하면 영어책도 좋아할 수 없습니다. 책을 안 읽는 아이에게 최선의 방책은 부모가 읽어주는 거예요. 초등학생, 중학생도 읽어주는데 프리스쿨 시기의 아이들은 두말할 나위가 없습니다.

엄마가 책 읽어주는 것을 아이가 싫어한다고 푸념하지 마세요. 시간이 없다, 할 것이 많다고 변명한들 누가 도와줄 수 있는 부분이 아닙니다. 책을 읽어주기 위해서는 부모의 부단한 노력이 필요합니다. 처음 읽어주는 책은 몇 페이지만 보아도 빠져들 만큼 재미있어야 합니다. 아이가 무엇을 좋아하는지 유심히 관찰해보세요. 먹는 것을 좋아하는 아이라면 음식이 나오는 책, 벌레를 좋아하는 아이라면 벌레가 나오는 책을 읽어주면 됩니다. 활동적이라 가만히 자리에 앉아 있지 못한다면 언제 아이가 조용히 있는지 살펴보세요. 대개 먹을 때만큼은 자리에 앉아 있습니다. 이때 읽어주면 됩니다. 목욕 후 잠자기 전 등 아이의 기분이 가장 좋은 시간에 시도하는 것도 좋습니다.

책에 담긴 이야기에 빠지면 책이 친밀하게 느껴집니다. 깔깔거리며 배꼽을 잡기도 하고, 슬픈 내용은 가슴 아파하며 책 읽어주는 시간을 기다리게 됩니다. 습관이 되면 졸릴 때라도 책을 읽어달라고 갖고 옵니다. 한글책 읽어주기 습관이 되어 있어야 영어책 읽어주기도 가능하다는 것을 잊지 마세요.

4. 듣기 습관이 자리잡는다 ······▶ 한글책을 듣는 아이가 영어책도 듣습니다

한글책을 듣는 습관이 잘 잡힌 아이는 영어책을 읽어줄 때도 무슨 이야기일까 하는 기대감에 호기심을 갖고 눈을 반짝이게 됩니다. 영어책 오디오CD도 재미있게 들을 수 있습니다. 좀 더 자란 후 잠수네 영어에서 말하는 〈집중듣기〉를 할 때도 귀를 쫑긋합니다. 영어책 듣기를 즐기는 아이로 자라기 바란다면 한글책을 많이 읽어주세요.

5. 좋은 그림책을 다양하게 접할 수 있다 ⋯⋯▶ **영어책도 좋은 책에 손이 갑니다**

도서관이나 서점에서 책 읽는 아이들을 가만히 살펴보세요. 대다수의 아이들이 만화책이나 색감이 현란한 흥미위주의 책을 잡고 있습니다. 밍밍한 음식보다 짜고 달고 매운 음식을 좋아하는 것처럼 아이들도 혼자 책을 고르라고 하면 잔잔한 내용보다 만화 형식의 자극적인 내용에 저절로 손이 갑니다. 한글그림책을 많이 보지 않고 만화책이나 자극적인 책만 보던 아이들은 영어책도 흥미 위주의 가벼운 책을 보는 것이 고작입니다. 이런 책들은 어휘가 다양하지도 않고 어휘 수준도 높지 않습니다. 생각할 만한 주제가 담기지 않아 사고력, 독해력 향상에도 도움이 되지 못합니다.

부모가 조금만 신경 쓰면 좋은 그림책을 골라서 읽어줄 수 있습니다. 아이들도 처음에는 만화책에 비해 재미없다고 느낄 수 있지만 자꾸 읽어주다 보면 진짜 재미를 알게 됩니다. 순하고 잔잔한 그림, 가슴을 울리는 이야기를 접한 아이들은 영어책도 감동적인 내용을 즐겨 봅니다.

잠수네에서 열심히 영어를 하는데도 제자리걸음인 아이들을 보면 십중팔구 한글책을 싫어하는 아이들입니다. 반대로 초등, 중학생인데도 영문과 대학생 뺨칠 정도로 영어책 수준이 높은 아이들을 보면 100% 한글책 수준도 매우 높습니다. 좋은 한글그림책을 많이 읽어주세요. 영어로 된 고전, 좋은 책을 즐겨 읽는 아이로 자라길 원한다면요.

6. 번역본 읽어주기는 장기 투자다 ‥‥‥▸ 원서로 읽을 수 있는 수준이 되면 감동 백 배가 됩니다

그림책은 우리나라 작가의 작품도 많지만 프리스쿨 아이들이 좋아하는 외국 작가의 번역본도 상당합니다. 어릴 때 본 번역본이 좋은 기억으로 남아 있으면 훗날 원서를 볼 수준이 되었을 때 아주 재미있게 읽을 수 있습니다.

그러나 프리스쿨 시기는 영어책과 한글번역본을 같이 볼 때는 아닙니다. 영어실력이 아직 무르익지 않았다면 더욱 조심해야 합니다. 한글번역본을 읽은 지 얼마 되지도 않아 원서를 들려주면 이미 읽은 책을 왜 다시 봐야 하느냐며 반발할 수 있습니다. 아무리 흥미를 보인 번역본이라도 아직 영어책을 이해할 만한 실력이 안 되는 상태에서 원서를 읽어주면 재미가 반토막 나는 것은 순식간입니다.

번역본의 원서 그림책을 읽어줄 적기는 흘려듣기, 쉬운 영어책 읽어주기로 영어 듣기가 어느 정도 수준에 이르고, 내용을 충분히 이해할 수 있을 때입니다. 잠수네에서는 초등학생들에게도 한글그림책을 많이 접하게 해주라고 권합니다. 우리나라 작가의 그림책, 번역본 가리지 말고 감동적이고 유익한 책을 꾸준히 읽어주세요. 번역본 읽어주기는 어릴 때 재미있게 읽었던 책을 훗날 원서로 만나는 기쁨을 선물하는 것이랍니다.

따로 선생님 붙이는 것보다 한글책 많이 읽히세요!

작성자 : 별바라기맘 (7세, 4세) … 현재 중2, 초5

영어유치원 테스트 결과가 안 좋아 원어민 과외를 시킬까 고민하는 7세 엄마에게

저희 아이도 20명 정원에 3개월마다 레벨테스트 하는 영어유치원 나왔는데, 따로 선생님 붙이는 것보다 한글책 많이 읽히세요! 요기다 한 표 던집니다. 지금 A반인지 B반인지는 중요하지 않습니다. 한글책 무조건 많이 읽어주시고 또 읽히세요. 전혀 의심하지 마시고요. 그러면 영어책 엄청 읽힐 수 있는 날이 옵니다.

보통 말하는 영유 연계학원의 초등 프로그램은요, 영어유치원 졸업할 때 실력의 현상유지, 보수 정도라고 생각하시면 됩니다. 초등학교 가면 그나마 실력 향상을 기대하기 힘듭니다.

말하기: 학원에서 몇 마디 할 기회 없구요.
쓰기: 맨날 비슷한 단어 가지고 한 바닥씩 씁니다. 근본적으로 질적 향상을 기대할 수 없습니다.

독서와 책을 무척 좋아하는 아이로 만들지 않으면 소득 없이 학원이다 연수다 전전하기 쉽구요. 앞의 전제가 이루어진다면 과감하게 학원을 끊고 초등부턴 잠수네로 하는 게 훨씬 나을 수 있습니다. 엄청난 양의 한글 독서와 영어 독서, 다른 아이들은 못 따라옵니다.

많은 분이 이미 알고 계시지만 영어를 잘하기 위해서는 한글책이 중요합니다. 그나마 저희 아이가 잘하는 게 하나 있다면 한글책 조금 읽는 것뿐이라 이것으로나마 프리방 어머니들에게 도움을 드리고자 합니다.

(1) 재미있는 책

뭐니뭐니해도 책을 잘 읽게 하려면 재미가 가장 중요한 것 같아요. 흥미 위주의 책으로 '책은 참 재미있는 것이구나'라고 느끼게 해주는 게 우선이겠죠. 그러려면 엄마가 좀 부지런해져야 합니다. 인터넷 서점에 하루 2~3번은 접속해 신간 소개도 보구요. 잠수네에서 소개하는 〈한글책 소개〉〈또래나 1, 2학년 형님들 포폴 순회〉〈매주 도서관 순회〉 등 눈을 크게 뜨고 재미있는 책을 찾아야 합니다. 그것만으로도 일단 성공입니다.

(2) 책에 푹 빠질 수 있는 시간적 여유

요즘 친구들도 보면 예체능, 영어, 거기다 학습지 수업까지 하루하루 바쁘더라구요. 그러다 보니 7살인데도 책 읽을 시간이 정말 없어 보입니다. 저희 집은 무조건 우선순위를 한글책 읽기에 두고 충분한 시간을 줍니다. 활동 순서를 한글책 읽기 > 뛰어놀기, 운동 > 영어로 정하고 특별한 행사나 사정상 시간이 없을 경우 자연스레 1순위 한글책 읽기만 챙깁니다. 때로는 영어가 뒤로 밀려 아예 사라지는 날도 있지만 초등 저학년까지는 이렇게 가보려구요. 엄마가 이렇게 밀어붙이니 아이 역시 무슨 일이 있어도 하루에 한 권이라도 읽는다는 마음가짐은 된 듯해요.

(3) 책 읽는 환경

저 참 책 읽기 안 좋아하는 엄마입니다. 그래도 아이를 위해 노력했어요. 아이가 어려서부터 낮잠 자고 일어날 쯤에는 하던 일을 멈추고 바로 책 읽는 자세로 변신했죠. 그래서 아이는 엄마가 책 좋아하는 줄 압니다. 읽어주는 것도 좋지만 읽기 독립이 된 후로는 엄마와 나란히 앉아서 책보는 걸 더 좋아합니다. 엄마가 읽는 책을 보면서 자기는 언제 그런 책을 읽느냐며 저를 부러워하기도 하구요. 집안에 책 읽는 부모와 다양한 책이 있는 환경이 갖춰진다면, 아이가 책을 좋아하게 되는 건 시간문제입니다.

(4) 꾸준한 칭찬과 격려

칭찬은 구체적으로 해줍니다.

"다른 아이들은 책 한 권 보기도 힘들다는데 어쩜 이렇게 책을 잘 읽을까?"

"와, 이런 책도 읽었어? 이건 초등학교 언니오빠들이 읽는 책이라는데."

"책을 여러 권 읽어서 아는 게 참 많구나."

그리고 가족들을 동원해서 전화로 칭찬을 부탁합니다. 이 방법이 효과가 좋더라구요.

"오늘도 책 많이 읽었다며? 우와~대단하다. 이모가 다음에 재미있는 책 사줄게."

" 우리 손주는 책을 좋아하니까 할머니가 책 사줘야겠네."

전화 오는 사람마다 칭찬해주니 목에 힘주고 더 열심히 읽더라구요.

★ 2009년, 유아~초등1학년 때를 뒤돌아보니……

집에서만 영어를 배웠어도 실력이 뛰어난 아이들의 특징이 바로 '한글책을 엄청 많이 읽은 것'입니다. 우리말 수준이 뛰어나야 영어 수준도 올라간다는 말씀을 꼭 드리고 싶어요. 영어는 한국어의 수준을 넘어서지 못합니다. 일단 한글책부터 잡으세요. 한글책으로 책 읽는 습관, 읽기 능력, 사고력, 지식 등을 다져놓고 나서 영어책을 읽어야 합니다. 한글책 독서량은 영어의 발전 속도를 결정하거든요. 남들 100권 읽어서 얻을 것을 50~60권만 읽어도 얻게 되니까요. 지금 조금 영어실력 앞서는 건 중요하지 않습니다. 저희 애들은 성향이 극과 극이라 각각 장점이 다릅니다. 첫째는 입학 전까지 영어는 알파벳만 알고 노부영만 몇 권 읽은 정도였지만 한글책은 6000권 읽고 입학한 경우예요. 웬만한 저학년 도서는 다 읽고 갔지요. 한글책에 워낙 흥미가 높아 그 집중을 깨지 않기 위해 영어는 시도도 못했어요. 영어책을 읽히려다 보면 거부해서 속상했지만 어쩔 수 없었어요.

하지만 걱정은 잠시였지요. 초1 말쯤 아이가 영어단어를 읽는 것 같다는 생각을 했는데 그렇게 한 줄짜리 그림책을 겨우 읽던 아이가 비약적으로 발전하기 시작했습니다. 그 바탕은 한글책이라 굳게 믿고 있고요. 늘 영어보다 한글책이 우선이다 보니 한글책의 발전 단계는 더 눈부십니다. 한국어 수준이 높으니 영어 수준도 계속 올라갈 거라고 예상합니다. 지금보다 나중이 더 기대된다고 할까요.

반면 둘째는 어릴 때부터 언니가 듣는 영어CD를 듣고 자라다 보니 영어에 노출이 많이 되었습니다. 또 본인이 영어책을 매우 좋아했습니다. 아침식사 때 언니에게 영어CD를 들려주면 어깨너머로 듣다가 언니가 학교 간 새에 언니 책을 꺼내들고 한 번 더 들으며 읽곤 했습니다. 4살 때부터 처음 보는 영어책도 읽기 시작해서 주변에서 영어신동이라고 했지만 저는 한글책이 우선이라고 판단했습니다. 그래서 한글책 많이 읽히려 노력하고 일부러 영어유치원에 보내지 않았습니다. 한국말을 잘하게 하려고요.

한국말 하듯이 영어로 자기 생각을 표현하는, 오히려 급할 때 영어가 먼저 튀어나오는 둘째 같은 경우도 사실 한글책을 영어책의 3배 가까이 읽었습니다.

둘째의 장점은 한국말과 영어의 차이가 거의 없어 즐겁게, 스트레스 없이 영어를 받아들인다는 것이지만 6세의 사고력으로 이해할 수 있는 한계점에 다다랐어요.

앞으로는 한글책을 더 많이 읽히고 영어는 실력 향상보다는 넓게, 즐겁게, 다른 영역도 신경 쓰면서 가려고 합니다. 앞에서 얘기했지만 영어는 한국어의 수준을 넘지 못하므로, 한글책 수준을 높이면 영어책 수준은 자연히 오를 것입니다.

둘 다 훌륭하게 크고 있지만 저희 부부나 친정부모님 생각으로나 한글책을 많이 읽은 첫째를 더 높이 평가합니다. 다섯 살이나 차이가 나 비교 자체가 안 되긴 하지만 첫째의 6살 때와 지금 둘째의 모습을 견주어보면 수준 차이가 많이 나는 것이 사실이거든요. 한글책의 영향력이 어마어마합니다. 초등 가면 더 절실히 느껴지지요.

★ 2013년, 중등 1학년 때

안녕하세요. (잠수네 영어교실) 고수방에 처음 왔습니다. 이 방에 올 수 있을 거라 예상치 못했기에 얼떨떨합니다. 전에 어느 분이 쓴 것처럼 고수가 되면 베란다에서 "우리 딸 고수다~" 하고 외쳐야겠다고 생각했는데 갑자기 닥쳐서 그걸 못했어요.

어떻게 고수가 되었을까 생각해봤습니다. 곰곰이 지난 시간을 돌아보니 한 가지 사실이 떠오르더라구요. 바로 첫째가 한글책으로 지식책들을 주로 봐서 문학 분야 독서가 부족했는데, 작년부터 제가 문학 쪽 책을 집중적으로 빌려다 줬다는 점입니다.

아직 못 읽은 책도 많지만 작년에 초등학교 졸업하면서 다독상을 받았고 이번 학기에도 다독상을 받을 정도로 한글책을 열심히 읽었습니다. 이것이 영어 고수가 된 이유가 아닐까 합니다. 결국은 영어실력으로 올라간 게 아닌가 보네요.

※ 잠수네 영어교실 고수과정은 J7~J9단계 영어책을 편하게 읽는 수준입니다.

● 탈것들 모여라

[JK1] 난 자동차가
참 좋아

[JK1] 노란 택시

[JK1] 기차가 칙칙폭폭
[J2] Choo Choo 🎧

[JK1] 피포는 바빠!

[JK1] 덤프차가 꽈당!

[JK1] 병원차와 소방차

[JK1] 부르릉 자동차가
달려요

[JK1] 우리 아기
자동차 그림책 시리즈
(4권)

[JK1] 내가 좋아하는
자동차 시리즈 (3권)

[JK1] 바이런 바튼의
탈것 그림책 시리즈
(4권)
[J2] Byron Barton:
탈것 보드북 시리즈

[JK1] 부르릉 쌩쌩
시리즈 (3권)

[JK2] 까만 크레파스와
요술기차

[JK2] 화물 열차
[J1] Freight Train 🎧

[JK2] 검피 아저씨의
드라이브
[J4] Mr. Gumpy's
Motor Car 🎧

[JK2] 작은 기차
[J4] Two Little Trains

[JK2] 부릉부릉
자동차가 좋아
[J5] Richard Scarry's
Cars and Trucks and
Things That Go

[JK2] 심부름 기차가
나가신다!

[JK2] 고구마 버스

[JK2] 후루룩 냠냠 라
면기차

[JK2] 엄청 좋은
빨간 자동차

[JK2] 마법의 유치원
버스

[JK2] 지하철을 타요
[J2] Subway

[JK2] 소방차가
되었어
[J2] Fire Truck

[JK2] 쌩쌩 고구마
자동차

[JK2] 칙칙폭폭 꼬마
기차
[J3] The Little Train

[JK2] 왱왱 꼬마
불자동차
[J3] The Little Fire
Engine

[JK2] 친절한 토끼
씨의 새빨간 스쿠터
[J4] Rabbit and the
Big Red Scooter

[JK2] 넌 할 수 있어,
꼬마 기관차
[J4] The Little Engine
That Could 🎧

[JK2] 잡동사니
경주대회
[J4] The Ratty Racers

[JK2] 일하는 자동차
출동!
[J1] Trucks Trucks
Trucks

[JK2] 꼬마 비행기
플랩

[JK2] 삐뽀삐뽀 119에
가 볼래?
[J4] Richard Scarry's
A Day at the Fire
Station

[JK2] 우당탕!
공룡 버스

[JK2] 뒤죽박죽 자동차
경주: 우리 모두
일등이야!

[JK2] 느려도 괜찮아!

[JK2] 잘 자, 자동차야!
잘 자, 꼬마야!
[J4] Off Go Their
Engines, Off Go Their
Lights

[JK2] 방귀 기차 롤리

[JK2] 부릉부릉! 삐익!
출발!
[J4] Mini Racer

[JK2] 부릉부릉 자동차
세상

[JK2] 잘 자요, 빵빵
친구들
[J5] Goodnight,
Goodnight,
Construction Site

● 탈것들 모여라

[JK2] 비행기를 탄
리자
[J4] Lisa's Airplane
Trip

[JK2] 버스의 다섯
번째 바퀴

[JK2] Emergency!
큰일났어요!
[J3] Emergency!

[JK2] 두더지와 자동차

[JK2] 삐뽀삐뽀 소방차
출동!

[JK2] 잘 자요,
칙칙폭폭 꿈의 기차
[J4] Steam Train,
Dream Train

[JK2] 달려요 날아요
신기한 탈것 나라
시리즈 (4권)
[J4] Amazing
Machines 시리즈

[JK3] 지하철을 타고서

[JK3] 야, 우리
기차에서 내려!
[J4] Hey! Get Off Our
Train 🎧

[JK3] 말괄량이
기관차 치치
[J4] Choo Choo

[JK3] 케이티와 폭설
[J4] Katy and the Big
Snow 🎧

[JK3] 두더지 버스

[JK3] 지하철은
달려온다

[JK3] 그림책 버스
뚜뚜

[JK3] 자동차 박물관

[JK3] 혼자서 비행기를
탔어요

[JK3] 탈것들 모여라

[JK3] 케이티는 어디로
갔을까?
[J6] The Caboose
Who Got Loose 🎧

[JK3] 부릉부릉 멋진
자동차
[J6] Cars: A Pop – up
Book of Automobiles

[JK4] 부릉부릉 씨의
자동차 백과

● 내 인형이야

[JK2] 은지와 푹신이

[JK2] 내 토끼 어딨어?
[J3] Knuffle Bunny
Too 🎧

[JK2] 내 토끼가 또
사라졌어!
[J4] Knuffle Bunny
Free: An Unexpected
Diversion

[JK2] 에밀리의
토끼인형
[J5] That Rabbit
Belongs to Emily
Brown

[JK2] 꼬마 곰
코듀로이
[J5] Corduroy 🎧

[JK2] 시메옹을 찾아
주세요

[JK2] 내 곰 인형
어디 있어?
[J4] Where's My
Teddy? 🎧

[JK2] 아만다는 책만
좋아해
[J4] Hooray for
Amanda & Her
Alligator

[JK2] 진짜 진짜 갖고
싶어
[J4] Minty and Tink

[JK2] 용감한 파로

[JK2] 종이 인형
[J4] The Paper Dolls

[JK2] 내 인형이야
[J4] Dogger 🎧

[JK2] 원숭이랑 나랑
[J1] Monkey and
Me 🎧

[JK2] 까미의 이상한
곰인형 누누

[JK2] 안 무서워, 안
무서워, 안 무서워
[J3] I'll Protect You
from the Jungle
Beasts

[JK2] 줄무늬 말아,
조심해!
[J4] Look Out, Stripy
Horse!

[JK2] 좋은 친구가
되어 줄래?

[JK2] 잘 자, 맥스
[J3] Max's Bedtime

[JK3] 태티 래티는
어디 있을까?
[J4] Tatty Ratty

[JK3] 흰색 곰 갈색 곰

● 옛날에 공룡들이 있었어

[JK2] 아빠 어렸을
적엔 공룡이 살았단다

[JK2] 공룡은 팬티를
좋아해
[J5] Dinosaurs Love
Underpants

[JK2] 개구쟁이
특공대의 공룡 탐험

[JK2] 네 등에 집
지어도 되니?

[JK2] 공룡 목욕탕
[J0] Dinosaur!

[JK2] 애완 공룡
티라노

[JK2] 와! 공룡 뼈다
[J3] Bones, Bones,
Dinosaur Bones

[JK2] 옛날에 공룡들이
있었어
[J3] Dinosaurs,
Dinosaurs

[JK2] 내가 공룡이었을
때

[JK2] 꼬마 공룡
모여라
[J5] The Littlest
Dinosaurs ⌒

[JK2] 너, 공룡
사촌이니?
[J5] Dinosaur
Cousins?

[JK2] 공룡은 어디로
갔을까?
[J4] Whatever
Happened to the
Dinosaurs?

[JK2] 와글와글 공룡
사전
[J6] Dinosaurs?!

[JK2] 투투와 공룡
올림픽

[JK2] 나는
티라노사우르스
[J3] T is for
Terrible ⌒

[JK2] 공룡이
유치원에?

[JK2] 아기 공룡은
밥도 잘 먹는대요!
[J3] How Do
Dinosaurs Eat Their
Food? ⌒

[JK2] 즐거운 공룡
숨바꼭질

[JK2] 신개념 공룡

[JK3] 고 녀석
맛있겠다 시리즈 (6권)

[JK2] 공룡이
와글와글!
[J5] Dinosaurs
Galore!

[JK3] 마녀 위니의
공룡 소동
[J4] Winnie's
Dinosaur Day

[JK3] 공룡을 지워라
[J0] Chalk

[JK3] 공룡이 공짜!
[J4] When Dinosaurs
Came with Everything

[JK3] 이상한 자연사
박물관
[J0] Time Flies

[JK3] 내 보물 1호
티노

[JK3] 꼬맹이 툴툴이와
공룡 알
[J4] Little Grunt and
the Big Egg

[JK3] 공룡은 어떻게
박물관에 갔을까?
[J7] How the
Dinosaur Got to the
Museum

[JK3] 아기 공룡
삼 형제
[J5] The Three Little
Dinosaurs

[JK3] 공룡을 물리치는
방법

[JK3] 세상에서 가장
작은 꼬마 공룡
[J5] The Littlest
Dinosaur

[JK3] 공룡 싱클레어의
하루

[JK3] 난 공룡을 갖고
싶어
[J5] A Boy Wants a
Dinosaur

[JK3] 공룡을 찾아서

[JK3] 고 녀석 참
재밌겠다
[J5] Buying, Training,
& Caring for Your
Dinosaur

[JK3] 공룡마법사
타로타로친

[JK3] 반짝반짝 꼬마
공룡 디노
[J5] Dazzle the
Dinosaur

[JK3] 꼬마공룡을 만난
폴로

[JK3] 공룡은 아름다워

[JK3] 공룡

● 똥 냄새 나는 책

[JK1] 응가 하자, 끙끙

[JK1] 똥이 풍덩!: 남자
[J4] Once Upon a
Potty: Boy

[JK1] 똥이 풍덩!: 여자
[J4] Once Upon a
Potty: Girl

[JK1] 누구 똥?

[JK1] 끙끙 응가놀이

[JK1] 끄응끄응
응가해요

[JK1] 똥이랑 123

[JK2] 누가 내 머리에
똥 쌌어?
[J3] The Story of the Little
Mole Who Knew It was
None of His Business 🎧

[JK2] 똥 뿌직!

[JK2] 똥은 참 대단해!

[JK2] 시원한 응가

[JK2] 나 똥 쌌어

[JK2] 엄마, 나 똥
마려워

[JK2] 뿌지직 똥

[JK2] 똥이 안 나와!

[JK2] 소미네 똥가게

[JK2] 누구나 눈다
[J2] Everyone Poops

[JK2] 똥똥, 무슨 똥?

[JK2] 어떻게 똥을
닦지?

[JK2] 공룡 똥

[JK2] 너도 멋진 똥을
누고 싶지?

[JK2] 나 여기 똥 눠도
돼요?

[JK2] 아이스크림 똥

[JK2] 응가 꽁가

[JK2] 그건 내 똥이야

[JK2] 바지에 똥을
쌌어요

[JK3] 똥떡

[JK3] 강아지똥

[JK3] 똥벼락

[JK3] 밤똥 참기

[JK3] 입이 똥꼬에게

[JK3] 똥장군

[JK3] 똥 똥 귀한 똥

[JK3] 황금똥을 눌
테야!

[JK3] 똥보따리 우리
할매

[JK3] 내 똥에 가시가
있나 봐!

[JK3] 똥 밟을 확률

[JK3] 도와줘요,
응가맨!

[JK3] 똥 냄새 나는 책

[JK3] 똥오줌

● 옛날이야기 들려주세요

[JK2] 팥죽 할멈과
호랑이

[JK2] 호랑이와 곶감

[JK2] 안녕? 한다는 게
그만 어흥!

[JK2] 호랑이와 곶감

[JK3] 훨훨 간다

[JK3] 줄줄이 꿴
호랑이

[JK3] 하얀 눈썹
호랑이

[JK3] 팥죽 할머니와
호랑이

[JK3] 까막나라에서 온
삽사리

[JK3] 호랑이 뱃속
잔치

[JK3] 김수한무
거북이와 두루미
삼천갑자 동방삭

[JK3] 떡보먹보 호랑이

[JK3] 방귀쟁이 며느리

[JK3] 반쪽이

[JK3] 재주 많은 다섯
친구

[JK3] 밥 안 먹는 색시

[JK3] 신선바위 똥바위

[JK3] 꿀꿀 돼지

[JK3] 팥이 영감과
우르르 산토끼

[JK3] 땅속 나라 도둑
괴물

[JK3] 거짓말 세 마디

[JK3] 난쟁이 범사냥

[JK4] 점 잘 치는 훈장

[JK3] 흰 쥐 이야기

[JK3] 팥죽 할멈과 호랑이

[JK3] 저승에 있는 곳간

[JK3] 호랑이 잡는 법

[JK3] 여우누이

[JK3] 개가 된 범

[JK3] 정신없는 도깨비

[JK3] 도깨비 대장이 된 훈장님

[JK3] 해와 달이 된 오누이

[JK3] 도깨비와 범벅 장수

[JK3] 먹보장군

[JK3] 신통방통 세 가지 말

[JK3] 빨간 부채 파란 부채

[JK3] 내 복에 살지요

[JK3] 임금님 귀는 당나귀 귀

[JK2] 호랑이와 곶감

[JK4] 아씨방 일곱 동무

437

● 요리가 즐거워요!

[JK1] 스팟이 케이크를
만들었어요
[J2] Spot Bakes a
Cake

[JK2] 구름빵

[JK2] 구리와 구라의
빵 만들기

[JK2] 아빠랑 함께
피자 놀이를
[J3] Pete's a Pizza ⌒

[JK2] 쉿! 엄마
깨우지 마!
[J3] Five Little
Monkeys Bake a
Birthday Cake ⌒

[JK2] 프란시스는 잼만
좋아해
[J4] Bread and Jam
for Frances ⌒

[JK2] 야, 생선이다!

[JK2] 요리사가 되고
싶어
[J4] Sam the Chef

[JK2] 맛있는 케이크

[JK2] 구리랑 구라랑
꽃님이

[JK2] 당근 케이크
[J4] The Carrot Cake
Catastrophe!

[JK2] 밥이 최고야

[JK2] 달걀이랑
반죽이랑

[JK2] 팬케이크,
팬케이크!
[J4] Pancakes,
Pancakes! ⌒

[JK2] 수프 먹는 날
[J3] Soup Day

[JK2] 할머니의 수프

[JK2] 세상에서 제일
맛있어!
[J5] Delicious!: A
Pumpkin Soup Story

[JK2] 헨리와
엘리벨리의 요리 쇼
[J4] Cooking with
Henry and Elliebelly

[JK2] 산골짜기 연이네
비빔밥

[JK2] 요리요정
라쿠쿠와 오색 비빔밥

[JK2] 동그란 파이
하나가
[J3] All for Pie, Pie
for All

[JK2] 킁킁, 맛있는
냄새가 나

[JK3] 손 큰 할머니의
만두 만들기

[JK3] 먹는 이야기

[JK3] 아빠가 구운
사과 파이

[JK3] 제랄다와 거인

[JK3] 둥글 댕글
아빠표 주먹밥

[JK3] 빵이 빵 터질까?

[JK3] 쿠키 한 입의
행복 수업
[J4] Christmas
Cookies: Bite-Size
Holiday Lessons

[JK3] 하늘에서 음식이
내린다면
[J6] Cloudy with
a Chance of
Meatballs 🎧

[JK3] 요리사 마녀

[JK3] 엘로이즈는
요리를 좋아해!
[J2] Eloise Breaks
Some Eggs 🎧

[JK3] 떡잔치

[JK3] 꼬마 요리사의
앗, 뜨거워! 과자 교실

[JK3] 마법의 가방

[JK3] 조심조심 꼬마
요리사

[JK4] 천둥 케이크
[J5] Thunder Cake

[JK4] 짜장면 더
주세요!: 중국집
요리사

[JK4] 고사리손 요리책

[JK4] 아주 특별한
요리책

● 가장 멋진 크리스마스

[JK1] 메리
크리스마스, 스팟!
[J2] Spot's First
Christmas

[JK1] 크리스마스 선물
[J2] Tickly Christmas
Wibbly Pig

[JK1] 호호, 기쁜 선물
[J2] Ho Ho Ho!

[JK2] 칠면조를
부탁해!: 크리스마스
파티

[JK2] 개구쟁이
특공대의 크리스마스

[JK2] 창문으로 넘어온
선물

[JK2] 구리와 구라의
손님

[JK2] 산타 할아버지가
보낸 편지

[JK2] 누가 산타에게
선물을 준 걸까?

[JK2] 있잖아요, 산타
마을에서는요…

[JK2] 메롱
크리스마스!

[JK2] 산타 할아버지는
알고 계신대!
[J5] The Empty
Stocking

[JK2] 아기곰의 첫
번째 크리스마스
[J4] Bear Stays Up
for Christmas 🎧

[JK2] 썰매는 이제
그만!

[JK2] 루루의 첫 번째
크리스마스

[JK2] 까미는
크리스마스 준비를
해요

[JK2] 메리 크리스마스
페넬로페

[JK2] 꼬마 곰 밍의
크리스마스

[JK3] 산타 할아버지

[JK3] 산타 할아버지의
휴가
[J4] Father Christmas
Goes on Holiday

[JK3] 마들린느의
크리스마스
[J4] Madeline's
Christmas 🎧

[JK3] 크리스마스 선물
[J5] Harvey
Slumfenburger's
Christmas Present 🎧

[JK3] 멋쟁이 낸시의
환상적인 크리스마스
[J4] Fancy Nancy:
Splendiferous
Christmas

[JK3] 크리스마스 파티

[JK3] 올리비아 신나는
크리스마스
[J4] Olivia Helps with
Christmas 🎧

[JK3] 우체부 아저씨와
크리스마스
[J4] The Jolly
Christmas Postman

[JK3] 윌로비 씨의
크리스마스 트리
[J4] Mr. Willowby's
Christmas Tree

[JK3] 가장 멋진
크리스마스

[JK3] 산타 할아버지,
11개월 동안 뭐
하세요?
[J4] Santa's Eleven
Months Off

[JK3]크리스마스 전에
꼭 말해야 해!

[JK3] 믿기 어려운
크리스마스 선물
44가지

[JK3] 산타가 된
바바 왕
[J5] Babar and
Father Christmas

[JK3] 최고로 멋진
크리스마스 트리
[J6] The Year of the
Perfect Christmas
Tree

[JK3] 산타 할아버지가
올까요?

[JK3] 크리스마스의
기적

[JK3] 아주 특별한
크리스마스 선물
[J5] Twenty Five
December Lane

[JK3] 아기 공룡의
메리 크리스마스!
[J4] Dragon's Merry
Christmas

[JK3] 롤로 왕과
산타의 잃어버린 수염

[JK3] 땅꼬마
산타클로스

[JK4] 산타 백과사전
[J5] How Santa
Really Works

● 공주처럼 행동할래요

[JK2] 핑크 공주
[J4] Pinkalicious 🎧

[JK2] 난 공주답게
먹을 거야

[JK2] 핑크 공주
[J2] Penny Loves
Pink

[JK3] 공주님과 완두콩
[J6] The Princess
and the Pea

[JK2] 아빠, 공주도
방귀를 뀌나요?

[JK2] 공주님과 드레스

[JK2] 갈래머리 공주
[J4] The Kite Princess

[JK2] 엄마, 엄마,
엄마!
[J3] I Want My
Mum! 🎧

[JK2] 돼지 공주
[J4] The Princess
and the Pig

[JK2] 안경 공주

[JK2] 유쾌한 공주
파트리샤

[JK3] 종이 봉지 공주
[J4] The Paper Bag
Princess 🎧

[JK3] 올리비아는
공주가 싫어!
[J4] Olivia and the
Fairy Princesses

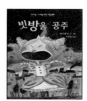

[JK3] 빗방울 공주

[JK3] 모르는 척 공주

[JK3] 내 멋대로 공주
[J5] Princess
Smartypants

[JK3] 미술관에서 만난
스페인 공주
[J5] Katie and the
Spanish Princess

[JK3] 장화 쓴 공주님

[JK3] 사과씨 공주
[J6] The Apple – Pip
Princess

[JK3] 긴 머리 공주

[JK3] 말괄량이
저스티나 공주
[J4] Princess Justina
Albertina

[JK3] 찔레꽃 공주

[JK3] 거짓말 공주

[JK3] 내 멋대로 공주
학교에 가다
[J5] Princess
Smartypants Breaks
the Rules!

[JK3] 피자 공주
[J5] The Princess
and the Pizza

[JK3] 학교에 간
공주님

[JK3] 열두 공주의
비밀

[JK3] 완두콩 위에서
잔 공주님

[JK3] 하늘을 날고
싶은 공주
[J4] Princess Hyacinth:
The Surprising Tale of
a Girl Who Floated

[JK3] 연꽃 공주 미도

[JK3] 내가 만일
공주라면
[J5] Imagine You're a
Princess!

[JK3] 내가 진짜
공주님

[JK3] 백설 공주와
일곱 난쟁이
[J6] Snow – White and
the Seven Dwarfs

[JK3] 신데렐라
[J6] Cinderella

[JK3] 왕국 없는 공주
[J6] The Princess
Who Had No
Kingdom

[JK3] 푸른 공주

[JK3] 용감한 공주의
모험

[JK3] 나는 꼬마 공주
[J3] Princess Baby

[JK3] 신데렐라
[J6] Cinderella

[JK3] 노란궁전
하품공주

443

● 행복한 왕자

[JK2] 잠투정 왕자
[J4] The Prince's
Bedtime 🎧

[JK2] 고릴라 왕과
대포

[JK2] 새둥지를 이고
다니는 사자 임금님

[JK2] 거꾸로 팬티

[JK2] 뚱보 임금

[JK3] 벌거벗은 공룡
임금님
[J5] The Dinosaur's
New Clothes

[JK3] 커다란 것을
좋아하는 임금님

[JK3] 그런데 임금님이
꿈쩍도 안 해요!
[J3] King Bidgood's
in the Bathtub 🎧

[JK3] 코끼리 왕 바바
[J5] The Story of
Babar the Little
Elephant

[JK3] 나는 용감한
잭 임금님
[J4] King Jack and
the Dragon 🎧

[JK3] 행복한 왕자
[J5] The Happy
Prince

[JK3] 개구리 왕자
[J5] The Frog Prince

[JK3] 책 읽는 왕자

[JK3] 뿌루퉁 왕국
방실 왕자
[J4] Smile

[JK3] 오줌싸개 왕자

[JK3] 왕자님을 데려다
주세요

[JK3] 왕자님

[JK3] 지빠귀 부리
왕자

[JK3] 백조왕자

[JK3] 벌거벗은 임금님

● 생일 축하해!

[JK1] 생일 축하해, 스팟!
[J2] Spot's Birthday Party

[JK2] 내 생일에 공룡이 왔어!

[JK2] 곰 아저씨에게 물어보렴
[J4] Ask Mr. Bear 🎧

[JK2] 제이크의 생일

[JK2] 생일 축하해! 원이야, 숭이야
[J3] Happy Birthday Chimp and Zee

[JK2] 아주 놀라운 생일 선물

[JK2] 오늘은 내 생일이야

[JK2] 생일 축하해, 샘!
[J4] Happy Birthday, Sam 🎧

[JK2] 내 생일에 와 줄래?

[JK2] 생일 축하해요
[J4] Happy Birthday, Moon 🎧

[JK2] 숨바꼭질 생일파티
[J4] Hide and Seek Birthday Treat

[JK2] 엄마, 생일 축하해요

[JK2] 개구리의 생일날 무슨 일이 생겼을까?

[JK3] 마녀 위니의 생일 파티
[J4] Happy Birthday, Winnie! 🎧

[JK3] 이건 내 생일 파티야
[J3] This is Actually My Party 🎧

[JK3] 피터의 편지
[J4] A Letter to Amy 🎧

[JK3] 토끼 아저씨와 멋진 생일 선물
[J4] Mr. Rabbit and the Lovely Present 🎧

[JK3] 와들와들 오싹한 생일초대장

[JK3] 수수께끼 생일 편지
[J3] The Secret Birthday Message 🎧

[JK3] 팽고의 깜짝 생일 파티
[J4] Worried Arthur: Birthday Party

445

● 내 동생이 태어났어요

[JK1] 엄마 찌찌가
싫어

[JK2] 순이와 어린
동생

[JK2] 피터의 의자
[J4] Peter's Chair 🎧

[JK2] 우리 형
[J4] My Brother 🎧

[JK2] 우리 형이니까

[JK2] 내 동생은
고릴라입니다

[JK2] 아기똥꼬
[J4] Stupid Baby

[JK2] 동생이 태어날
거야
[J4] There's Going to
Be a Baby

[JK2] 조금만

[JK2] 얄미운 내 동생

[JK2] 내 동생이
태어났어

[JK2] 콩아지와 옹아지

[JK2] 동생이 싫어

[JK2] 동생이 '뚝'
태어났어

[JK2] 엄마를 빌려
줄게

[JK2] 나 진짜 화났어!

[JK2] 하지 마 형제

[JK2] 동생을 팝니다!

[JK2] 오늘밤 내
동생이 오나요?
[J4] Are You There,
Baby Bear?

[JK2] 너의 언니라서
참 좋아!
[J3] Welcome to Your
World, Baby

[JK2] 따라쟁이 나나

[JK2] 동생은 내가 좋은가 봐요

[JK2] 언니와 여동생
[J3] Big Sister, Little Siste

[JK2] 그래도 내 동생이야!

[JK2] 동생이 없어졌으면 좋겠어

[JK2] 내가 언제 동생 낳아 달랬어
[J2] Nobody Asked Me If I Wanted a Baby Sister

[JK2] 나, 아기 안 할래!

[JK2] 내 동생 짜증 나

[JK2] 엄마를 내다 버릴 테야
[J3] When the New Baby Comes, I'm Moving Out

[JK2] 내 동생 클로이

[JK2] 내가 동생을 돌볼래요
[J3] Froggy's Baby Sister 🎧

[JK2] 동생은 정말 귀찮아!
[J4] Floppy Ears

[JK2] 언제까지나 최고로 좋은 내 동생
[J4] Little Bear's Big Sweater

[JK2] 내 동생은 괴물

[JK2] 다섯 살은 괴로워
[J3] It's Hard to Be Five: Learning How to Work My Control Panel 🎧

[JK2] 잘했어, 베니
[J4] Benny and the Binky

[JK2] 내 동생 달로 보내 버려!
[J3] Mail Harry to the Moon

[JK3] 내 동생 싸게 팔아요

[JK3] 나는 둘째입니다

[JK3] 귀엽지 않은 내 동생

● 우리 친구하자

[JK1] 우리 집에
놀러 와

[J2] 우리는 친구 🎧
[J4] Little Beauty

[JK2] 그건 내 조끼야

[JK2] 나랑 같이 놀자
[J4] Play with Me

[JK2] 우리 친구하자

[JK2] 외톨이 사자는
친구가 없대요

[JK2] 친구가 생긴 날

[JK2] 친구는 좋아!
[J1] Yo! Yes? 🎧

[JK2] 내 친구 깡총이
[J3] My Friend Rabbit

[JK2] 처음으로 친구를
사귄 날
[J4] Scaredy Squirrel
Makes a Friend

[JK2] 나랑 같이 놀래?

[JK2] 무당벌레 아가씨
룰루의 친구 사귀기
[J4] Ladybug Girl
and Bumblebee Boy

[JK2] 친구가 되어
줄게

[JK2] 뱀이 친구
구해요

[JK2] 아기곰에게 새
친구가 생겼어요!
[J3] Bear's New
Friend 🎧

[JK2] 두두에게 친구가
생겼어요

[JK2] 친구야, 난 네가
참 좋아

[JK2] 친구가 좋아

[JK2] 친구가 되어 줘!
[J3] Penguin

[JK2] 친구가 필요해!

[JK2] 집 짓는 암소 무

[JK2] 나랑만 놀아

[JK2] 날고 싶어!
[J4] Up and Down

[K2] 우리는 친구
[J3] Bear and Bird

[JK2] 사자는 내 친구

[JK2] 숲 속의 단짝
친구

[JK2] 친구가 놀러
왔어요

[JK2] 친구랑 싸운 날

[JK2] 너랑 안 놀 거야!

[JK2] 고마워, 친구야!

[JK2] 다정한 친구
[J3] Be Gentle with
the Dog, Dear!

[JK2] 아니야, 좋아해!

[JK3] 우린 정말 친한
단짝 친구!
[J3] My Best, Best
Friend 🎧

[JK3] 우리 친구하자
[J4] A Walk in the
Park

[JK3] 세 친구
[J5] Friends

[JK3] 푸른 개

[JK3] 체스터는 뭐든지
자기 멋대로야
[J4] Chester's Way 🎧

[JK3] 짝꿍이
생겼어요!

[JK3] 내 친구 제시카
[J4] Jessica

[JK3] 이제 너랑 말
안 해!
[J2] Fluff and Billy

449

● 유치원 가는 날

[JK2] 유치원에 간
데이빗
[J2] David Goes to
School

[JK2] 구룬파 유치원

[JK2] 공룡유치원
시리즈 (12권)
[J3] Dinofours
시리즈 🎧

[JK2] 곱슬곱슬 머리띠

[JK2] 왜 나만 시켜!

[JK2] 아주 아주 큰
고구마

[JK2] 유치원 가기
싫어!
[J3] I Don't Want to
Go to School!

[JK2] 고양이 스플랫은
유치원이 좋아!
[J4] Splat the Cat 🎧

[JK2] 엄마는 모를
거야

[JK2] 엄마, 공주옷
입을래요

[JK2] 고백할 거야!

[JK2] 유치원에 가기
싫어!

[JK2] 야호! 오늘은
유치원 가는 날

[JK2] 친구가 생긴 날

[JK2] 유치원에
심술쟁이가 있어요!
[J4] Lucy and the
Bully

[JK2] 아빠가 유치원에
가요
[J4] Bea and Mr.
Jones

[JK2] 유치원에 가면

[JK2] 유치원에 가기
싫어요!

[JK2] 유치원에 처음
가는 날

[JK2] 오늘도 좋은
하루

[JK2] 보리의 시끌벅적
유치원

[JK2] 유치원 가기
싫어요

[JK2] 유치원에 가는
날이에요
[J4] Tom Goes to
Kindergarten

[JK2] 안녕? 유치원
[J4] Kindergarten
Diary

[JK2] 유치원에서 가장
좋은 것은?

[JK2] 엔리코가
유치원에 갔어요!
[J4] Enrico Starts
School

[JK2] 레옹의 유치원
일기

[JK2] 노는 게 제일
좋아!

[JK2] 오늘부터 친구야

[JK2] 해님 유치원의
비밀 친구

[JK2] 오, 보리스!
[J4] Oh, Boris!

[JK2] 너랑 안 놀 거야!

[JK2] 유치원에서
나 찾아 봐!

[JK2] 라마 라마
유치원 가는 날

[JK2] 판다는 유치원에
갈까?
[J3] Does a Panda
Go to School?

[JK2] 유치원에
지각하지 않을래요!

[JK2] 마법사 유치원
선생님

[JK2] 귀신은 하나도
안 무서워

[JK2] 나의 하루,
엄마 아빠의 하루

[JK2] 피부색은 달라도
우리는 친구

451

● 나도 이제 학교 가요

[JK2] 그러그가 학교에
가요

[JK3] 틀려도 괜찮아

[J3] Spider School

[JK3] 난 학교 가기
싫어
[J4] I am Too
Absolutely Small for
School

[JK3] 학교는 즐거워
[J4] Schools Have
Learn

[JK3] 학교 처음
가는 날

[JK3] 1학년이 최고야!
[J3] First Grade
Stinks!

[JK3] 1학년이
나가신다!

[JK3] 학교에서 똥이
마려우면?

[JK3] 학교
다녀오겠습니다

[JK3] 학교 안 갈거야

[JK3] 학교가 뭐가
무섭담!

[JK3] 나도 이제 학교
가요

[JK3] 1학년이
되었어요

[JK3] 나의 첫 책가방

[JK3] 학교에 갈 때
꼭꼭 약속해

[JK3] 1학년 책가방이
왔다

[JK3] 꼬마 곰곰이의
처음 학교 가는 날

[JK3] 괜찮아,
겁내지 마

[JK3] 장난꾸러기
레아가 학교에 갈 수
있을까요?

● 목욕은 즐거워

[JK1] 목욕탕에서
첨벙첨벙

[JK1] 물놀이 할래?

[JK1] 뽀글 목욕놀이

[JK1] 첨벙첨벙
목욕해요

[JK2] 목욕은 정말
싫어요
[J4] Harry the Dirty
Dog ○

[JK2] 목욕은 즐거워

[JK2] 저런,
벌거숭이네!

[JK2] 어떤 목욕탕이
좋아?

[JK2] 친구야,
목욕하자

[JK2] 목욕은 정말
싫어!
[J4] Rabbit Ears

[JK2] 목욕하기 싫어!

[JK2] 허글리의
보글보글 신나는 목욕
놀이
[J3] Huggly Takes a
Bath

[JK2] 하느님은 목욕을
좋아해

[JK2] 까미는 혼자서
목욕했어요

[JK2] 버니, 목욕
시간이야!
[J4] Little Bunny's
Bathtime

[JK2] 알록달록 색깔
목욕탕

[JK2] 아기 꿀꿀이의
참방참방 목욕 놀이
[J2] Pig Takes
A Bath

[JK3] 장수탕 선녀님

[JK3] 지옥탕

[JK3] 셜리야, 목욕은
이제 그만!
[J4] Time to Get Out
of the Bath, Shirley

453

● 병원 가기 싫어!

[JK1] 병원 가기 싫어!

[JK1] 아파요 아파

[JK2] 예방 주사 무섭지 않아!

[JK2] 앗! 따끔!

[JK2] 병원에 입원한 내동생

[JK2] 두근두근 예방 주사

[JK2] 다음엔 너야
[J2] Next Please

[JK2] 난 병이 난 게 아니야

[JK2] 몸한테 여보세요

[JK2] 아빠가 감기 걸린 날

[JK2] 감기에 걸렸어요

[JK2] 다음 분!
[J3] Next!

[JK2] 종합병원

[JK2] 주사 따위 무섭지 않아!

[JK2] 이제 아프지 않아요

[JK2] 꼬마 유령이 아파요

[JK2] 출동! 장난감 구조대
[J3] Help!

[JK2] 하마는 병원에 갈까?
[J3] Does a Hippo Say Ahh?

[JK2] 이젠 아프지 않아요

[JK2] 작은 토끼의 빨간 점

[JK2] 고양이네 가족
주사맞기

[JK2] 까미는 병원에
가기 싫어해요

[JK2] 어디 아프니,
아가야?
[J4] Don't You Feel
Well, Sam?

[JK3] 감기 걸린 날

[JK3] 나 정말 아프단
말이야
[J4] I'm Really Ever
So Not Well 🎧

[JK3] 멍멍 의사
선생님
[J5] Dr. Dog 🎧

[JK3] 눈 다래끼
팔아요

[JK3] 씩씩한 마들린느
[J4] Madeline 🎧

[JK3] 나도 아프고
싶어!
[J3] I Wish I was
Sick, Too! 🎧

[JK3] 병원 소동
[J4] Curious
George Goes to the
Hospital 🎧

[JK3] 뱃속 마을
꼭꼭이

[JK3] 병원

[JK3] 앗, 감기야
덤벼라!
[J5] I Know How We
Fight Germs

[JK3] 감기 걸린 도키
냄새가 사라졌어요

[JK3] 싸우는 몸

[JK3] 나와 감기
걸린 알

[JK3] 내 몸속에
전쟁이 일어났어요

[JK3] 해리가 병원에
가요

[JK3] 나, 약 안
먹을래!
[J4] When You're
Sick or in the
Hospital 🎧

[JK3] 우리 같이 병원
가요

455

● 이가 아파서 치과에 가요

[JK1] 악어도 깜짝,
치과 의사도 깜짝!
[J2] The Crocodile
and the Dentist

[JK1] 이닦기 싫어!

[JK1] 싹싹 이닦기
놀이

[JK1] 치카치카 하나
둘

[JK1] 치카치카 이를
닦아요

[JK2] 으앙, 이가
아파요

[JK2] 칫솔맨,
도와줘요!

[JK2] 이닦기
대장이야!

[JK2] 치과에 상어를
데려가면 큰일나요,
큰일 나!
[J3] Never Take a
Shark to the Dentist

[JK2] 치과에 갔어요

[JK2] 나와라,
충치괴물!

[JK2] 난 칫솔이 싫어!
[J3] The Boy who
Hated Toothbrushes

[JK2] 양치질 절대
하지 마!

[JK2] 내가 다
먹을거야

[JK2] 이 닦기 싫어요!

[JK2] 난 치과의사가
될래요!

[JK3] 이가 아파요

[JK2] 치과 대소동
[J5] Open Wide!

[JK2] 충치 왕자

[JK2] 이 잘 닦아
공주와 이 안 닦아
왕자

[JK2] 치카치카 양치질
안 할래

[JK2] 곰이 이가
아파요
[J3] The Bear's
Toothache 🎧

[JK2] 호랑이는 치과에
갈까?
[J3] Does a Lion
Brush?

[JK2] 하하하 웃는 이
튼튼한 이 하하하

[JK2] 이가 아파요!

[JK2] 이가 아파서
치과에 가요

[JK2] 나나의 딸기 맛
치약

[JK3] 치과의사 드소토
선생님
[J5] Doctor De
Soto 🎧

[JK3] 충치 도깨비
달달이와 콤콤이

[JK3] 치카치카 군단과
충치 왕국

[JK3] 입을 크게
벌려라: 즐거운 치과
학교
[J6] Open Wide:
Tooth School
Inside 🎧

[JK3] 내 입속에 충치
가족이 살아요!

[JK3] 충치 도깨비들의
대반란

[JK3] 충치가
생긴다면?

[JK3] 히히,
내 이 좀 봐!
[J5] I Know Why I
Brush My Teeth!

[JK3] 치과 가긴 정말
싫어!

[JK3] 뿌드득 뿌드득
튼튼한 이
[J6] The Tooth Book

[JK3] 놀리의 이빨이
부러졌어요!

[JK3] 치카치카,
이 닦자

[JK3] 호랑이도
치카치카 악어도
치카치카

● 나는 될 테야

[JK2] 의사가 되고
싶어
[J4] Daisy the Doctor

[JK2] 똑똑한 그림책
직업놀이

[JK2] 요리사가 되고
싶어
[J4] Sam the Chef

[JK2] 수의사가 되고
싶어
[J4] Vicky the Vet

[JK2] 북적북적 우리
동네가 좋아
[J4] Busy, Busy
Town

[JK2] 소방관이 되고
싶어
[J4] Fred the
Firefighter

[JK2] 선생님이 되고
싶어
[J4] Tessa the
Teacher

[JK2] 느낌이 왔어!

[JK2] 난 소방관이
될래요!

[JK2] 우주 비행사가
되고 싶어요
[J2] I Want to Be an
Astronaut

[JK2] 난 선생님이
될래요!

[JK2] 의사가 된 꼬마
테런스
[J4] A Day with the
Animal Doctors

[JK3] 미술 수업
[J5] The Art Lesson

[JK3] 나는 될 테야

[JK3] 예술가가 된
젖소 글로리아
[J5] Gloria the Cow

[JK3] 책벌레 링컨이
대통령이 되었어요!

[JK3] 알베르트
아인슈타인
[J6] On a Beam of
Light: A Story of
Albert Einstein

[JK3] 꼬마경찰 구름이

[JK4] 발명가가 되고
싶다고?
[J6] So You Want to
Be an Inventor?

[JK4] 대통령이 되고
싶다고?
[J6] So You Want to
Be President?

● 발레리나를 꿈꿔요

[JK2] 발레리나
올리비아
[J3] Olivia Leaps!

[JK2] 우리 강아지는
발레리나
[J4] Dogs Don't Do
Ballet

[JK3] 발레리나 벨린다
[J4] Belinda the
Ballerina

[JK3] 꼬마 발레리나
타냐
[J4] Dance, Tanya

[JK3] 웃지 않는
발레리나
[J5] The Jewel Box
Ballerinas

[JK3] 타냐와 마법의
옷장
[J4] Tanya and the
Magic Wardrobe

[JK3] 발레하는
할아버지

[JK3] 타냐의 빨간
토슈즈
[J4] Tanya and the
Red Shoes

[JK3] 발레 교실에
놀러 온 드가 아저씨

[JK3] 흉내쟁이 꼬마
발레리나
[J4] Tanya and Emily
in a Dance for Two

[JK3] 꼬마 발레리나의
사계절

[JK3] 캥거루가 춤을
춘다고?
[J4] Josephine Wants
to Dance

[JK3] 춤이
궁금하다고?
판당고에게 물어봐!

[JK3] 춤

[JK3] 키가 쑥쑥 몸이
쭉쭉 꼬마 발레리나

[JK3] 엠마의 발레수업

[JK4] 발레리나는
안경을 쓰지 않아

[JK4] 드가와 꼬마
발레리나
[J4] Chasing Degas

[JK4] 나와 발레 학교

[JK4] 나는 꿈꾸는
발레리나

459

● 한글을 그림책으로 떼요

[JK1] 기차 ㄱㄴㄷ

[JK1] 개구쟁이 ㄱㄴㄷ

[JK1] 동물친구 ㄱㄴㄷ

[JK1] 엄마랑 나랑 ㄱㄴㄷ

[JK1] 한글이 된 친구들

[JK1] 가나다

[JK1] 괜찮아

[JK1] 사과가 쿵!

[JK1] 달님 안녕

[JK1] 두드려 보아요!
[J2] Knock! Knock!

[JK1] 싹싹싹

[JK1] 열두 띠 동물 까꿍놀이

[JK1] 응가 하자, 끙끙

[JK1] 야옹이가 제일 좋아하는 색깔은?
[J2] Knock! Knock!

[JK1] 손이 나왔네

[JK1] 구두구두 걸어라

[JK1] 난 자동차가 참 좋아

[JK1] 하양이 생일에 누가누가 올까요?

[JK1] 무엇이 무엇이 똑같을까?

[JK1] 알, 알이 123

[JK1] 세밀화로 그린
보리 아기그림책
시리즈 (30권)

[JK1] 뭐 하니?

[JK1] 모두 모여
냠냠냠

[JK1] 동물들아,
뭐하니?
[J2] Gallop!

[JK1] 아빠하고 나하고

[JK1] 종알종알 말놀이
그림책 시리즈 (10권)

[JK1] 냠냠냠 쪽쪽쪽

[JK1] 어디 갔다 왔니?

[JK1] 두껍아 두껍아

[JK1] 언어 잼잼곰
시리즈 (4권)

[JK1] 킨더랜드
토들북스 시리즈
(13권)

[JK1] 어떻게 하면
좋지?

[JK1] 반대말책

[JK1] 언어 쑥쑥
그림책 시리즈 (3권)

[JK1] 빨강 빨강 앵두

[JK1] 맹꽁맹꽁:
반대말을 알려 줘

[JK1] 따 주세요

[JK1] 엄마 품에 누가
누가 잠자나

[JK1] 꼬마 자동차
붕붕이

[JK2] 생각하는 ㄱㄴㄷ

461

● 한글을 그림책으로 떼요

[JK2] 요렇게 해봐요

[JK2] 맛있는 ㄱㄴㄷ

[JK2] 준영 ㄱㄴㄷ

[JK2] 움직이는 ㄱㄴㄷ

[JK2] 고슴도치 ㄱㄴㄷ

[JK2] 똥이랑 ㄱㄴㄷ

[JK2] 과자 ㄱㄴㄷ

[JK2] 표정으로 배우는
ㄱㄴㄷ

[JK2] 요리요리 ㄱㄴㄷ

[JK2] 야금야금 사과

[JK2] 기억은 공

[JK2] 남냠 한글
가나다

[JK2] 소리치자 가나다

[JK2] 하마의 가나다

[JK2] 글자가
사라진다면

[JK2] 이상한 집

[JK2] 숨어 있는
그림책

[JK2] 고슴도치야,
무얼 보니?

[JK2] 누구야 누구

[JK2] 받침 없는 동화
시리즈 (5권)

● 비, 눈이 오는 날에

[JK1] 첫눈

[JK1] 내 빨간 우산

[JK2] 눈 오는 날
[J4] The Snowy
Day 🎧

[JK2] 바람이 불었어
[J4] The Wind
Blew 🎧

[JK2] 비 오는 날
[J4] Rain Rain Rivers

[JK2] 비가 오는
날에…

[JK2] 비 오는 날은
정말 좋아!

[JK2] 아기 구름 울보

[JK2] 야, 비 온다

[JK2] 즐거운 비

[JK2] 비 오는 건 싫어!

[JK2] 바람 부는 날

[JK2] 태풍이 온다

[JK2] 야호, 비 온다!

[JK2] 구름이는

[JK2] 비가 왔어요
[J4] The Rain Came
Down

[JK2] 비 오는 날
생긴 일
[J4] Mushroom in the
Rain 🎧

[JK2] 후두둑!

[JK2] 무지개

[JK2] 비
[J1] Rain 🎧

463

● 비, 눈이 오는 날에

[JK2] 구름 놀이

[JK2] 아이와 무지개

[JK2] 하늘 우산

[JK2] 하늘에 뜬 예쁜
빛깔을 봤니?

[JK2] 눈 오는 날 함께
놀자

[JK2] 요술쟁이 작은 구름
[J3] Little Cloud 🎧

[JK2] 개나리가 호호호
찬바람이 쌩쌩

[JK2] 무지개를
잡았어요
[J4] A Rainbow of
My Own

[JK2] 비 오는 날이
좋아요

[JK2] 거대한 폭풍속의
침 앤 지
[J3] Chimp and Zee
and the Big Storm

[JK2] 오토의 비
오는 날

[JK2] 비 오는 날
웅덩이에서
[J2] The Puddle

[JK3] 구름 나라
[J5] Cloudland

[JK3] 비오는 날의
소풍

[JK3] 꼬마 구름
파랑이

[JK3] 우리 집 일기
예보

[JK3] 엉뚱하고
재미있는 구름 이야기
[J5] The Cloud Book

[JK3] 우산
[J5] Umbrella

[JK3] 비 오는 날에

[JK3] 나의 특별한
구름

● 봄이다!

[JK1] 코를 킁킁
[J2] The Happy
Day 🎧

[JK1] 봄이 왔어요

[JK2] 청소하는 암소 무

[JK2] 송아지의 봄
[J2] Spring is Here 🎧

[JK2] 봄이 오면

[JK2] 구리랑 구라랑
구루리구라

[JK2] 봄이 오면

[JK2] 수잔네의 봄

[JK2] 봄이다!
[J3] And Then It's
Spring

[JK2] 열 마리
개구리의 봄맞이

[JK2] 봄맞이 대청소

[JK2] 페르디의 봄동산
[J5] The Fox and the
Springtime Blossoms

[JK2] 엄마 봄은 언제
오나요
[J4] When will It Be
Spring?

[JK3] 우리 순이 어디
가니: 봄

[JK3] 아기너구리네
봄맞이

[JK3] 아빠, 꽃밭
만들러 가요

[JK3] 무민과 봄에 온
편지

[JK3] 꽃밭

[JK3] 두근두근 꽃시장
나들이

[JK3] 마리의 봄

465

● 여름이 왔어요

[JK2] 구리와 구라의
헤엄치기

[JK2] 바바 가족의
여름휴가

[JK2] 개구쟁이 해리
바다 괴물이 되었어요
[J4] Harry by the
Sea 🎧

[JK2] 파도야 놀자

[JK2] 열 마리
개구리의 여름 축제

[JK2] 사유미네 포도

[JK2] 14마리의
빨래하기

[JK2] 수잔네의 여름

[JK2] 수박
나무라고요?

[JK2] 가스파르와
리자의 여름방학
[J4] Gaspard and
Lisa's Rainy Day

[JK2] 바다야, 놀자!

[JK2] 할아버지,
바다가 넓어요

[JK2] 여름이 왔어요

[JK2] 치치가 온 바다

[JK3] 풀싸움

[JK3] 바다에 간 마녀
위니
[J4] Winnie at the
Seaside 🎧

[JK3] 심심해서
그랬어: 여름

[JK3] 마법의 여름

[JK3] 삼촌이 왔다

[JK3] 잠자리 꽁꽁, 내
손 끝에 앉아라!

● 가을을 만났어요

[JK1] 투둑 떨어진다:
가을

[JK2] 나뭇잎이
달아나요

[JK2] 산에 가자

[JK2] 14마리의 달맞이

[JK2] 아기 곰의 가을
나들이

[JK2] 숲 속의
나뭇잎집

[JK2] 가을

[JK2] 아기 곰과
나뭇잎
[J3] Leaves

[JK2] 수잔네의 가을

[JK2] 가을이 좋아

[JK2] 나뭇잎을
따라갔어요
[J3] Oliver Finds His
Way

[JK2] 나뭇잎 연
날리기

[JK2] 달빛은 환히

[JK3] 바빠요 바빠:
가을

[JK3] 배나무 할아버지

[JK3] 약수터 가는 길

[JK3] 가을을 만났어요

[JK3] 여우야, 뭐
하니?

[JK3] 페르디의
가을나무
[J4] Ferdie and the
Falling Leaves

[JK3] 가을이 계속되면
좋겠어

467

● 야호! 겨울이다

[JK1] 옹기종기 냠냠:
겨울

[JK1] 숲 속의 겨울
준비

[JK1] 야호! 겨울이다

[JK2] 장갑

[JK2] 헨리에타의 첫
겨울

[JK2] 열 마리
개구리의 겨울잠

[JK2] 윌리의 겨울
소원

[JK2] 수잔네의 겨울

[JK2] 추워라 춥대장
나와라 눈대장

[JK2] 꼬미의 겨울
이야기

[JK2] 두더지야, 문 좀
열어줘!

[JK2] 겨울은 재밌다!

[JK2] 눈투성이 아기곰
[J3] Snow Bears

[JK2] 그러그가 스키를
타요

[JK3] 감기 걸린 날

[JK3] 마녀 위니의
겨울
[J4] Winnie in
Winter 🎧

[JK3] 우리끼리 가자:
겨울

[JK3] 무민과 겨울의
비밀
[J4] Tacky and the
Winter Games

[JK3] 못말리는 태키의
겨울 올림픽
[J4] Tacky and the
Winter Games 🎧

[JK3] 꼬마 곰곰이의
겨울 이야기
밖으로 놀러 가요

● 도서관이 정말 좋아요

[JK2] 도서관에서는 모두 쉿!
[J4] Quiet! There's a Canary in the Library

[JK2] 도서관이 정말 좋아요

[JK2] 도서관에 간 암탉
[J4] Book! Book! Book!

[JK3] 도서관에 간 사자
[J4] Library Lion 🎧

[JK3] 도서관 생쥐
[J5] Library Mouse 🎧

[JK3] 도서관
[J5] The Library 🎧

[JK3] 도서관이 키운 아이
[J4] The Boy Who was Raised by Librarians

[JK3] 도서관 아이

[JK3] 유령 도서관
[J5] The Ghost Library

[JK3] 도서관에 간 여우

[JK3] 도서관에 간 박쥐
[J4] Bats at the Library 🎧

[JK3] 도서관에 개구리를 데려갔어요
[J4] I Took My Frog to the Library

[JK3] 도서관에 도깨비가 으히히히

[JK3] 도서관에 간 공주님

[JK3] 행복한 책
[J5] The Lonely Book

[JK3] 도서관에서 처음 책을 빌렸어요
[J4] Beverly Billingsly Borrows a Book

[JK3] 스미스 선생님과 무서운 도서관
[J5] Miss Smith and the Haunted Library

[JK3] 도서관 고양이 듀이
[J4] Dewey: There's a Cat in the Library!

[JK3] 책벌레 릴리의 모험
[J4] Library Lily

[JK3] 있잖아, 그건 내 책이야
[J4] But Excuse Me That is My Book 🎧

● 미술관에 갔어요

[JK2] 뒤죽박죽 미술관

[JK2] 여울이의 미술관 나들이

[JK2] 미술관의 초대
[J5] The Museum

[JK2] 꼬마 미술관

[JK2] 미술관 123
[J2] Museum 123

[JK2] 소피는 친구랑 미술관에 갔어요

[JK3] 세상에서 가장 유명한 미술관
[J5] Dogs' Night

[JK3] 미술관에 핀 해바라기
[J5] Katie and the Sunflowers

[JK3] 미술관에서의 물놀이
[J5] Katie and the Bathers

[JK3] 반 고흐와 해바라기 소년
[J5] Camille and the Sunflowers

[JK3] 모네의 정원에 온 손님
[J5] The Magical Garden of Claude Monet

[JK3] 미술관에서 만난 모나리자
[J5] Katie and the Mona Lisa

[JK3] 레오나르도와 하늘을 나는 아이
[J5] Leonardo and the Flying Boy

[JK3] 규리 미술관

[JK3] 미술관 여행
[J5] Katie Meets the Impressionists

[JK3] 푸메 꾸메와 함께 미술관에 가요!

[JK3] 민화나라에 온 걸 환영해!

[JK3] 프랑스 피카소 미술관

[JK3] 마티스: 기쁨을 그린 화가
[J5] Matisse the King of Color

[JK3] 명화로 만나는 알쏭달쏭 신기한 그림

● 박물관 여행

[JK2] 루브르 박물관에
간 페넬로페

[JK2] 박물관에 간
가스파르와 리자
[J4] Gaspard and
Lisa at the Museum

[JK2] 박물관에서

[JK3] 도서관 생쥐 4:
신나는 박물관 탐험
[J4] Library Mouse: A
Museum Adventure

[JK3] 박물관으로
떠나는 시간여행

[JK3] 박물관 비밀
여행

[JK3] 빙글빙글 이상한
박물관 여행
[J0] Museum Trip

[JK3] 이상한 자연사
박물관
[J0] Time Flies

[JK4] 박물관

[JK4] 오싹오싹 몬스터
박물관

● 음악회에 가요

[JK3] 모차르트 멜로디
[J6] Mozart Finds
a Melody

[JK3] 피터와 늑대

[JK3] 호두까기 인형
[J6] The Nutcracker
Ballet

[JK3] 나팔 불어요

[JK3] 노래 노래
부르며

[JK4] 나와 오페라
극장

[JK4] 나와 음악회

[JK4] 나와 음악학교

[JK4] 음악의 모든 것
[J6] Ah, Music! 🎧

[JK4] 나와 악기
박물관

471

● 우리나라가 보여요

[JK3] 싸개싸개
오줌싸개

[JK3] 쌈닭

[JK3] 야광귀신

[JK3] 만희네 집

[JK3] 아카시아 파마

[JK3] 도마뱀아
도마뱀아 비를 내려라

[JK3] 숯 달고 고추
달고

[JK3] 꼴 따먹기

[JK3] 숨 쉬는 항아리

[JK3] 오늘은 우리집
김장하는 날

[JK3] 어처구니 이야기

[JK3] 아무도 모를거야
내가 누군지

[JK3] 할머니의
할머니의 할머니의 옷

[JK3] 한지돌이

[JK3] 단군신화

[JK3] 쪽빛을 찾아서

[JK3] 마고 할미

[JK3] 김치 특공대

[JK3] 고구려 나들이

[JK3] 내 더위 사려!

[JK3] 고인돌

[JK3] 가을이네 장
담그기

[JK3] 시골집이
살아났어요

[JK3] 씨름

[JK3] 나는 주워 온
아이인가 봐

[JK3] 경복궁에 간
불도깨비

[JK3] 해시계 물시계

[JK3] 돌잔치

[JK3] 그림 옷을 입은
집

[JK3] 오늘은 촌놈
생일이에요

[JK3] 임금님 집에
예쁜 옷을 입혀요

[JK3] 꿈꾸는 도자기

[JK3] 우리는
집지킴이야!

[JK3] 십장생을 찾아서

[JK3] 사물놀이 이야기

[JK3] 하늘천 따지
가마솥에 누룽지

[JK3] 누구 없어요?

[JK3] 비밀스러운
한복나라

[JK3] 우리 나라가
보여요

[JK3] 새색시

473

● 다른 나라가 궁금해요

[JK2] 판다와 내 동생

[JK2] 노란 풍선의
세계여행

[JK2] 베니스에 간
가스파르
[J4] Gaspard on
Vacation

[JK2] 모자쓰고
인사해요

[JK2] 뉴욕에 간 리자
[J4] Lisa in New York

[JK3] 이모의 결혼식

[JK3] 아델과 사이먼,
미국에 가다!
[J6] Adele & Simon
in America

[JK3] 런던은 정말
멋져!
[J3] We Completely
Must Go to London

[JK3] 엄마의
여행 가방

[JK3] 우리는 학교에
가요

[JK3] 여러나라 이야기

[JK3] 바바의 세계여행
[J4] Babar's World
Tour

[JK3] 누구 발일까?

[JK3] 침 뱉으며
인사하는 나라는?

[JK3] 바바의 신나는
미국여행
[J5] Babar Comes to
America

[JK3] 박물관으로
떠나는 시간여행

[JK3] 우리는 아시아에
살아요

[JK3] 할머니의 선물

[JK3] 벤의 꿈
[J4] Ben's Dream

[JK3] 동그란 지구의
하루
[J4] All in a Day

[JK3] 와! 신나는 세계
여행

[JK3] 엘시와 카나리아
[J5] Elsie's Bird

[JK3] 별이 되고 싶어

[JK3] 세상을 잇는
다리
[J6] Bridges are to
Cross

[JK3] 천 년 전에는
어떻게 살았을까?

[JK3] 가자, 가자,
멕시코로!
[J4] Off We Go to
Mexico!

[JK3] 선사시대에는
어떻게 살았을까?

[JK3] 키리쿠와
하이에나

[JK3] 고대 이집트
사람들은 어떻게
살았을까?

[JK3] 나일 강을 따라
떠나는 이집트 여행
[J6] We're Sailing
Down the Nile: A
Journey Through
Egypt

[JK3] 호기심 나비의
중국여행

[JK3] 세계 여행을
떠난 아기곰 무크

[JK4] 엘로이즈,
파리에 가다
[J6] Eloise in Paris 🎧

[JK4] 온 세상 국기가
펄럭펄럭

[JK4] 피라미드는 누가
만들었을까?
[J4] Who Built the
Pyramid?

[JK4] 처음 만나는
세계 지도 그림책

[JK4] 실크로드 여행
[J6] We're Riding
on a Caravan: An
Adventure on the Silk
Road

[JK4] 엘로이즈,
모스크바에 가다
[J6] Eloise in Moscow

[JK4] 세계의 어린이
우리는 친구

[JK4] 세계와 만나는
그림책

475

● 설, 추석이 기다려져요

[JK1] 설날

[JK2] 우리 우리
설날은

[JK2] 열 마리
개구리의 설날

[JK3] 손 큰 할머니의
만두 만들기

[JK3] 야광귀신

[JK3] 솔이의 추석
이야기

[JK3] 설빔: 여자아이
고운 옷

[JK3] 설빔: 남자아이
멋진 옷

[JK3] 논고랑 기어가기

[JK3] 연아 연아
올라라

[JK3] 연이네 설맞이

[JK3] 윷놀이 이야기

[JK3] 달이네 추석맞이

[JK4] 더도 말고 덜도
말고 한가위만 같아라

[JK4] 분홍 토끼의
추석

[JK4] 청개구리
큰눈이의 단오

[JK4] 칠월칠석 견우
직녀 이야기

[JK4] 누렁이의 정월
대보름

[JK4] 때때옷 입고
나풀나풀

[JK4] 아름다운
우리 옷

● 전쟁은 싫어요

[JK2] 더 커다란
대포를

[JK2] 작은 병정

[JK2] 고릴라 왕과
대포

[JK2] 언제나 네 옆에
있을게

[JK3] 안나의 빨간
외투
[J5] A New Coat for
Anna

[JK3] 여섯 사람
[J4] Six Men

[JK3] 대포 속에
들어간 오리
[J4] The Duck in the
Gun

[JK3] 새똥과 전쟁

[JK3] 어머니의 감자
밭
[J4] Potatoes,
Potatoes

[JK3] 세상에서 가장
행복한 전쟁
[J4] The Conquerors

[JK3] 세상에서 가장
아름다운 나의 마을

[JK3] 배고픔 없는
세상

[JK3] 우리 마을에
전쟁이 났어요

[JK3] 왜?

[JK3] 시냇물 저쪽

[JK3] 종소리 전쟁

[JK3] 우리 마을에
서커스가 왔어요

[JK3] 한 아이의 정원
[J4] A Child's
Garden: A Story of
Hope

[JK3] 계단 위의
고양이

[JK3] 새똥전쟁

477

● 과학에 관심이 많아요

[JK2] 씨앗은 무엇이 되고 싶을까?

[JK2] 개구리가 좋아하는 날씨는?

[JK2] 엄마 젖이 딱 좋아!

[JK2] 하마는 엉뚱해

[JK2] 신기한 스쿨 버스 베이비 시리즈 (6권)
[J3] Magic School Bus: Liz 시리즈

[JK2] 벌 할아버지
[J4] The Beeman

[JK2] 꼬리가 하는 일

[JK2] 움직여 봐!
[J3] Move!

[JK2] 지구는 말이야

[JK2] 우주선을 타고 달에 간다면
[J6] If You Decide to Go to the Moon

[JK2] 아기 달팽이의 집

[JK2] 누가 그랬어?

[JK2] 우리들의 사과나무
[J3] The Apple Pie Tree

[JK3] 선인장 호텔
[J6] Cactus Hotel

[JK3] 갯벌이 좋아요

[JK3] 강아지가 태어났어요

[JK3] 소금이 온다

[JK3] 개구리가 알을 낳았어

[JK3] 앗! 모기다

[JK3] 벼가 자란다

[JK3] 갯벌에 뭐가
사나 볼래요

[JK3] 지렁이가 흙똥을
누었어

[JK3] 왜 지렁이는
비가 오면 나타날까?
[J4] Yucky Worms

[JK3] 이글루를 만들자

[JK3] 아래로 아래로

[JK3] 으랏차차 탄생
이야기

[JK3] 나무하고
친구하기
[J5] Be a Friend to
Trees 🎧

[JK3] 나무는 변신쟁이

[JK3] 호랑이 줄무늬
왜 있을까?

[JK3] 개미가 날아
올랐어

[JK3] 생명을 꿈꾸는
씨앗
[J5] A Seed is Sleepy

[JK3] 생명이 숨쉬는
알
[J4] An Egg is Quiet

[JK3] 사막에 두꺼비가
산다고요?
[J3] Dig, Wait, Listen:
A Desert Toad's Tale

[JK3] 누구
발자국일까?
[J4] Big Tracks, Little
Tracks Following
Animal Prints

[JK3] 작은 돼지코
박쥐야, 안녕!

[JK3] 낮과 밤은 왜
달라?

[JK3] 깜깜한 밤에

[JK3] 계절이 바뀌어요

[JK3] 별은 왜 빛날까?

[JK3] 별별 별난 우주
이야기

479

● 놀라운 나의 몸

[JK2] 우리 몸의 구멍

[JK2] 우리 몸 털털털

[JK2] 방귀 방귀 나가신다

[JK2] 뜰뜰뜰 내 배꼽

[JK2] 콧구멍 이야기

[JK2] 발바닥 이야기

[JK2] 왜 방귀가 나올까?

[JK2] 우리 몸속에 뭐가 들어 있다고?

[JK2] 뼈

[JK2] 벌거숭이 벌거숭이

[JK2] 배고파요

[JK2] 안녕, 놀라운 나의 몸

[JK2] 고마워, 나의 몸
[J3] All of Me!: A Book of Thanks

[JK3] 뱃속 마을 꼭꼭이

[JK3] 상처딱지

[JK3] 감기에 걸렸어요

[JK3] 털

[JK3] 몸
[J5] Me and My Amazing Body

[JK3] 살갗 나라 두리

[JK3] 열려라, 우리 몸!

● 수세기

[JK1] 잘잘잘

[JK1] 알록달록 물고기
[J2] Fish Eyes: A
Book You Can Count
on

[JK1] 사냥꾼 하나
[J1] 1 Hunter ⌒

[JK1] 꼭꼭 숨어라

[JK1] 알, 알이 123

[JK1] 곤충친구 123

[JK1] 한조각 두조각
세조각

[JK1] 똥이랑 123

[JK1] 1부터 10까지
[J1] One to Ten

[JK2] 앵무새 열 마리
[J4] Cockatoos

[JK2] 10까지 셀 줄
아는 아기염소

[JK2] 고릴라 가족
[J2] One Gorilla: A
Counting Book

[JK2] 고양이네 점심

[JK2] 물웅덩이
[J3] The Water Hole

[JK2] 모자 사세요!
[J4] Caps for Sale ⌒

[JK2] 똑똑한 숫자놀이

[JK2] 줄넘기

[JK3] 꼬마 마법사의
수세기: 10씩 묶어
세기

[JK3] 개미 100마리
나뭇잎 100장

[JK3] 100층짜리 집

481

● 덧셈 · 뺄셈

[JK2] 꼬끼오네
병아리들

[JK2] 봉봉 마녀는
10을 좋아해

[JK2] 개구리 학교의
즐거운 수학 시간

[JK2] 열 꼬마 빼기
하나

[JK2] 커다란 수박

[JK2] 괴물들의 뺄셈
놀이
[J3] Takeaway
Monsters ∩

[JK2] 동물들의 덧셈
놀이
[J3] Adding
Animals ∩

[JK2] 풍덩풍덩! 몇
마리가 있나요?
[J3] Splash!

[JK2] 재밌는 수학나라
[J4] The Mission of
Addition

[JK2] 더하기 빼기

[JK3] 덧셈놀이
[J4] Mission: Addition

[JK3] 뺄셈놀이
[J4] Subtraction
Action

[JK3] 숫자 전쟁

[JK3] 크림빵이
늘었다 줄었다

[JK3] 로마숫자의
비밀 찾기
[J4] Roman Numerals
I to MM

[JK3] 수학 너
재미있구나
[J5] Math Appeal:
Mind – Stretching
Math Riddles

[JK3] 난 누구랑 함께
갈까?

[JK4] 신기한 열매
[J5] Anno's Magic
Seeds

[JK4] 수학 나라 진짜
공주는 누구일까요?
[J4] The Real
Princess: A
Mathemagical Tale

[JK4] 재미있는
수학놀이
[J5] Mathematickles!

● 모양·도형

[JK1] 알록달록 동물원
[J1] Color Zoo

[JK1] 네모 토끼의
생일

[JK1] 멍멍 왈왈
[J1] Bow Wow

[JK1] 콩콩콩 도장
놀이

[JK1] 모양 나라에 온
도깨비

[JK1] 세모, 네모 모양
[J1] Shapes

[JK1] 흠흠

[JK2] 모양 놀이

[JK2] 블록친구

[JK2] 뭐든지 파는
가게

[JK2] 신나는 수요일

[JK2] 조각조각 무엇을
만들까?

[JK2] 여러 가지 모양

[JK2] 아기세모의
세번째 생일

[JK2] 이딱딱 로봇의
네모 이

[JK3] 성형외과에 간
삼각형
[J5] The Greedy
Triangle

[JK3] 일곱 빛깔
요정들의 운동회

[JK3] 세상 밖으로
나온 모양

[JK3] 울퉁불퉁
뿔레용과 유령 소동

[JK3] 외계인과 우주
비행사

● 분류·규칙

[JK1] 뿔이 난
동그라미

[JK2] 끼리끼리
빨래방

[JK2] 봉봉 마녀의
꼬치꼬치 떡꼬치

[JK2] 키키의 빨강
팬티 노랑 팬티

[JK2] 너랑 나랑
닮았어

[JK2] 하나를 보면
열을 알아요

[JK3] 우주선 타기는
정말 진짜 너무 힘들어

[JK3] 보이니?
찾았니?

[JK3] 얼렁뚱땅
아가씨

[JK3] 달코미 아저씨와
빵 만들기 대회

● 유추·추론

[JK1] 괴물이다, 괴물!
[J2] Monster,
Monster 🎧

[JK1] 모자가 빼꼼

[JK1] 찾았다, 우리
아기!
[J3] Where is My
Baby?

[JK1] 누구 코와
발일까요?
[J1] Whose Nose and
Toes?

[JK1] 이 꼬리 누구
꼬리?

[JK2] 누구
그림자일까?

[JK2] 누구의
자전거일까?

[JK2] 난 누구게?

[JK2] 정말 그럴까?

[JK3] 도둑을 잡아라!

● 대응·비교

[JK1] 난 크다!
[J1] Tall

[JK1] 앞옆뒤

[JK1] 누구 발에
맞을까

[JK1] 우리 아빠가
최고야!!

[JK2] 티치
[J3] Titch 🎧

[JK2] 투덜 할멈 생글
할멈

[JK2] 함께 세어
보아요

[JK2] 도깨비 얼굴이
가장 커

[JK2] 내 짝 네 짝
단짝

[JK2] 내가 세상에서
제일 커
[J2] I'm the Biggest
Thing in the Ocean 🎧

[JK2] 점점 작게
점점 크게
[J3] Shrinking Mouse

[JK2] 곰돌이의 생일
잔치

[JK2] 너만 없잖아

[JK2] 아빠는 하나
아기는 열

[JK2] 형은 크다
나는 작다

[JK3] 왜 내 것만
작아요?

[JK3] 큰 동물
작은 동물
[J5] Big and Little

[JK3] 마들린느와
쥬네비브
[J4] Madeline's
Rescue 🎧

[JK3] 장바구니
[J4] The Shopping
Basket

[JK3] 갑옷을 입은
기사들

● 숨은그림 찾기

[JK1] 아기 오리는
어디로 갔을까요?
[J1] Have You Seen
My Duckling? 🎧

[JK1] 금붕어가
달아나네
[J1] Where's the
Fish?

[JK1] 누가 숨겼지?

[JK2] 앵무새 열 마리
[J4] Cockatoos

[JK2] 부릉부릉
자동차가 좋아
[J5] Richard Scarry's
Cars and Trucks and
Things That Go

[JK2] 숲 속의
숨바꼭질

[JK2] 펭귄 히쿠

[JK2] 14마리 생쥐
시리즈 (5권)

[JK2] 명화와 함께하는
숨은그림찾기 시리즈
(5권)
[J1] I Spy 시리즈

[JK2] 나랑
숨바꼭질할래?

[JK3] 아델과 사이먼
[J5] Adele & Simon

[JK3] 숲 속으로
[J4] Into the Forest 🎧

[JK3] 보물찾기 대모험

[JK3] 수수께끼 대
저택

[JK3] 너도 보이니?
시리즈 (9권)
[J2] Picture Puzzles
to Search and Solve
시리즈

[JK3] 난 네가 보여!
시리즈 (3권)
[J4] Look-Alikes
시리즈

[JK3] 요정 릴로의
신기한 우주 여행

[JK3] 어디?: 한밤중의
탐험

[JK3] 하양이의 숲 속
탐험

[JK4] 내가 찾을래!
시리즈 (13권)
[J3] A Book of
Picture Riddles
시리즈

● 시간·시계

[JK1] 지금 몇 시니, 스팟?

[JK1] 얼룩말 줄리의 바쁜 하루

[JK2] 자꾸자꾸 시계가 많아지네
[J4] Clocks and More Clocks

[JK2] 시계 그림책

[JK2] 너무 늦었어요!

[JK2] 토마스 시계 놀이책

[JK2] 시간과 시계

[JK2] 척척 아저씨와 총총이

[JK2] 시끌벅적 동물 농장의 하루

[JK3] 똑딱 똑딱!
[J4] Tick - Tock

[JK3] 딸꾹질 한 번에 1초: 시간이란 무엇일까?
[J3] A Second is a Hiccup

[JK3] 시간: 1초에서 1000년까지
[J4] Me Counting Time: From Seconds to Centuries

[JK3] 생일은 일 년에 딱 한 번?

[JK3] 나라마다 시간이 달라요
[J4] Out There Somewhere

[JK3] 시간이 뭐예요?

[JK3] 프랑수아의 시계

[JK3] 발타자와 함께라면 시간은 정말 쉬워!

[JK3] 한 시간

[JK3] 사파리 탐험가

[JK3] 뻐꾸기 아저씨의 시계
[J4] Mr. Cuckoo

잠수네에서 말하는 페어북(Pair Book)은 영어책 원서와 한글번역본을 말합니다. 번역이 된 영어책은 어느 정도 검증된 영어책이라고 볼 수 있습니다. 잠수네 페어북 목록이 좋은 영어책을 선별하는 안목을 넓히는 데 도움이 되었으면 합니다.

[J1] Piggies 🎧
[JK2] 꼬마 돼지

[J1] Rosie's Walk 🎧
[JK2] 로지의 산책

[J1] Rain 🎧
[JK2] 비

[J1] No, David!
[JK1] 안 돼, 데이빗!

[J1] I Like Books 🎧
[JK2] 나는 책이 좋아요

[J1] Monkey and Me 🎧
[JK2] 원숭이랑 나랑

[J1] Freight Train 🎧
[JK2] 화물 열차

[J1] Yo! Yes? 🎧
[JK2] 친구는 좋아!

[J1] Things I Like 🎧
[JK1] 내가 좋아하는 것

[J1] Color Zoo 🎧
[JK1] 알록달록 동물원

[J1] Have You Seen My Duckling? 🎧
[JK1] 아기 오리는 어디로 갔을까요?

[J1] Tuesday
[JK3] 이상한 화요일

[J1] Diaper David 보드북
시리즈
[JK1] 데이빗 보드북 시리즈

[J1] Good Boy, Fergus!
[JK2] 안돼, 퍼거스!

[J1] Which Would
You Rather be?
[JK2] 너는 뭐가 되고 싶어?

[J1] Truck 🎧
[JK1] 트럭

[J1] Robert Crowther
플랩북 시리즈
[JK1] 로버트 크라우서
플랩북 시리즈

[J1] I Spy 시리즈
[JK2] 명화와 함께하는
숨은그림찾기 시리즈

[J1] Where's the Fish?
[JK1] 금붕어가 달아나네

[J1] Trucks Trucks Trucks
[JK2] 일하는 자동차 출동!

[J1] Helen Oxenbury: Little
Baby 시리즈
[JK1] 난 할 수 있어요 시리즈

[J1] Museum ABC
[JK2] 미술관 ABC

[J1] The Zoo
[JK2] 동물원

[J1] Big and Little
[JK1] 크고 작고

[J1] Hurry! Hurry! 🎧
[JK2] 서둘러요! 서둘러!

[J1] First the Egg 🎧
[JK1] 무엇이 무엇이 먼저일까?

[J1] Alphabatics 🎧
[JK2] 알파벳은 요술쟁이

[J1] David Gets in Trouble
[JK2] 말썽꾸러기 데이빗

[J1] Jez Alborough: Little
Chimp 그림책 시리즈
[JK1] 제즈 앨버로우 그림책
시리즈

[J1] John Butler: Baby 그림책
시리즈 🎧
[JK1] 존 버틀러 그림책 시리즈

[J1] Kitten for a Day
[JK1] 야옹, 고양이 놀이

[J1] 1 Hunter 🎧
[JK1] 사냥꾼 하나

[특별부록] 영어책 vs 한글책 페어북 J2단계

[J2] Elephant and Piggie
시리즈
[JK2] 코끼리와 꿀꿀이 시리즈

[J2] Monster, Monster 🎧
[JK1] 괴물이다, 괴물!

[J2] Where is the Green
Sheep? 🎧
[JK2] 초록 양은 어디 갔을까?

[J2] It Looked Like Spilt
Milk 🎧
[JK2] 쏟아진 우유 같아요

[J2] Skeleton Hiccups
[JK2] 해골이 딸꾹

[J2] Not Now, Bernard 🎧
[JK3] 지금은 안 돼, 버나드

[J2] Dear Zoo 🎧
[JK1] 친구를 보내 주세요!

[J2] Today is Monday 🎧
[JK2] 오늘은 월요일

[J2] All the World 🎧
[JK2] 온 세상을 노래해

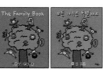

[J2] The Family Book
[JK2] 모든 가족은 특별해요

[J2] Five Little Monkeys
Jumping on the Bed 🎧
[JK2] 꼬마 원숭이 다섯 마리가
침대에서 팔짝팔짝

[J2] I'm the Biggest Thing in
the Ocean 🎧
[JK2] 내가 세상에서 제일 커

[J2] Everyone Poops 🎧
[JK2] 누구나 눈다

[J2] Inside Mouse, Outside
Mouse 🎧
[JK2] 안에서 안녕 밖에서 안녕

[J2] Brown Bear, Brown Bear,
What Do You See? 🎧
[JK2] 갈색 곰아, 갈색 곰아,
무엇을 보고 있니?

[J2] The Happy Day 🎧
[JK1] 코를 킁킁

[J2] Here are My Hands 🎧
[JK2] 손, 손, 내 손은

[J2] Dinosaur Roar! 🎧
[JK2] 공룡들이 으르렁

[J2] The House in the Night
[JK2] 한밤에 우리 집은

[J2] Not a Box 🎧
[JK2] 이건 상자가 아니야

490　　5부 영어 잘하는 아이, 한글책이 만든다

[J2] Bugs! Bugs! Bugs!
[JK2] 또르르 팔랑팔랑 귀여운 곤충들!

[J2] What's Wrong with My Hair?
[JK2] 머리가 요랬다 조랬다!

[J2] Blackout
[JK3] 앗, 깜깜해

[J2] In the Small, Small Pond
[JK2] 조그맣고 조그만 연못에서

[J2] David Goes to School
[JK2] 유치원에 간 데이빗

[J2] Dogs
[JK2] 네가 좋아

[J2] Spring is Here
[JK2] 송아지의 봄

[J2] I Want to Be an Astronaut
[JK2] 우주 비행사가 되고 싶어요

[J2] The Crocodile and the Dentist
[JK1] 악어도 깜짝, 치과 의사도 깜짝!

[J2] Mole Sisters 시리즈
[JK1] 두더지 자매 시리즈

[J2] Not a Stick
[JK2] 이건 막대가 아니야

[J2] Karen Katz: Counting 보드북 시리즈
[JK1] 캐런 카츠 그림책 시리즈

[J2] Cat the Cat 시리즈
[JK1] 모 윌렘스의 인지발달 그림책 시리즈

[J2] I Wish I were a Dog
[JK2] 개가 되고 싶어

[J2] I Love You Through and Through
[JK1] 사랑해 사랑해 사랑해

[J2] I Can Be Anything
[JK2] 나는 무엇이든 될 수 있어!

[J2] Peas!
[JK2] 콩콩콩: 접시까지 온 콩 이야기

[J2] Duck, Duck, Goose!: A Coyote's on the Loose!
[JK2] 빨간눈 도깨비가 나타났다!

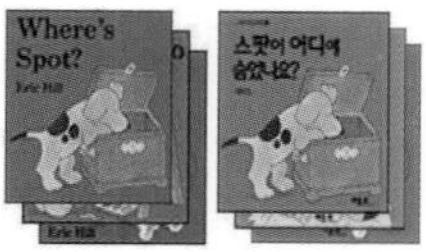

[J2] Spot Lift-the-Flap 시리즈
[JK1] 스팟의 날개책 시리즈

[J2] Piglet and Mama
[JK2] 엄마 엄마 우리 엄마

[J2] A Splendid Friend,
Indeed
[JK2] 넌 정말 멋진 친구야!

[J2] Fish Eyes: A Book You
Can Count on 🎧
[JK1] 알록달록 물고기

[J2] My World 🎧
[JK1] 내 세상

[J2] It's a Little Book
[JK1] 책이 뭐야?

[J2] Subway
[JK2] 지하철을 타요

[J2] If All the Seas were One
Sea
[JK2] 만일 이 세상 바다가
하나가 된다면

[J2] What's There
[JK1] 무엇이 있을까요?

[J2] One is a Snail, Ten is a
Crab 🎧
[JK2] 달팽이는 한 개, 게는 열
개인 게 뭘까요?

[J2] Reading Makes You Feel
Good
[JK2] 책을 읽으면 기분이
좋아져요

[J2] Cat's Colors
[JK1] 야옹이가 제일 좋아하는
색깔은?

[J2] Funny Face
[JK1] 재미있는 내 얼굴

[J2] On Your Potty!
[JK2] 응가 해야지!

[J2] When the Elephant Walks
[JK2] 쫓아오지마, 무서워!

[J2] The Feel Good Book
[JK2] 기분이 좋아지는 책

[J2] The Little Bear Book 🎧
[JK2] 마술 연필을 가진 꼬마곰

[J2] Fire Truck
[JK2] 소방차가 되었어

[J2] Penny Loves Pink
[JK2] 핑크 공주

[J2] My Mum's the Best
[JK2] 우리 엄마 최고

[J2] Just Like Daddy
[JK2] 아빠처럼

[J2] The Loud Book!
[JK2] 시끄러운 그림책

[J2] It's My Turn!
[JK1] 내가 탈 거야!

[J2] Best Behavior 보드북
시리즈
[JK1] 예쁜 습관 & 행동지능
계발 시리즈

[J2] Wow! Ocean!
[JK2] 우아! 바다다!

[J2] Just Like You
[JK1] 나도 엄마처럼……

[J2] One Gorilla
[JK2] 고릴라 가족

[J2] Open This Little Book
[JK2] 이 작은 책을 펼쳐 봐

[J2] I Love You as Big as the
World 🎧
[JK2] 하늘만큼 땅만큼 너를
사랑해

[J2] A Bear-y Tale 🎧
[JK3] 마술 연필을 가진
꼬마곰의 모험

[J2] Otto Goes to Bed
[JK2] 좋은 꿈 꿔 오토!

[J2] Nobody Asked Me If I
Wanted a Baby Sister
[JK2] 내가 언제 동생 낳아
달랬어

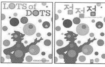

[J2] Lots of Dots
[JK2] 점 점 점

[J2] Pssst!
[JK3] 어이, 친구!

[J2] Fluff and Billy
[JK3] 이제 너랑 말 안 해!

[J2] Larabee
[JK2] 라라비

[J2] Sometimes……
[JK1] 아가야, 너는……

[J2] Ten in the Bed
[JK2] 열이 나란히 나란히

[J2] Welcome, Little Baby
[JK2] 안녕, 아가야

[J2] Before and After
[JK1] 이렇게 달라졌어요

[J2] Museum 123
[JK2] 미술관 123

[J2] The Peace Book
[JK2] 평화는요,

493

[특별부록] 영어책 vs 한글책 페어북 J3단계

[J3] King Bidgood's in the Bathtub 🎧
[JK3] 그런데 임금님이 꿈쩍도 안 해요!

[J3] Suddenly! 🎧
[JK2] 갑자기!

[J3] Willy the Dreamer 🎧
[JK3] 꿈꾸는 윌리

[J3] Bark, George 🎧
[JK2] 짖어봐 조지야

[J3] Aaaarrgghh, Spider! 🎧
[JK2] "으아아악, 거미다!"

[J3] Inside Mary Elizabeth's House 🎧
[JK2] 메리네 집에 사는 괴물

[J3] Spoon 🎧
[JK2] 숟가락

[J3] Knuffle Bunny Too 🎧
[JK2] 내 토끼 어딨어?

[J3] George Shrinks
[JK2] 조지가 줄었어요

[J3] My Dad 🎧
[JK2] 우리 아빠가 최고야

[J3] The Odd Egg 🎧
[JK3] 오리 아빠

[J3] The Stray Dog 🎧
[JK2] 떠돌이 개

[J3] We're Going on a Bear Hunt 🎧
[JK2] 곰 사냥을 떠나자

[J3] When I was Five 🎧
[JK2] 내가 다섯 살 때는

[J3] The Doorbell Rang 🎧
[JK2] 자꾸자꾸 초인종이 울리네

[J3] When Sophie Gets Angry – Really Really Angry… 🎧
[JK2] 쏘피가 화나면, 정말 정말 화나면

[J3] Joseph Had a Little Overcoat 🎧
[JK3] 요셉의 작고 낡은 오버코트가…?

[J3] Merry Christmas, Big Hungry Bear! 🎧
[JK2] 배고픈 큰 곰아, 메리 크리스마스!

[J3] Pete's a Pizza 🎧
[JK2] 아빠랑 함께 피자 놀이를

[J3] The Secret Birthday Message 🎧
[JK2] 수수께끼 생일 편지

 494   5부 영어 잘하는 아이, 한글책이 만든다

[J3] Animals should Definitely
Not Wear Clothing 🎧
[JK2] 동물들은 왜 옷을 입지
않아요?

[J3] Dirty Bertie 🎧
[JK2] 코딱지 대장 버티

[J3] Silly Suzy Goose 🎧
[JK2] 똑같은 건 싫어!

[J3] Art & Max
[JK3] 아트 & 맥스

[J3] Water 🎧
[JK2] 물 이야기

[J3] Hondo & Fabian
[JK2] 누가 더 즐거웠을까?

[J3] Mouse Paint 🎧
[JK2] 퐁당퐁당 물감놀이

[J3] There was an Old Lady
Who Swallowed a Fly 🎧
[JK3] 옛날 옛날에 파리 한
마리를 꿀꺽 삼킨 할머니가
살았는데요

[J3] My Mum 🎧
[JK2] 우리 엄마

[J3] Willy the Champ
[JK3] 윌리와 악당 벌렁코

[J3] Chicka Chicka Boom
Boom 🎧
[JK2] 치카치카 붐붐

[J3] Leo the Late Bloomer 🎧
[JK2] 레오가 해냈어요

[J3] My Friend Rabbit
[JK2] 내 친구 깡총이

[J3] The Story of the Little
Mole Who Knew It was None
of His Business 🎧
[JK2] 누가 내 머리에 똥 쌌어?

[J3] Willy and Hugh
[JK3] 윌리의 휴

[J3] Whoever You are 🎧
[JK3] 세상의 모든 어린이들

[J3] Shark in the Park 🎧
[JK2] 큰일났다 상어다!

[J3] Goodnight Moon 🎧
[JK1] 잘 자요, 달님

[J3] The Snowman Story
Book 🎧
[JK2] 눈사람 아저씨

[J3] Dog Blue
[JK2] 파랑 강아지를 원해

[J3] The Fly: How a Perfect
Day Turned into a Nightmare
[JK2] 파리의 휴가

[J3] Pete the Cat: I Love My
White Shoes 🎧
[JK2] 고양이 피터 난 좋아 내
하얀 운동화

[J3] In the Attic
[JK2] 비밀의 다락방

[J3] Pee-Ew! Is That You,
Bertie? 🎧
[JK2] 방귀 대장 버티 네가
뀐 거니?

[J3] The Great Big Enormous
Turnip 🎧
[JK2] 커다란 순무

[J3] Too Much Noise
[JK3] 우리 집은 시끌시끌해

[J3] What Mommies Do Best /
What Daddies Do Best 🎧
[JK2] 아빠는 나를 사랑해!
엄마는 나를 사랑해!

[J3] The Very Busy Spider 🎧
[JK2] 아주 바쁜 거미

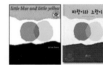

[J3] Little Blue and Little
Yellow 🎧
[JK2] 파랑이와 노랑이

[J3] Penguin 🎧
[JK2] 친구가 되어 줘!

[J3] Bear's Magic Pencil
[JK2] 앤서니 브라운의 마술
연필

[J3] A Mother for Choco
[JK3] 초코 엄마 좀 찾아
주세요!

[J3] Oscar Got the Blame 🎧
[JK2] 오스카만 야단 맞아!

[J3] Time for Bed 🎧
[JK1] 잘 자라, 우리 아가

[J3] T is for Terrible 🎧
[JK2] 나는 티라노사우르스

[J3] 10 Things I Can Do to
Help My World 🎧
[JK3] 고사리손 환경책

[J3] When I was Little 🎧
[JK2] 내가 아기였을 때

[J3] I'm the Best 🎧
[JK2] 내가 최고야

[J3] Fancy Nancy 🎧
[JK3] 낸시는 멋쟁이

[J3] Polar Bear, Polar Bear,
What Do You Hear? 🎧
[JK2] 북극곰아, 북극곰아, 무슨
소리가 들리니?

[J3] Father Christmas
[JK3] 산타 할아버지

[J3] Madlenka
[JK3] 마들렌카: 세상을 담은
소녀 이야기

[J3] Clara and Asha
[JK3] 클라라의 환상 여행

[J3] Fred
[JK2] 프레드가 겁쟁이라고?

[J3] The Trek
[JK3] 아슬아슬한 여행

[J3] Play, Mozart, Play!
[JK3] 모차르트, 연주해야지!

[J3] Little Cloud 🎧
[JK2] 요술쟁이 작은 구름

[J3] Stick
[JK3] 찰싹

[J3] Scruff Sheep
[JK2] 다 이유가 있어!

[J3] Aldo
[JK3] 알도

[J3] How Do You Feel? 🎧
[JK2] 기분을 말해 봐!

[J3] It's a Book
[JK3] 그래, 책이야!

[J3] One Monday Morning
[JK3] 월요일 아침에

[J3] Five Little Monkeys Bake
a Birthday Cake 🎧
[JK2] 쉿! 엄마 깨우지 마!

[J3] The Water Hole
[JK2] 물웅덩이

[J3] I Want My Hat Back
[JK2] 내 모자 어디 갔을까?

[J3] Never Take a Shark to
the Dentist
[JK2] 치과에 상어를 데려가면
큰일나요, 큰일 나!

[J3] Spider School 🎧
[JK2] 거미 학교

[J3] Where Have You
Been? 🎧
[JK2] 어디 갔다 왔니?

[J3] No!
[JK2] 안돼!

497

[J3] I Stink! 🎧
[JK2] 냄새차가 나가신다!

[J3] Little Bunny on the Move
[JK2] 토끼야, 토끼야

[J3] Would You Rather
[JK3] 네가 만약…….

[J3] Madlenka's Dog
[JK3] 마들렌카의 개

[J3] Fantastic Daisy Artichoke
[JK2] 데이지는 못 말려

[J3] Snowballs 🎧
[JK1] 함박눈이 내리면

[J3] Let's Make Rabbits
[JK2] 토끼가 된 토끼

[J3] My Amazing Dad
[JK2] 우리 아빠가 제일 멋져!

[J3] Mail Harry to the Moon
[JK3] 내 동생 달로 보내 버려!

[J3] An Island Grows
[JK2] 섬 하나가 쑤욱: 섬이
생겨난 이야기

[J3] Pete the Cat: Rocking in
My School Shoes
[JK2] 고양이 피터2
(운동화를 신고 흔들어 봐)

[J3] The Three Bears 🎧
[JK2] 곰 세 마리

[J3] This Is Not My Hat
[JK2] 이건 내 모자가 아니야

[J3] Emma Kate
[JK3] 엠마, 네가 참 좋아

[J3] Red is Best
[JK2] 빨강이 제일 좋아

[J3] Blackie, the Crayon
[JK2] 까만 크레파스

[J3] The Very Lonely Firefly 🎧
[JK2] 외로운 개똥벌레

[J3] Up Above & Down Below
[JK2] 위에서 아래에서

[J3] When Sheep Cannot
Sleep
[JK2] 아기양 울리의
저녁 산책

[J3] Madlenka Soccer Star
[JK3] 마들렌카: 축구 스타가
되다

[J3] We Go Together! 🎧
[JK2] 우리 둘은 짝꿍

[J3] A Color of His Own
[JK2] 저마다 제 색깔

[J3] Old Bear
[JK3] 올드 베어

[J3] The EARTH Book
[JK2] 내 친구 지구를 지켜 줘!

[J3] It's Mine! 🎧
[JK3] 내꺼야

[J3] I'd Really Like to Eat a Child
[JK3] 꼬마 아이를 먹을래

[J3] When I Grow Up
[JK2] 이 다음에 커서 나는…

[J3] I'm Sorry
[JK2] 미안해

[J3] All Alone
[JK4] 가끔은 혼자서

[J3] The Boy Who Lost His Bellybutton
[JK2] 배꼽이 없어요!

[J3] The Bear's Toothache 🎧
[JK2] 곰이 이가 아파요

[J3] The Last Puppy
[JK2] 꼴찌 강아지

[J3] Up in Heaven
[JK2] 데이지의 선물

[J3] Good Thing You're Not an Octopus!
[JK2] 정말 다행이야, 문어가 아니라서!

[J3] On Noah's Ark
[JK3] 노아 할아버지의 배

[J3] The Little Red Hen 🎧
[JK2] 누가 좀 도와줄래?

[J3] Princess Baby
[JK3] 나는 꼬마 공주

[J3] My Heart is Like a Zoo
[JK2] 내 마음은 사랑의 동물원

[J3] Shark vs. Train 🎧
[JK2] 상어 대 기차

[J3] The Wide-Mouthed Frog
[JK2] 입이 큰 개구리

[특별부록] 영어책 vs 한글책 페어북 J3단계

[J3] Grown-Ups Get to Do
All the Driving
[JK3] 어른들은 왜 그래?

[J3] No Matter What
[JK2] 엄마는 너를 사랑해

[J3] Takeaway Monsters
[JK2] 괴물들의 빨셈 놀이

[J3] The Show-and-
Tell Lion
[JK3] 매튜는 거짓말쟁이

[J3] Big Bear Little Bear
[JK2] 엄마 곰 아기 곰

[J3] It's Okay to Be Different
[JK2] 괜찮아요

[J3] The Adventures of Bert
[JK2] 버트 아저씨의 모험

[J3] Jeremy Draws a Monster
[JK2] 몬스터를 그렸어요

[J3] The Chicken of the
Family
[JK3] 우리 집 막내는 꼬꼬닭

[J3] Big Sister, Little Sister
[JK2] 언니와 여동생

[J3] The Apple Pie Tree
[JK2] 우리들의 사과나무

[J3] 1 is One
[JK3] 1은 하나

[J3] Elephants Swim
[JK2] 코끼리가 수영을 해요

[J3] The Best Story
[JK4] 세상에서 가장 재미있는
글쓰기

[J3] Snow Bears
[JK2] 눈투성이 아기곰

[J3] Ruby Flew Too! 🎧
[JK2] 때가 되면 너도 날수
있단다

[J3] The Old Woman Who
Loved to Read
[JK3] 책 읽기 좋아하는 할머니

[J3] Shrinking Mouse
[JK2] 점점 작게 점점 크게

[J3] My Friend 🎧
[JK3] 너는 내 사랑이야

[J3] Bones, Bones, Dinosaur
Bones
[JK2] 와! 공룡 뼈다

500　　5부 영어 잘하는 아이, 한글책이 만든다

[J3] A Second is a Hiccup
[JK3] 딸꾹질 한 번에 1초:
시간이란 무엇일까?

[J3] Small Sister
[JK3] 작은 아이

[J3] Tails
[JK2] 꼬리들아 놀자!

[J3] Splash!
[JK2] 풍덩풍덩! 몇 마리가
있나요?

[J3] Ten Terrible Dinosaurs
[JK2] 못 말리는 공룡 열 마리

[J3] Christopher Nibble
[JK3] 민들레를 사랑한
기니피그 아삭이

[J3] Mutt Dog!
[JK2] 내 이름은 똥개

[J3] Read to Tiger
[JK3] 책 좀 읽자, 제발!

[J3] Because……
[JK3] 왜냐면… 안 가르쳐주지

[J3] Three Little Kittens
[JK2] 세 마리 아기 고양이

[J3] Oliver Finds His Way
[JK2] 나뭇잎을 따라갔어요

[J3] Say Hello
[JK2] 친구야 안녕!

[J3] Tickle Tum!
[JK2] 지렁이가 맛있어!

[J3] Move!
[JK2] 움직여 봐!

[J3] How Do I Love You?
[JK1] 사랑해 모두모두 사랑해

[J3] Fred Stays with Me!
[JK2] 프레드랑 나랑 함께
살아요!

[J3] A Penguin Story
[JK3] 펭귄 이야기

[J3] Penelope 시리즈
[JK2] 뻬넬로뻬의 입체북
시리즈

[J3] Bertie: Just Like Daddy
[JK2] 아빠처럼 할래요

[J3] Reflections
[JK3] 바로 또 거꾸로

[J4] Dog Breath
[JK3] 입 냄새 나는 개

[J4] Diary of a Worm 🎧
[JK3] 아기 지렁이 꼬물이의
일기

[J4] The Incredible Book
Eating Boy 🎧
[JK3] 와작와작 꿀꺽 책 먹는
아이

[J4] Click, Clack, Moo: Cows
That Type 🎧
[JK3] 탁탁 톡톡 음매~ 젖소가
편지를 쓴대요

[J4] The Gruffalo 🎧
[JK2] 괴물 그루팔로

[J4] Mole Music 🎧
[JK3] 세상을 바꾼 두더지

[J4] Daisy 그림책 시리즈 🎧
[JK3] 데이지 시리즈

[J4] The Napping House 🎧
[JK2] 낮잠 자는 집

[J4] The Adventures of the
Dish and the Spoon
[JK3] 두근두근 아슬아슬
디시와 스푼의 모험 이야기

[J4] The Little Mouse, the Red
Ripe Strawberry, and the Big
Hungry Bear 🎧
[JK2] 생쥐와 딸기와 배고픈
큰 곰

[J4] Percy the Park Keeper
시리즈 🎧
[JK3] 공원지기 퍼시 아저씨
시리즈

[J4] Little Beaver and the
Echo 🎧
[JK3] 꼬마 비버와 메아리

[J4] PIGGYBook 🎧
[JK3] 돼지책

[J4] Farmer Duck 🎧
[JK3] 옛날에 오리 한 마리가
살았는데

[J4] Sanji and the Baker
[JK3] 샌지와 빵집 주인

[J4] The Three Pigs 🎧
[JK3] 아기돼지 세 마리

[J4] Seven Blind Mice 🎧
[JK3] 일곱 마리 눈먼 생쥐

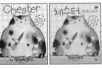

[J4] Chester 🎧
[JK3] 체스터, 주인공이 되다!

[J4] Winnie the Witch
시리즈 🎧
[JK3] 마녀 위니 그림책 시리즈

[J4] Marsupial Sue 🎧
[JK2] 캥거루답게 살아 봐

[J4] Five Little Fiends 🎧
[JK2] 세상을 훔쳐간 꼬마
도깨비들

[J4] Stick Man
[JK3] 막대기 아빠

[J4] Tops & Bottoms
[JK3] 위에 있는 것과
아래 있는 것

[J4] Owen
[JK3] 내 사랑 뿌뿌

[J4] Gorilla 🎧
[JK3] 고릴라

[J4] Caps for Sale 🎧
[JK2] 모자 사세요!

[J4] The Paper Bag
Princess 🎧
[JK3] 종이 봉지 공주

[J4] George and Martha
시리즈
[JK3] 조지와 마사 시리즈

[J4] Imogene's Antlers 🎧
[JK3] 머리에 뿔이 났어요

[J4] Lost and Found 🎧
[JK3] 다시 만난 내 친구

[J4] The Kissing Hand 🎧
[JK2] 뽀뽀손

[J4] Hey, Al
[JK3] 새가 된 청소부

[J4] Little Beauty 🎧
[JK2] 우리는 친구

[J4] Henry's Freedom Box
[JK4] 헨리의 자유 상자

[J4] Who Sank the Boat? 🎧
[JK2] 누구 때문일까?

[J4] Look What I've Got! 🎧
[JK3] 너도 갖고 싶니?

[J4] Kitten's First Full Moon 🎧
[JK2] 달을 먹은 아기 고양이

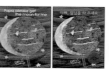
[J4] PaPa, Please Get the
Moon for Me 🎧
[JK2] 아빠, 달님을 따 주세요

[J4] The Pencil
[JK3] 연필 하나

[J4] Diary of a Fly 🎧
[JK3] 말괄량이 파리
윙윙이의 일기

[J4] Bringing Down the
Moon 🎧
[JK2] 달 따고 싶어

[J4] The Empty Pot 🎧
[JK3] 빈 화분

[J4] Millie's Marvellous Hat
[JK3] 밀리의 특별한 모자

[J4] Olivia 시리즈 🎧
[JK3] 올리비아 그림책 시리즈

[J4] Zomo the Rabbit 🎧
[JK3] 꾀주머니 토끼 조모

[J4] The Grouchy Ladybug 🎧
[JK2] 퉁명스러운 무당벌레

[J4] In the Night Kitchen 🎧
[JK2] 깊은 밤 부엌에서

[J4] Oops!
[JK2] 아이쿠!

[J4] The Gruffalo's Child 🎧
[JK3] 용감한 꼬마 그루팔로

[J4] Hello, Red Fox
[JK2] 빨간 여우야, 안녕

[J4] Mommy Laid an Egg 🎧
[JK3] 엄마가 알을 낳았대!

[J4] Mrs. Watson Wants Your
Teeth 🎧
[JK3] 선생님이 내 이를 빼앗아
간대요

[J4] Interrupting Chicken 🎧
[JK2] 아빠, 더 읽어 주세요

[J4] A Weekend with
Wendell 🎧
[JK3] 웬델과 주말을
보낸다고요?

[J4] Silly Billy 🎧
[JK3] 겁쟁이 빌리

[J4] The Rain Came Down 🎧
[JK2] 비가 왔어요

[J4] The Fantastic Drawings
of Danielle
[JK3] 다니엘의 특별한 그림
이야기

[J4] Where's My Teddy? 🎧
[JK2] 내 곰 인형 어디 있어?

[J4] Mr. Gumpy's Outing 🎧
[JK2] 검피 아저씨의 뱃놀이

[J4] Giggle, Giggle, Quack 🎧
[JK2] 오리를 조심하세요!

[J4] The Great Paper Caper 🎧
[JK3] 나무 도둑

[J4] Tiddler: The Story-telling Fish 🎧
[JK3] 지각쟁이 티들러

[J4] Mr. Wolf's Pancakes 🎧
[JK2] 울프 아저씨의 팬케이크

[J4] Ish
[JK3] 느끼는 대로

[J4] The Jolly Christmas Postman
[JK3] 우체부 아저씨와 크리스마스

[J4] Changes 🎧
[JK3] 달라질 거야

[J4] Guess How Much I Love You 🎧
[JK2] 내가 아빠를 얼마나 사랑하는지 아세요?

[J4] Into the Forest 🎧
[JK3] 숲 속으로

[J4] Stone Soup 🎧
[JK3] 돌멩이 수프

[J4] The Wind Blew 🎧
[JK2] 바람이 불었어

[J4] Splat the Cat 시리즈 🎧
[JK2] 고양이 스플랫 시리즈

[J4] Where the Wild Things are
[JK3] 괴물들이 사는 나라

[J4] The Jolly Postman or Other People's Letters
[JK3] 우체부 아저씨와 비밀 편지

[J4] Diary of a Spider 🎧
[JK3] 꼬마 거미 툴라의 일기

[J4] Mr. Rabbit and the Lovely Present 🎧
[JK3] 토끼 아저씨와 멋진 생일 선물

[J4] Duck on a Bike 🎧
[JK2] 자전거 타는 오리

[J4] The Very Hungry Caterpillar
[JK2] 배고픈 애벌레

[J4] Crictor 🎧
[JK3] 크릭터

[J4] Duck! Rabbit! 🎧
[JK2] 오리야? 토끼야?

[J4] More More More Said the Baby 🎧
[JK2] 또, 또, 또 해주세요

[J4] The Dot 🎧
[JK3] 점

[J4] Harry the Dirty Dog
시리즈
[JK2] 개구쟁이 해리 시리즈

[J4] Comic Adventures of
Boots
[JK3] 날마다 꿈꾸는 천재
고양이 부츠

[J4] Grandpa Green 🎧
[JK3] 할아버지의 이야기 나무

[J4] Zen Shorts
[JK4] 달을 줄 걸 그랬어

[J4] How to Catch a Star 🎧
[JK3] 별을 따는 법

[J4] The Runaway Bunny
[JK2] 아기토끼 버니

[J4] The Three Robbers 🎧
[JK2] 세 강도

[J4] My Brother 🎧
[JK2] 우리 형

[J4] Hey! Get Off Our Train 🎧
[JK3] 야, 우리 기차에서 내려!

[J4] Chester's Way 🎧
[JK3] 체스터는 뭐든지 자기
멋대로야

[J4] Willy's Pictures 🎧
[JK3] 미술관에 간 윌리

[J4] Diary of a Wombat 🎧
[JK2] 우리 집은 어디 있을까?

[J4] Knuffle Bunny Free: An
Unexpected Diversion
[JK2] 내 토끼가 또 사라졌어!

[J4] Whatever Next! 🎧
[JK2] 그래서 어떻게 됐니?

[J4] Library Lion 🎧
[JK3] 도서관에 간 사자

[J4] Sheila Rae, the Brave 🎧
[JK3] 용감무쌍한 사라

[J4] Around the Year 🎧
[JK4] 타샤의 열두 달

[J4] Mice Twice
[JK4] 생쥐를 초대합니다

[J4] Nana Upstairs & Nana
Downstairs 🎧
[JK3] 위층 할머니, 아래층
할머니

[J4] Anansi the Spider
[JK3] 거미 아난시

[J4] So Few of Me
[JK3] 나 하나로는 부족해

[J4] Sheep in Wolves'
Clothing
[JK3] 늑대를 골탕먹인
양 이야기

[J4] My Rotten Redheaded
Older Brother 🎧
[JK4] 빨간 머리 우리 오빠

[J4] I Hate School
[JK3] 학교 가기 싫어!

[J4] Goggles! 🎧
[JK3] 피터의 안경

[J4] Now One Foot, Now the
Other
[JK4] 오른발, 왼발

[J4] Inch by Inch 🎧
[JK2] 꿈틀꿈틀 자벌레

[J4] The Snowy Day 🎧
[JK2] 눈 오는 날

[J4] Avocado Baby
[JK2] 아기 힘이 세졌어요

[J4] Princess Hyacinth: The
Surprising Tale of a Girl Who
Floated
[JK3] 하늘을 날고 싶은 공주

[J4] Ask Mr. Bear 🎧
[JK2] 곰 아저씨에게 물어보렴

[J4] Raven
[JK3] 빛을 가져온 갈까마귀:
북서태평양 옛이야기

[J4] Lilly's Purple Plastic
Purse 🎧
[JK3] 우리 선생님이 최고야!

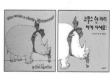

[J4] Who Wants a Cheap
Rhinoceros?
[JK3] 코뿔소 한 마리 싸게
사세요!

[J4] Katy and the Big Snow 🎧
[JK3] 케이티와 폭설

[J4] Alice the Fairy 🎧
[JK2] 요정이 될테야

[J4] Ira Sleeps Over 🎧
[JK4] 처음 친구 집에서 자는 날

[J4] A Fine, Fine School
[JK3] 진짜진짜 좋은 학교

[J4] The Tunnel
[JK3] 터널

[J4] Fortunately
[JK2] 네드는 참 운이 좋아!

[J4] Round Trip
[JK3] 기묘한 왕복 여행

[J4] Look – Alikes Around the World
[JK3] 난 네가 보여!: 세계여행

[J4] Chopsticks
[JK3] 젓가락

[J4] Me… Jane
[JK2] 내 친구 제인

[J4] Pet Show! 🎧
[JK2] 애완동물 뽐내기 대회

[J4] Sitting Ducks
[JK3] 오리 탈출 소동

[J4] Pancakes, Pancakes! 🎧
[JK2] 팬케이크, 팬케이크!

[J4] Zagazoo
[JK3] 내 이름은 자가주

[J4] Madeline 🎧
[JK3] 씩씩한 마들린느

[J4] My Garden 🎧
[JK2] 나에게 정원이 있다면

[J4] Mr. Gumpy's Motor Car 🎧
[JK2] 검피 아저씨의 드라이브

[J4] Love You Forever (영국판) 🎧
[JK3] 언제까지나 너를 사랑해

[J4] Igor, The Bird Who Couldn't Sing
[JK3] 노래하지 못하는 새 이고르

[J4] Through the Magic Mirror
[JK3] 앤서니 브라운의 거울 속으로

[J4] Spinky Sulks 🎧
[JK3] 부루퉁한 스핑키

[J4] The Tiger Who Came to Tea 🎧
[JK2] 간식을 먹으러 온 호랑이

[J4] Rain Rain Rivers
[JK2] 비 오는 날

[J4] Big Sister and Little Sister 🎧
[JK3] 우리 언니

[J4] Tell Me Something Happy Before I Go to Sleep 🎧
[JK3] 잠들기 전에 행복한 이야기를 들려주세요

[J4] Two Little Trains
[JK2] 작은 기차

[J4] Lilly's Big Day 🎧
[JK3] 릴리의 멋진 날

[J4] Why?
[JK3] 왜요?

[J4] Five Minutes' Peace 🎧
[JK2] 오 분만 쉬고 싶은 덩치 부인

[J4] Can't You Sleep, Little Bear? 🎧
[JK2] 잠이 안 오니, 작은 곰아?

[J4] Babushka's Doll 🎧
[JK3] 바부시카의 인형

[J4] Martha Doesn't Say Sorry! 🎧
[JK2] 미안하다고 안 할래!

[J4] I'll Always Love you
[JK2] 언제나 널 사랑할 거야

[J4] Peter's Chair 🎧
[JK2] 피터의 의자

[J4] A Tree is Nice
[JK3] 나무는 좋다

[J4] Dogger 🎧
[JK2] 내 인형이야

[J4] Boo!
[JK2] 까꿍!

[J4] Up and Down
[JK2] 날고 싶어!

[J4] A Letter to Amy 🎧
[JK2] 피터의 편지

[J4] Ben's Trumpet 🎧
[JK3] 벤의 트럼펫

[J4] Halibut Jackson
[JK3] 핼리벗 잭슨: 부끄럼 타는 아이

[J4] Stagestruck 🎧
[JK3] 주인공이 되고 싶어

[J4] Petunia 🎧
[JK3] 피튜니아, 공부를 시작하다

[J4] Oliver Button is a Sissy
[JK3] 올리버 버튼은 계집애래요

[J4] Leonardo, the Terrible Monster
[JK2] 정말 정말 한심한 괴물, 레오나르도

[J4] The Curious Garden
[JK3] 호기심 정원

[J4] Andy and the Lion
[JK3] 앤디와 사자

[J4] The Fox Went Out on a
Chilly Night 🎧
[JK2] 추운 밤에 여우가

[J4] What Do You Do with a
Tail Like this?
[JK2] 이렇게 생긴 꼬리로
무엇을 할까요?

[J4] Coyote
[JK3] 흉내쟁이 코요테: 미국
남서부 옛이야기

[J4] Curious George 🎧
[JK3] 아프리카여 안녕!

[J4] The Blue Balloon 🎧
[JK2] 파란 풍선

[J4] Big Bad Bun
[JK4] 성적표 받은 날

[J4] True love
[JK2] 사랑이란

[J4] The Shopping Basket
[JK3] 장바구니

[J4] The Rabbits' Wedding 🎧
[JK2] 토끼의 결혼식

[J4] The Itsy Bitsy Spider 🎧
[JK1] 자그맣 조그만 거미

[J4] Charlie the Caterpillar 🎧
[JK2] 애벌레 찰리

[J4] Big Scary Monster 🎧
[JK2] 까꿍 괴물

[J4] Hush!
[JK2] 쉿!

[J4] Daft Bat
[JK3] 거꾸로 박쥐

[J4] Flashing Fire Engines 🎧
[JK2] 애앵애앵 불자동차

[J4] Simp
[JK3] 대포알 심프

[J4] Finders Keepers
[JK3] 내 뼈다귀야!

[J4] Father Christmas Goes
on Holiday
[JK3] 산타 할아버지의 휴가

[J4] Whistle for Willie 🎧
[JK2] 휘파람을 불어요

[J4] Cornelius 🎧
[JK2] 서서 걷는 악어 우뚝이

[J4] Mushroom in the Rain
Explore 🎧
[JK2] 비 오는 날 생긴 일

[J4] Once a Mouse…
[JK3] 옛날에 생쥐 한 마리가
있었는데…

[J4] Me and You
[JK3] 나와 너

[J4] Komodo!
[JK3] 용이 사는 섬, 코모도

[J4] Clocks and More Clocks
[JK2] 자꾸자꾸 시계가
많아지네

[J4] Dear Bunny: A Bunny
Love Story
[JK3] 세상에서 가장 특별한
너에게

[J4] Our Tree Named Steve
[JK2] 아무 사랑해

[J4] Pinkalicious 🎧
[JK2] 핑크 공주

[J4] Ella Sarah Gets Dressed
[JK2] 오늘은 무슨 옷을
입을까?

[J4] When a Monster is Born
[JK2] 괴물이 태어나면…

[J4] Mr. Archimedes' Bath
[JK3] 아르키메데스의 목욕

[J4] Mama, Do You Love
Me? 🎧
[JK2] 엄마, 나 사랑해?

[J4] Good Knight Sleep Tight
[JK2] 잘 자요, 기사님!

[J4] Granpa
[JK3] 우리 할아버지

[J4] Play with Me
[JK2] 나랑 같이 놀자

[J4] Madeline's Christmas 🎧
[JK3] 마들린느의 크리스마스

[J4] Emma's Rug
[JK3] 수미의 작은 깔개

[J4] Shortcut
[JK3] 지름길

[특별부록] 영어책 vs 한글책 페어북

 J4단계

[J4] Madeline's Rescue 🎧
[JK3] 마들린느와 쥬네비브

[J4] The Trouble with Mum
[JK3] 우리 엄마는 못 말리는 마법사

[J4] The Day the Babies Crawled Away
[JK2] 아기들이 엉금엉금 기어간 날 이야기

[J4] So Sleepy Story
[JK2] 자장자장 잠자는 집

[J4] Little Grunt and the Big Egg
[JK3] 꼬맹이 툴툴이와 공룡 알

[J4] Up
[JK4] 조금만 더

[J4] Kiss Good Night 🎧
[JK2] 엄마는 언제나 너를 사랑한단다

[J4] The Little Red Hen 🎧
[JK3] 빨간 암탉

[J4] The Egg
[JK3] 커다란 알

[J4] Happy Birthday, Moon 🎧
[JK2] 생일 축하해요

[J4] Guji Guji
[JK2] 악어오리 구지구지

[J4] You're All My Favourites 🎧
[JK2] 네 모습 그대로 사랑한단다!

[J4] Don't Laugh, Joe!
[JK2] 웃지마, 큰일나!

[J4] Emily's Art
[JK3] 네 그림은 특별해

[J4] My Mum Has X-Ray Vision
[JK3] 우리 엄마는 슈퍼맨

[J4] The Snow Globe Family
[JK3] 스노우볼 가족

[J4] A Sailing Boat in the Sky
[JK3] 하늘을 나는 돛단배

[J4] City Dog, Country Frog
[JK2] 도시 개와 시골 개구리

[J4] Bedtime for Frances 🎧
[JK2] 잘 자라, 프란시스

[J4] Big Chickens
[JK3] 용감한 사총사

 512 5부 영어 잘하는 아이, 한글책이 만든다

나의 Book Tree
(복사해서 쓰세요)

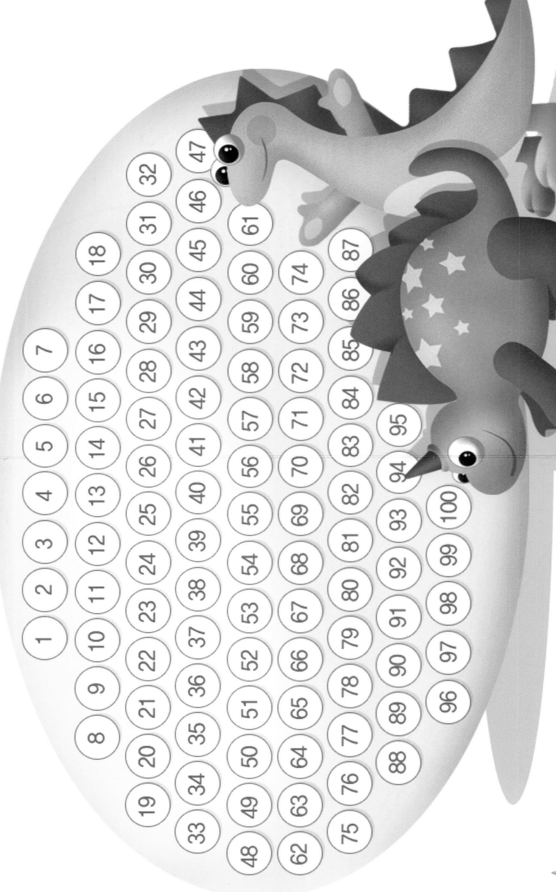

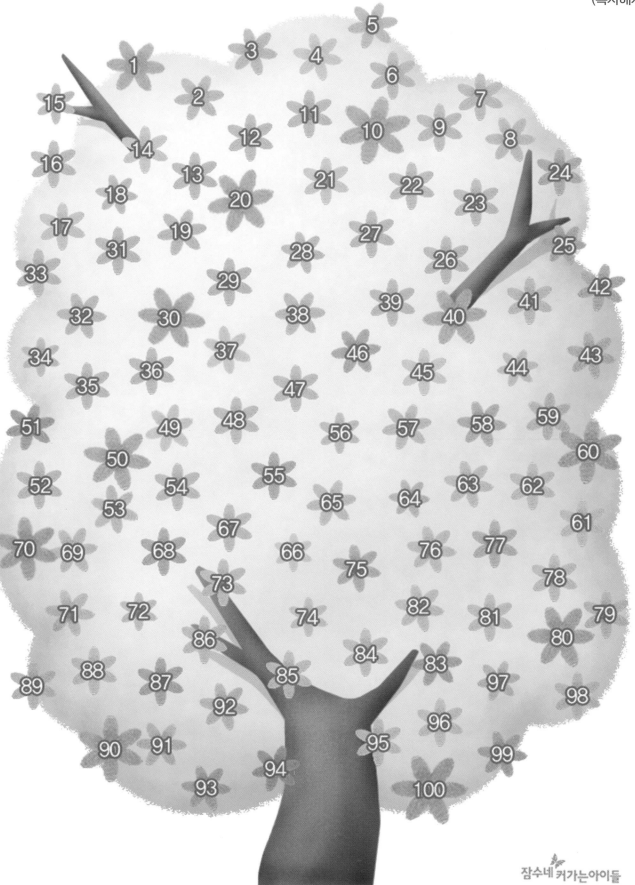

1	2	3	4	5	6	7	8	9	10
11	12	13	14	15	16	17	18	19	20
21	22	23	24	25	26	27	28	29	30
31	32	33	34	35	36	37	38	39	40
41	42	43	44	45	46	47	48	49	50
51	52	53	54	55	56	57	58	59	60
61	62	63	64	65	66	67	68	69	70
71	72	73	74	75	76	77	78	79	80
81	82	83	84	85	86	87	88	89	90
91	92	93	94	95	96	97	98	99	100

잠수네 커가는아이들